语言梦工厂

Lossprechen auf Deutsch–ohne Vorkenntniss

零起点

马上开口说德语

随时随地扫码学习，说德语就是这么简单！

丛书主编 云 心
本书主编 龚 曦
参 编 陈瑶 陈玺 符向锋 王小妹
　　　 缪春萍 王小可 林海肖 迪 娜
　　　 杨晓琳 蒙健平 何东燃 邓乔丹

机械工业出版社
CHINA MACHINE PRESS

本书分为9章，涵盖日常交际、情感态度、百姓生活、公共服务、购物消费、感情世界、出国旅游、职场达人、商务贸易。每个章节下有数量不等的话题，每个话题又根据情境细分为小的场景。全书常用口语句子共计3000句以上。

　　本书内容以地道、实用的短句为主，每个句子有中文、德文，还标注了中文谐音和拼音，方便读者选择对照学习。

　　本书入门简单，而且适用范围广。适合德语零基础、对德语学习有需求或感兴趣的德语爱好者；或是有一定德语基础，会看不会读，希望快速掌握口语、能说流利、地道口语的德语学习者。

图书在版编目（CIP）数据

零起点马上开口说德语 / 龚曦主编．—北京：机械工业出版社，2017.9

（语言梦工厂 / 云心主编）

ISBN 978-7-111-57620-4

Ⅰ．①零…　Ⅱ．①龚…　Ⅲ．①德语—口语—自学参考资料

Ⅳ．① H339.9

中国版本图书馆 CIP 数据核字（2017）第 189983 号

机械工业出版社（北京市百万庄大街 22 号　邮政编码 100037）

责任编辑：孙铁军　　　　　　版式设计：墨格文慧

责任印制：张　博

河北鑫兆源印刷有限公司印刷

2018年2月第1版第1次印刷

127mm×175mm · 11.625印张 · 225千字

0 001— 5000册

标准书号：ISBN 978-7-111-57620-4

定价：36.80 元

作为一个中学理科出身的外语专业毕业生，身边既有众多"外语精"，更有更多的"外语渣"。于是，在"外语精"们眉飞色舞地和外国友人谈天说地时，"外语渣"们就会略带崇敬及憧憬地问：

"你跟外国人交流是不是都没有困难啊？"

"你出国旅游都不用找导游了吧？"

"是不是看外国电影、电视剧都不用看字幕呀？"

"我要是能有你这水平就好了，路上碰到外国友人问路也不会犯怵了，国内游完一圈，还能勇敢地看看世界各地的风景了！"

其实，你完全不用羡慕嫉妒恨。虽然外语和中文有一定的差别，但是只要掌握了学习的窍门，将汉语和外语建立起联系来，你就会发现，外语就是一只纸老虎，这只纸老虎会任你掌控，甚至会变得十分有趣，有趣到你时不时就想"显摆"一下，而越"显摆"，你就说得越流利！

这番言论又遭到"外语渣"们的轰炸："就是因为不懂得窍门，没发现汉语和外语之间有什么联系，所以才不会说的啊！工作、学习又忙，怎么会有时间、精力细细挖掘一门根本就不精通、甚至一窍不通的外语呢？"

别急别急，这套《零起点马上开口说》系列丛书，将带你们查向"外语通"的捷径！

本套系列丛书共包含 9 个分册，全面覆盖 9 个语种：英语、日语、韩语、德语、法语、俄语、西班牙语、意大利语和葡萄牙语。每本分册都按情境分类，涵盖了跟我们的生活、工作息息相关的最常用、最常听到的口语句子，让你翻开书就能懂，找到句子就能轻松读出，就算一点外语基础都没有，也能轻轻松松把外语准确地说出口！

大妈、大爷、大叔、大婶、大哥、大姐、小弟、小妹……读者群不分年龄段。

导购、售票员、学生、司机、导游……读者群不分职业身份。

去旅游、去购物、去住宿、去交友……读者群不分使用范围。

听听随书附赠的音频，再看看这些精心设计后标注的拼音、汉字谐音，嘿，还真不是一般的地道！

来吧，朋友！带上"零起点马上开口说"，哪里不会翻哪里，想说什么都难不倒！

编　者

Contents
目录

2 情感态度

Contents 目录

3 百姓生活

4 公共服务

5 购物消费

Contents 目录

6 感情世界

Contents 目录

7 出国旅游

8 职场达人

9 商务贸易

Contents 目录

见 面 寒 暄

亲切问候

早上好!
Guten Morgen!
谐音　姑**特**恩 猫跟
guten maogen

下午好!
Guten Tag!
谐音　姑**特**恩 踏克
guten take

你今天早上怎么样?
Wie geht es dir heute Morgen?
谐音　伪 给特 爱思 弟耳 蒿<u>一</u>特 猫跟
wei geite aisi dier haoyite maogen

今天晚上您过得好吗?
Wie geht es dir heute Abend?
谐音　伪 给特 爱思 地耳 蒿<u>一</u>特 阿笨特
wei geite aisi dier haoyite abente

见到你真是太好了。
Es ist schön, dich zu sehen.
谐音　爱思 一思特 顺，弟西 醋 贼恩
aisi yisite shun, dixi cu zeien

见到你真是太好了。
Es freut mich, dich zu sehen.
谐音　爱思 服蒿<u>一</u>特 密西，弟西 醋 贼恩
aisi fuhaoyite mixi, dixi cu zeien

你好吗？

Wie geht es dir?

谐音 伪 给特 爱思 地耳

wei geite aisi dier

你最近怎么样？

Wie ist es dir in der letzten Zeit ergangen?

谐音 伪 一思特 爱思 弟耳 因 呆耳 来次<u>特恩</u> 菜特 爱尔刚恩

wei yisite aisi dier yin daier laiciten caite aiergang en

一切都还好吧？

Ist alles in Ordnung?

谐音 一思特 阿拉思 因 凹的弄

yisite alasi yin aodenong

还好吗？（正式化）

Wie geht es?

谐音 伪 给特 爱思

wei geite aisi

还好吗？（口语化）

Wie geht's?

谐音 伪 给次

wei geici

情况怎么样？

Wie ist die Lage?

谐音 伪 一思特 弟 拉哥

wei yisite di lage

有什么新鲜事吗？

Gibt es etwas Neues?

谐音 给布特 爱思 爱特瓦斯 <u>闹一饿思</u>

geibute aisi aitewasi naoyiesi

怎么了?

Wie ist passiert?

谐音 袜思 一思特 德恩 漏思

wasi yisite den lousi

怎么了?

Was ist passiert?

谐音 袜思 一思特 趴思一饿特

wasi yisite pasiyiete

自我介绍

我可以自我介绍一下吗?

Darf ich mich Ihnen vorstellen?

谐音 大服 一西 密西 一嫩 佛使呆了恩

dafu yixi mixi yinen foshidailen

请允许我做个自我介绍。

Erlauben Sie, dass ich mich Ihnen vorstelle.

谐音 诶耳捞笨 资义，大思 一西 密西 佛使呆了恩

eierlaoben ziyi, dasi yixi mixi foshidailen

我介绍一下自己。

Ich stelle mich Ihnen vor.

谐音 一西 使呆了 密西 一嫩 佛

yixi shidaile mixi yinen fo

我叫杰克

Mein Name ist Jack.

谐音 买 那么 一思特 债克

mai name yisite zhaike

我叫杰克
Ich bin Jack.
谐音 一西 鬓 债克
yixi bin zhaike

我叫杰克
Ich heiße Jack.
谐音 一西 嗨涩 债克
yixi haise zhaike

请叫我杰克。
Bitte nennen Sie mich Jack.
谐音 比特 内嫩 资义 密西 债克
bite neinen ziyi mixi zhaike

叫我杰克吧。
Nennt mich Jack.
谐音 难特 密西债克
nante mixi zhaike

我是来自英国的杰克。
Ich bin Jack aus England.
谐音 一西 鬓 债克 凹思 英哥蓝特
yixi bin zhaike aosi yinggelante

我来自中国。
Ich komme aus China.
谐音 一西 靠么 凹思 西那
yixi kaome aosi xina

我今年 22 岁。
Ich bin zweiund zwanzig Jahre alt.
谐音 一西 鬓 次外 无恩特 次忘次一西 丫喝 阿饿特
yixi bin ciwaiwenteciwangcixi yahe aete

我是学生。（男）
Ich bin Student.
谐音 一西 髡 使督德恩特
yixi bin shidudente

我是学生。（女）
Ich bin Studentin.
谐音 一西 髡 使督德恩听
yixi bin shidudenting

我很随和。
Ich bin freundlich.
谐音 一西 髡 服蒿一特里西
yixi bin fuhaoyitelixi

三 介绍别人

我想向你介绍一位朋友。
Ich möchte dir einen Freund vorstellen.
谐音 一西 摸约西特 弟耳 爱嫩 服蒿一特 佛使呆了恩
yixi moyuexite dier ainen fuhaoyite foshidailen

请允许我向你们介绍我的老板。
Bitte erlauben Sie, dass ich Ihnen meinen Chef vorstelle.
谐音 比特 诶耳捞笨 资义，大思 一西 一嫩 买嫩 晒服 佛使呆了
bite eierlaoben ziyi, dasi yixi yinen mainen shaifu foshidaile

我来介绍我哥哥给你认识。
Ich stelle dir meinen Bruder vor.
谐音 一西 使呆了 地耳 买嫩 博呼德 佛
yixi shidaile dier mainen bohude fo

介绍一下，这是我哥哥杰克。

Ich stelle kurz vor: das ist mein Bruder Jack.

谐音 一西 使带勒 苦饿次 佛：打思 一思特 买恩 布忽德 债克

yixi shidaile kueci fo: dasi yisite maien buhude zhaike

这位是杰克。

Das ist Jack.

谐音 打思 一思特 债克

dasi yisite zhaike

你见过杰克吗？

Hast du Jack schon einmal gesehen?

谐音 哈斯特 杜 债可 师屋恩 爱马 哥贼恩

hasite du zhaike shiwuen aima geseien

我想你们以前没有见过面。

Ich glaube, dass ihr euch vorher noch nie gesehen habt.

谐音 一西 哥老博，打思 一耳 傲一西 佛喝一耳 闹喝 尼 哥贼恩
哈布特

yixi gelaobo dasi yier aoyixi foheyier naohe ni gezeien habute

她来自英国。

Sie kommt aus England.

谐音 资义 靠木特 凹思 英哥蓝特

ziyi kaomute aosi yinggelante

她是一名医生。

Sie ist Ärztin.

谐音 资义 一思特 挨次厅

ziyi yisite aiciting

她有些害羞。

Sie ist ein bisschen schüchtern.

谐音 资义 一思特 爱恩 哔思婶 嘘实特恩

ziyi yisite aien bisishen xushiten

她很有幽默感。

Sie hat einen guten Sinn für Humor.

谐音 资义 哈特 爱嫩 姑特恩 资一恩 佛淤饿 胡么

ziyi hate ainen guten zin fv hume

回应介绍

很高兴认识你。

Ich freue mich, dich kennenzulernen.

谐音 一西 佛蒿饿 密西，弟西 堪嫩 醋 来恩嫩

yixi fohaoe mixi, dixi kannenculaiennen

很高兴认识你。

Das gefällt mir, dich kennenzulernen.

谐音 大思 革佛爱饿特 密耳，弟西 堪嫩 醋 来恩嫩

dasi gefaiete mier, dixi kannenculaiennen

很高兴 / 荣幸认识你。

Ich bin froh, dich kennenzulernen.

谐音 一西 鬃 佛后，弟西 堪嫩 醋 来恩嫩

yixi bin fuhou, dixi kannenculaiennen

很高兴认识你。

Es ist so schön, dich kennenzulernen.

谐音 爱思 一思特 揍 顺，弟西 堪嫩 醋 来恩嫩

aisi yisite zou shun, dixi kannenculaiennen

今日与您相见，三生有幸。

Ich habe die Ehre, Sie kennenzulernen.

谐音 一西 哈博 弟 诶喝，资义 堪嫩 醋 来恩嫩

yixi habo di eihe, ziyi kannenculaiennen.

久仰大名。

Ich habe viel von Ihnen gehört.

谐音 一西 哈博 飞饿 佛恩 一嫩 革喝约特

yixi habo feie foen yinen geheyuete

久仰大名，很荣幸能认识你。

Ich habe viel von dir gehört und bin so froh, dich kennenzulernen.

谐音 一西 哈博 飞饿 佛恩 一嫩 革喝约特 无恩特 鬓 揍 佛后，弟西 堪嫩 醋来恩嫩

yixi habo feie foen yinen geheyuete wente bin zou fuhou, dixi kannenculaiennen.

我是多么期待与您见面。

Ich möchte mich gerne mit Ihnen treffen.

谐音 一西 摸约西特 米西 该呢 米特 依嫩 特嗨奋

yixi moyuexite mixi gaine mite yinen tehaifen.

杰克跟我说了很多你的事。

Jack hat mir viel von dir erzählt.

谐音 债可 哈特 米耳 费耳 佛恩 弟而 爱耳菜而特

zhaike hate mier feier foen dier aiercaierte

抱歉，您叫什么来着？

Entschuldigung, wie heißen Sie?

谐音 按特舒弟供，伪 嗨森 资义

anteshudigong, wei haisen ziyi

三 久别重逢

好久不见。

Lange nicht gesehen.

谐音 浪饿 腻西特 革贼恩

lange nixite gezeien

很久没见到你了。
Lange Zeit nichts von dir gehört.

谐音 浪饿 菜特 尼西次 佛恩 弟耳 哥喝约特
lange caite nixici foen dier geheyuete

真巧啊！
Was für ein Zufall!

谐音 袜思 佛淤饿 爱恩 醋发饿
wasi fv aien cufae

我们好久没见了吧。
Wir haben uns schon lange nicht gesehen.

谐音 伪饿 哈笨 温恩 受恩 浪饿 腻西特 革贼恩
weie haben wensi shouen lange nixite gezeien

没想到能在这儿见到你。
Es ist unglaublich, dich hier zu sehen.

谐音 爱思 一思特 屋恩革捞布里西，弟西 喝义耳 醋 贼恩
aisi yisite wengelaobulixi, dixi hier cu zeien.

你还是老样子啊。
Du siehst genauso aus wie früher.

谐音 杜 贼思特 哥闹凑 傲思 为 佛喝约耳
du zeisite genaozou aosi wei foheyueer

很高兴能够再见到你。
Ich freue mich sehr, dich wieder zu sehen.

谐音 一西 佛蒿饿 密西 贼耳，弟西 伪德 醋 贼恩
yixi fohaoe mixi zeier, dixi weide cu zeien

很高兴又见到你了。
Schön, dich wieder zu sehen.

谐音 使屋恩 弟西 为德 醋 贼恩
shiwuen dixi weide cu zeien

这世界还真小啊。

Die Welt ist ein Dorf!

谐音 弟 外饿特 一思特 爱恩 道服

di waiete yisite aien daofu

你这阵子在忙些什么呢?

Was machst du in diesen Tagen?

谐音 袜思 度 因 弟则恩 踏跟

wasi du yin dizen tagen

这些年过得怎么样?

Wie ist es dir in den letzten Jahren ergangen?

谐音 伪 伊思特 爱思 弟耳 因 来次特恩 丫恨

wei geite aisi dier yin laiciten yahen

我很想你。

Ich vermisse dich sehr.

谐音 一西 费耳密色 弟西 贼饿

yixi feiermise dixi zeie

社 交 礼 节

表示感谢

谢谢你。

Danke schön.

谐音 当克 顺

dangke shun

谢谢！

Danke!

谐音 当克

dangke

太谢谢你了。

Danke sehr.

谐音 当克 贼耳

dangke zeier

不管怎样都谢谢你。

Ich danke dir auf alle Fälle.

谐音 一西 当克 弟耳 傲服 阿乐 佛爱乐

yixi dangke dier aofu ale faile

万分感谢。

Tausand mal Dank!

谐音 掏资恩 骂饿 当克

taozend mae dangke

你太好了。

Du bist so nett.

谐音 度 比思特 揍 耐特

du bisite zou naite

有时间让我请你吃午餐吧。

Wenn du frei hast, lade ich dich gerne zum Mittagessen ein.

谐音 问 度 佛喝爱 哈思特，拉德 一西 弟西 革爱呢 醋母 米踏克 爱森 爱恩

wen du fohai bisite, lade yixi dixi gaine cumu mitakeaisen aien

谢谢你。你真是帮了大忙。

Danke sehr, Du hast mir viel geholfen.

谐音 当克 贼耳，度 哈思特 密耳 飞饿 革齁奋

dangke zeier, du hasite mier feie gehoufen.

回应感谢

不客气。
Das habe ich gerne gemacht.
谐音 大思 哈博 一西 革爱呢 革骂喝特
dasi habo yixi gaine gemahete

不客气，愿意效劳。
Schon gut, immer wieder gerne.
谐音 受恩 姑特，一默 伪德 革爱呢
shouen gute, yimo weide gaine

不客气。
Passt schon.
谐音 怕思特 受恩
pasite shouen

不客气，愿意效劳！
Natürlich, gerne!
谐音 那特约饿里西 革爱呢
natvelixi, gaine

这是我的荣幸。
Es freut mich.
谐音 爱思 佛好饿特 米西
aisi foaoete mixi

乐意效劳。
Gerne.
谐音 革爱呢
gaine

没事儿。
Passt.

谐音 怕思特
pasite

不值一提
Nicht dafür.

谐音 逆西特 打佛淤耳
nixite dafoyueer

没什么。
Nichts.

谐音 腻西次
nixici

小事一桩。
Das war keine große Sache.

谐音 大思 袜 凯呢 哥候色 杂喝
dasi wa keine gehouse zahe

小事一桩。
Pipikram.

谐音 批批可哈木
pipikehamu

小事一桩。
Kinderkram.

谐音 可因得可哈木
kindekehamu

小事一桩。
Das war eine Kleinigkeit.

谐音 大思 袜 爱呢 可来你西 凯特
dasi wa aine kelainixikaite

表示歉意

对不起。
Entschuldigung.
谐音 按特舒弟供
anteshudigong

我很抱歉。
Tut mir leid.
谐音 兔特 密耳 来特
tute mier laite

抱歉。
Entschuldige bitte.
谐音 按特舒弟革 比特
anteshudige bite

都是我的错。
Die Schuld liegt bei mir.
谐音 弟 舒饿特 里革特 摆 密耳
di shuete ligete bai mier

我不是故意的。
Das tat ich unbewusst.
谐音 大思 踏特 衣西 屋恩拨伍斯特
dasi tate yixi wenbowusite

我为此道歉。
Ich entschuldige mich dafür.
谐音 一西 按特舒弟革 密西 打佛淤饿
yixi anteshudige mixi dafv

对不起，请原谅。
Entschuldigung, bitte verzeihen Sie mir.
谐音 按特舒弟供，比特 费耳 采恩 资义 密耳
anteshudigong, bite feiercaien ziyi mier

请原谅我。
Bitte verzeihen Sie mir.

谐音　比特 费耳 采恩 资义 密耳
bite feiercaien ziyi mier

请接受我的道歉。
Ich bitte um Entschuldigung.

谐音　一西 比特 物母 按特舒弟供
yixi bite wumu anteshudigong

回应道歉

没关系。
Macht nichts.

谐音　骂喝特 腻西次
mahete nixici

没关系。
In Ordnung.

谐音　因 凹德浓
yin aodenong

不要紧。
Na, wenn schon.

谐音　那，问 受恩
na, wen shouen

这无伤大雅。
Das ist nicht schlimm.

谐音　打思 一思特 尼西特 使力母
Dasi yisite nixite shilimu

没关系。
Das schadet nichts.
谐音 大思 杀德特 腻西次
dasi shadete nixici

没关系。
Kein Problem.
谐音 凯恩 泼窝布累母
kaien powubuleimu

忘了吧。
Vergiss es.
谐音 费耳 革一思 爱思
feier gisi aisi

这不是你的错。
Es ist nicht deine Schuld.
谐音 爱思 一思特 腻西特 呆呢 束饿特
aisi yisite nixite daine shute

别在意，没事。
Keine Sorge, alles in Ordnung.
谐音 开呢 遭革，阿拉思 因 凹德弄
kaine saoge, alasi yin aodenong

别那么说。
Sag so etwas nicht.
谐音 匝革 揍 爱特袜思 腻西特
zage zou aitewasi nixite

以后别再这样了。
Sei später nicht mehr so.
谐音 在恩 使摆特 腻西特 妹耳 揍
zaien shibaite nixite meier zou

三 告辞道别

再见。
Tschüss.
谐音 去思
qusi

再见。
Auf Wiedersehen.
谐音 傲服 伪德贼恩
aofu weidezeien

回头见。
Bis bald.
谐音 必思 爸饿特
bisi baete

明天见。
Bis morgen.
谐音 必思 猫跟
bisi maogen

下次见。
Bis zum nächsten Mal.
谐音 必思 醋母 耐西思特恩 骂饿
bisi cumu naixisiten mae

我得走了。
Ich muss losgehen.
谐音 一西 木思 漏思 给恩
yixi musi lousigeien

保重。
Pass auf dich gut auf.
谐音 怕思 傲服 弟西 姑特 傲服
pasi aofu dixi gute aofu

后会有期。

Wir sehen uns später.

谐音 伪耳 贼恩 问思 使摆特

weier zeien wensi shibaite

请替我向你父母问好。

Bitte grüße deine Eltern von mir.

谐音 必特 革喝淤思 呆呢 诶饿 特恩 佛恩 密耳

bite gehvsi daine eieten foen mier

再见，一路顺风。

Chao, alles Gute.

谐音 吵，阿拉思 姑特

chao, alasi gute

聚 会 邀 约

发出邀请

我希望你能接受我的邀请。

Ich hoffe, du nimmst meine Einladung an.

谐音 一西 齣佛，度 腻母思特 买呢 爱恩拉东 安

yixi houfo, du nimusite maine aienladong an

能否一起吃个午饭？

Möchtest du zusammen mit mir zum Mittagessen gehen?

谐音 摸约西太思特 度 醋匝门 米特 米耳 醋母 米特踏可爱森 给恩

moyuexitaisite du cuzamen mite mier cumu mitetakeaisen geien

我们出去散散步吧?

Gehen wir spazieren?

谐音　给恩 伪饿 使爸次一恨

geien weie shibaciyihen geien

我们一起吃个午饭吧?

Sollen wir zusammen zum Mittagessen gehen?

谐音　揍乐恩 伪饿 醋匝门 醋母 米特踏可 爱森 给恩

zoulen weie cuzamen cumu mitetakeaisen geien

你能来参加我的聚会吗?

Wollen Sie an meiner Party teilnehmen?

谐音　窝了恩 资义 按 买呢 怕提 太饿 内门

wolen ziyi an maine pati taieneimen

你想跟我们一起去吗?

Kommst du mit zu uns?

谐音　靠母思特 度 米特 醋 问思

kaomusite du mite cu wensi

你今晚有空吗?

Hast du frei heute Abend?

谐音　哈思特 度 佛嗨 蒿一特 阿笨特

hasite du fohai haoyite abente

今天晚上有事吗?

Hast du heute Abend etwas vor?

谐音　哈思特 度 蒿一特 阿笨特 爱特袜思 佛

hasite du haoyite abente aitewas fo

我们喝点儿茶什么的吧?

Gehen wir Tee trinken oder so?

谐音　给恩 伪耳 特诶 特喝因肯 哦德 揍

geien weier tei tehinken ode zou

日常交际

一起跳支舞吗？
Einen Tanz?

谐音 爱嫩 特按次
ainen tanci

接受邀请

好主意。
Gute Idee.

谐音 姑特 一得
gute yidei

我很乐意。
Gerne.

谐音 革爱呢
gaine

听起来不错！
Klingt gut!

谐音 可吝可特 姑特
kelinkete gute

当然，为什么不呢？
Sicher, warum nicht?

谐音 贼舍，袜户母 腻西特
zeishe, wahumu nixite

2 点我来接你。
Um zwei Uhr hole ich dich ab.

谐音 屋母 次外 屋饿 齁乐 一西 弟西 阿普
wumu ciwai wue houle yixi dixi apu

我们在哪儿见面？

Wo treffen wir uns denn?

谐音 窝 特嗨奋 伪耳 问思 德恩

wuo tehaifen weier wensi den

我中午 12 点到那儿跟你见面。

Ich treffe mich mit dir dort um zwölf Uhr.

谐音 一西 特嗨佛饿 密西 米特 弟耳 道特 屋母 次屋约服 屋耳

yixi tehaifoe mixi mite dier daote wumu ciwuyuefu wuer

三 回绝邀请

抱歉，不行。

Nein, leider nicht.

谐音 奈恩，来得 腻西特

naien, laide nixite

谢谢你的邀请。

Danke für deine Einladung.

谐音 当可 佛淤饿 呆呢 爱恩 拉东

dangke fv daine aienladong

我很想去，但是我不能。

Ich würde gerne, aber ich kann nicht.

谐音 一西 屋淤得 革爱呢，阿博 一西 看 腻西特

yixi wvede gaine, abo yixi kan nixite

抱歉，我不能和你一起去了。

Tut mir leid, ich kann aber nicht mit dir kommen.

谐音 兔特 米耳 来特，一西 看 阿博 腻西特 米特 弟耳 康门

tute mier laite, yixi kan abo nixite mite dier kangmen

🔊 这周五前我都没空。

Vor diesem Freitag habe ich immer etwas vor.

谐音 佛 弟责母 佛嗨踏克 哈博 一西 一默 爱特瓦斯 佛

fo dizem fohaitake habo yixi yimo aitewasi fo

🔊 抱歉我有事。

Tut mir leid, ich habe etwas vor.

谐音 兔特 米耳 来特，一西 哈博 爱特瓦斯 佛

tute mier laite. yixi habo aitewasi fo

🔊 我一整天都会很忙。

Ich bin ganzen Tag beschäftigt.

谐音 一西 宾 干次恩 它克 博晒夫替根

yixi bin gancen take boshaifutigen

🔊 对不起啊，我那天没空。

Tut mir leid, ich habe dann keine Zeit

谐音 兔特 米耳 来特，一西 哈博 但 凯呢 采特

tute mier laite, yixi habo dan kaine caite

📋 聚会变动

🔊 改天吧。

Ein andermal.

谐音 爱恩 安德骂饿

aien andemae

🔊 我们改天吧!

Lass uns an einem anderen Tag treffen.

谐音 拉思 屋恩斯 安 爱呢母 安得很 他克 特还奋

lasi wuensi an ainemu andehen take tehaifen

🔊 换个时间行吗?

Geht es zu einer anderen Zeit?

谐音 给特 爱思 醋 爱呢 安得很 莱特

Gete aisi cu aine andehen caite

你看我们把约会推迟到 6 点 30 分，方便吗？

Können wir den Termin auf halb sieben verschieben, geht das?

谐音　可约嫩 伪耳 但 <u>泰爱抿</u> 傲夫 哈博 贼笨 <u>费耳 使一笨</u>，给特 打思

keyuenen weier dan tiemin aofu habo zeiben feiershiben, geite dasi

我可能要晚点儿到。

Vielleicht komme ich ein bisschen später.

谐音　费一来西特 靠么 一西 爱恩 必思婶 使摆特

feiyilaixite kaome yixi aienbisishen shibaite

抱歉，我今天来不了了。

Tut mir leid, ich kann heute nicht komme.

谐音　兔特 米耳 来特，一西 看 蒿一特 腻西特 靠门

tut mier laite, yixi kan haoyite nixite kaomen

我们能把聚会推迟到第二天吗？

Können wir die Party auf den nächsten Tag verschieben?

谐音　可约嫩 伪耳 弟 怕踢 傲服 德恩 耐西思<u>特</u>恩 踏克 <u>费耳 使一笨</u>

keyuenen weier di pati aofu den naixisiten take feiershiben

那会不会太晚？

Wird es zu spät werden?

谐音　伪耳特 爱思 醋 使摆特 <u>外德恩</u>

weierte aisi cu shibaite waiden

参加聚会

聚会的时候算上我。

Ich komme zur Party.

谐音　衣西 康母 粗耳 怕踢

yixi kangmu zuer pati

人到齐了吗？
Alle da?
谐音　阿拉 大
ala da

愿意与我跳支舞吗？
Bereit, mit mir zu tanzen?
谐音　博嗨特，米特 密耳 醋 特安次恩
bohaite, mite mier cu tancen

请自便！
Bedien dich!
谐音　博弟恩 弟西
bodien dixi

请自便！
Nimm selbst!
谐音　泥母 在不思特
nimu zaibusite

你能来真是太好了。
Es ist so schön, dass du kommst.
谐音　爱思 一思特 揍 顺，打思 度 靠母思特
aisi yisite zou shun, dasi du kaomusite

你想喝点什么吗？
Was möchtest du trinken?
谐音　袜思 摸约西泰思特 度 特喝因肯
wasi moyuexitaisite du tehinken.

我去给你取些饮料和点心来。
Ich hole Getränke und Speisen für dich.
谐音　一西 齁乐 哥特憨克 无恩特 使摆森 佛淤饿 弟西
yixi houle getehanke wente shibaizen fv dixi

我很喜欢这次聚会，谢谢你！

Die Party gefällt mir sehr, danke!

谐音 弟 怕踢 革佛爱特 密耳 贼耳，当克

di pati gefaite mier zeier, dangke.

祝你玩得开心！

Viel Spaß!

谐音 费饿 使爸思

feie shibasi

干杯！

Prost!

谐音 普齁思特

puhousite

时 间 日 期

询问时间

现在几点了？

Wie spät ist es jetzt?

谐音 伪 使摆特 一思特 爱思 耶次特

wei shibaite yisite aisi yecite

现在几点了？

Wie viel Uhr ist es jetzt?

谐音 伪 飞饿 屋耳 一思特 爱思 耶次特

wei feie wuer yisite aisi yecite

请问几点了？

Bitte wie spät ist es?

谐音 比特 伪 使摆特 一思特 爱思

bite wei shibaite yisite aisi

我们几点见？

Um wie viel Uhr treffen wir uns?

谐音 屋母 伪 飞饿 屋耳 <u>特嗨奋</u> 伪耳 问思

wumu wei feie wuer tehaifen weier wensi

那是当地时间吗？

Ist es die Ortszeit?

谐音 一思特 爱思 弟 <u>傲次</u> <u>采特</u>

yisite aisi di aocicaite

回答时间

现在 2 点了。

Jetzt ist es zwei Uhr.

谐音 耶次特 一思特 爱思 次外 屋耳

yecite yisite aisi ciwai wuer

现在是早上 6 点。

Jetzt ist es sechs Uhr morgens.

谐音 耶次特 一思特 爱思 载克思 屋耳 猫跟思

yecite yisite aisi zaikesi wuer maogensi

现在 1 点整。

Jetzt ist es genau ein Uhr.

谐音 耶次特 一思特 爱思 革闹 爱恩 屋耳

yecite yisite aisi genao aien wuer

现在是纽约时间晚上 7 点。

Jetzt ist es sieben Uhr abends in New York.

谐音 耶次特 一思特 爱思 贼笨 屋耳 阿笨次 因 纽 药克

yecite yisite aisi zeiben wuer abenci yin niu yaoke

现在是晚上 6 点半。

Jetzt ist es halb sieben abends.

谐音 耶次特 一思特 爱思 哈博 贼笨 阿笨次

yecite yisite aisi habo zeiben abenci

现在是 5 点一刻。

Jetzt is es Viertel nach fünf.

谐音 耶次特 一思特 爱思 费一饿特 那喝 佛淤恩服

yecite yisite aisi fiete nahe fvnfu

现在差 20 分钟 4 点。

Jetzt ist es zwanzig Minuten vor vier.

谐音 耶次特 一思特 爱思 次忘次西 米努特恩 佛 费耳

yecite yisite aisi ciwangcixi minuten fo feier

那只表慢两分钟。

Die Uhr geht zwei Minuten nach.

谐音 弟 屋耳 给特 次外 米努特恩 那喝

di wuer geite ciwai minuten nahe

询问日期

今天是几号？

Welches Datum ist heute?

谐音 外舍思 大图母 一思特 蒿一特

waishesi datumu yisite haoyite

今天是星期几?

Welcher Tag ist heute?

谐音 外舍饿 踏克 一思特 蒿一特

waishee take yisite haoyite

现在是几月?

Welchen Monat haben wir?

谐音 外神 某那特 哈本 伪耳

waishen mounate haben weier

今年是哪一年?

Welches Jahr ist dieses Jahr?

谐音 外舍思 压 一思特 滴责思 压

waishesi ya yisite dizesi ya

你知道确切日期吗?

Weißt du die genaue Zeit?

谐音 外思特 度 弟 革闹饿 菜特

waisite du di genao e caite

这周末你干什么?

Was machst du am Wochenende?

谐音 袜思 骂喝思特 度 阿母 窝恨 安德

wasi mahesite du amu wohen ande

---

5 月 5 日晚上你在什么地方?

Wo warst du am 5.Mai abends?

谐音 屋哦 袜思特 度 阿母 佛淤服 特恩 麦 阿笨次

wuo wasite du amu fvnfu ten mai abenci

你生日是什么时候?

Wann ist dein Geburtstag?

谐音 碗 一思特 呆 革布次 踏克

wan yisite dai gebucitake

回答日期

5 月 5 号。
Am 5. Mai.

谐音 阿母 <u>佛淤服</u> <u>特恩</u> 麦
amu fvnfuten mai

今天是星期一。
Heute ist Montag.

谐音 <u>蒿一特</u> 一思特 摸恩 <u>踏克</u>
haoyite yisite moentake

现在是 12 月。
Es ist Dezember.

谐音 爱思 一思特 底参博饿
aisi yisite dicanboe

今天是 6 号。
Heute ist der sechste.

谐音 <u>蒿一特</u> 一思特 逮耳 灾克思特
haoyite yisite daier zaikesite

今天是 13 号，星期三。
Heute ist der dreizehnte, Mittwoch.

谐音 <u>蒿一特</u> 一思特 呆耳 得嗨参<u>特恩</u>，米特窝喝
haoyite yisite daier dehaicanten, mitewohe

我出生于 1990 年 9 月 6 日。
Ich bin am 6.September 1990 geboren.

谐音 一西 宾 阿母 <u>灾克思</u> <u>特恩</u> 贼瀑滩博饿 <u>闹因参</u> <u>昏德特</u> 闹因
次一西 革博鸥恨
yixi bin amu zaikesi ten zeiputanboe naoyincan hundete naoyincixi
gebouhen

我周末不上班。

Ich arbeite nicht am Wochenende.

谐音 一西 阿摆特 腻西特 阿母 窝恨 安德

yixi abaite nixite amu wohen ande

今天是我的生日。

Heute ist mein Geburtstag.

谐音 蒿一特 一思特 麦恩 革布次 踏克

haoyite yisite maien gebucitake

电 话 礼 仪

三 拨打电话

杰克在吗?

Ist Jack da?

谐音 一思特 债克 答

yisite zhaike da

麻烦叫杰克接电话。

Kann ich bitte Jack sprechen.

谐音 看 一西 比特 债克 使瀑嗨婶

kan yixi bite zhaike shipuhaishen

您是杰克吗?

Ist Jack zu sprechen?

谐音 一思特 债克 粗 使瀑嗨婶

yisite zhaike cu shipuhaishen

我晚点儿再打过来。
Ich rufe später an.
谐音 一西 护佛 使摆特 按
yixi hufo shibaite an

我会再给他打电话的。
Ich werde ihn wieder anrufen.
谐音 一西 外德 一恩 伪德 安护奋
yixi waide yien weide anhufen

能让杰克接电话吗？
Kann Jack ans Telefon?
谐音 看 债克 安思 泰里 佛恩
kan zhaike ansi tailifoen

能让杰克接电话吗？（年轻人口语）
Kannst du Jack aus Telefon holen?
谐音 看思特 度 债克 奥斯 太里凤 厚勒恩
kansite du zhaike aosi tailifeng houleen

能让杰克接电话吗？（年轻人口语）
Gib mir Jack?
谐音 给布 密耳 债克
geibu mier zhaike

杰克在家吗？
Ist Jack zu Hause?
谐音 一思特 债克 醋 蒿责
yisite zhaike cu haoze

接听电话

你好，我是安娜。
Hallo, hier ist Anna.
谐音 哈喽，喝义耳 一思特 安娜
halou hier yisite anna

请问你是哪位？

Wer ist da?

谐音 伪耳 一思特 答

weier yisite da

我就是。

Hier bin ich.

谐音 喝义耳 鬓 一西

hier bin yixi

请稍等。

Einen Augenblick, bitte.

谐音 爱嫩 凹跟 布里克，比特

ainen aogenbulike, bite

请稍等，我打给她。

(Einen) Moment bitte. Ich rufe sie an.

谐音 爱嫩 某门特 比特。一西 护佛 资义 安

ainen moumente bite. Yixi hufo ziyi an

要我捎个口信吗？

Kann ich eine Nachricht hinterlassen?

谐音 看 一西 爱呢 那喝喝一西特 喝因特 拉森

kan yixi aine nahehixite hintelasen

杰克，有你的电话。

Jack, hier ist ein Anruf für dich.

谐音 债克，喝义耳 一思特 爱恩 安护服 佛淤饿 弟西

zhaike, hier yisite aien anhufu fv dixi

对不起，让您久等了。

Entscheidung Sie die Wartezeit.

谐音 安特晒动 资义 弟 哇特菜特

anteshaidong ziyi di watecaite

二 挂断电话

谢谢您的来电。
Danke für Ihren Anruf.
谐音 当克 佛淤饿 一恨 安 护服
dangke fv yihen anhufu

很高兴与您通话。
Es gefällt mir, mit Ihnen zu sprechen.
谐音 爱思 革佛爱饿特 密耳，米特 一嫩 醋 使瀑嗨姊
aisi gefaiete mier, mite yinen cu shipuhaishen

我待会儿回电给你。
Ich rufe dich später an.
谐音 一西 护佛 弟西 使摆特 按
yixi hufo dixi shibaite an

抱歉，我要挂电话了。
Tut mir Leid, ich muss auflegen.
谐音 兔特 密耳 来特，一西 母思 傲佛累跟
tute mier laite, yixi musi aofoleigen

你随时可以再给我来电。
Ruf mich an wie du möchtest.
谐音 护服 密西 安 伪 度 摸约西泰思特
hufu mixi an wei du moyuexitaisite

三 接收故障

您所拨打的电话已关机。
Das Telefon ist ausgeschaltet.
谐音 大思 泰里凤 一思特 傲思革莎泰特
dasi taileifeng yisite aosi geshataite

您拨打的电话正在通话中。
Der Teilnehmer ist nicht erreichbar.
谐音 得耳 泰饿内么 一思特 腻西特 诶耳嗨西吧
deier taie neime yisite nixite eierhaixiba

电话占线。
Das Telefon ist besetzt.
谐音 大思 泰里凤 一思特 博在次特
dasi taileifong yisite bozaicite

您所拨打的电话暂时无法接通。
Die Nummer, die Sie angerufen haben, ist nicht erreichbar.
谐音 弟 努么，弟 资义 安革护奋 哈笨 一思特 腻西特 诶耳嗨西吧
di nume, di ziyi angehufen haben, yisite nixite eierhaixiba

您打错电话了。
Sie haben eine falsche Nummer gewählt
谐音 资义 哈笨 爱呢 发舍 努么 革外饿特
ziyi haben aine fashe nume gewai e te

这里没有苏珊（女）这个人。
Hier gibt es keine Susan.
谐音 喝义耳 给布特 爱思 凯呢 苏仁
hier geibute aisi kaine susa

对不起，她不在。
Entschuldigung, sie ist nicht da.
谐音 按特舒得供，资义 一思特 腻西特 答
anteshudigong, ziyi yisite nixite da

抱歉，我没听清。
Entschuldigung, wie bitte.
谐音 按特舒得供，伪 比特
anteshudigong, wei bite

能麻烦您大点儿声吗？

Können Sie bitte lautes sprechen?

谐音 克约嫩 资义 比特 老特思 使普海深

Keyuenen ziyi bite laotesi shibuhaishen

能再说一遍吗？

Wie bitte?

谐音 伪 比特

wei bite

请您慢点儿说。

Bitte langsam.

谐音 比特 浪脏母

bite langzangmu

1

日常交际

丰 富 情 感

三 积极乐观

明天会更好！
Morgen wird es besser!
谐音 猫跟 伪耳特 爱思 摆色
maogen weierte aisi baise

一切都会好起来的。
Alles wird besser.
谐音 阿乐思 伪耳特 摆色
alasi wei erte baise

我是个乐观主义者。（男）
Ich bin Optimist.
谐音 一西 鬓 凹普替密思特
yixi bin aopu timisite

我是个乐观主义者。（女）
Ich bin Optimistin.
谐音 一西 鬓 凹普替密思厅
yixibin aopu timisiting

我敢肯定我们会赢的。
Ich bin sicher, dass wir gewinnen werden.
谐音 一西 鬓 贼舍，大思 伪耳 革屋因嫩 外德恩
yixi bin zeishe, dasi weier gewinnen waiden

没什么可担心的。
Keine Sorge dafür.
谐音 凯呢 糟哥 打佛淤饿
kaine zaoge dafv

你一定会成功的。

Du wirst Erfolg haben.

谐音 度 伪饿思特 埃饿佛克 哈笨

du wei esite eiefoke haben

条条大路通罗马。

Viele Wege führen nach Rom.

谐音 飞了 伪哥 佛淤恨 那喝 厚母

feile weige fvhen nahe houmu

一切皆有可能。

Alles ist möglich.

谐音 阿拉思 一思特 摸约哥里西

alasi yisite moyuegelixi

2

情感态度

消极悲观

今儿什么事都不顺心，真倒霉！

Heute geht alles nicht gut, so ein Pech!

谐音 蒿一特 给特 阿乐思 腻西特 姑特，邹 爱恩 派西

haoyite geite alasi nixite gute, zou aien paixi

我很沮丧。

Ich bin niedergeschlagen.

谐音 一西 鬓 腻德革使拉跟

yixi bin nidegeshilagen

别提了，简直一团糟。

Erinnere mich nicht daran, es ist ein richtiges Durcheinander.

谐音 爱耳衣呢喝 米西 泥西 达汗，爱思 一思特 爱恩 喝一西替
哥思 度一西爱男德

aier yinehe mixi nixi dahan, aisi yisite aien hixitigesi duoyixi

ainande

我觉得自己很没用。

Ich fühle mich ganz nutzlos.

谐音 一西 佛约乐 密西 杠次 努次漏思

yixi fvle mixi gangci nucilousi

我很难过

Ich bin traurig.

谐音 一西 鬓 特蒿喝一西

yixi bin tehaohixi

别做无用功了。

Nicht umsonst.

谐音 腻西特 无母 走恩思特

nixite wumu zouensite

我认为我不会找到一份好工作。

Ich glaube nicht, dass ich eine gute Arbeit finden kann.

谐音 一西 革捞博 腻西特，打思 一西 爱呢姑特阿摆特佛因德恩 看

yixi gelaobo nixite, dasi yixi aine gute abaite finden kan.

别那么悲观。

Sei nicht so pessimitisch.

谐音 在恩 腻西特 揍 拍思咪思替使

zaien nixite zou paisi misi tishi

我很悲观。

Ich bin sehr pessimitisch.

谐音 一西 鬓 贼耳 拍思咪思替使

yixi bin zeier paisi misi tishi

我认输。

Ich gebe auf.

谐音 一西 给博 傲服

yixi geibo aofu

不要期望太高。
Man darf nicht zu viel erwarten.
谐音 慢 打夫 尼西特 醋 飞饿 爱耳挖特恩
Man dafu nixite cu feie aierwateen

不可能，没希望了。
Unmöglich, keine Chance.
谐音 无恩 摸约哥里西，凯呢 商色
wen moyuegelixi, kaine shangse

这就是我的命啊。
Das ist mein Schicksal.
谐音 大思 一思特 麦恩 使一克杂饿
dasi yisite maien shikezae

支持鼓励

加油！
Gib Gas!
谐音 给布 嘎思
geibu gasi

别垂头丧气的，振作起来！
Kopf hoch!
谐音 靠普夫 号喝
kaopufu haohe

别放弃。
Gib nicht auf!
谐音 给普 腻西特 傲服
geibu nixite aofu

别害怕。
Keine Angst.
谐音 凯呢 昂思特
kaine angsite

别想太多了。
Denk nicht zu viel.
谐音 但克 腻西特 醋 飞饿
danke nixite cu feie

你能做到的。
Du kannst es schaffen.
谐音 度 看思特 爱思 杀奋
du kansite aisi shafen

尽力去做。
Versuch dein Bestes!
谐音 费尔租喝 带恩 百思特思
feiercuhe daien baisitesi

再试一下。
Probiere es noch mal.
谐音 普号比喝 爱思 闹喝 骂
puhaobihe aisi naohe ma

勇敢些。
Sei etwas mutiger!
谐音 再恩 爱特瓦斯 母替哥
zaien aitewasi mutige

我支持你。
Ich bin auf deiner Seite.
谐音 一西 鬓 傲服 呆呢 在特
yixi bin aofu daine zaite

我会支持你的。
Ich unterstütze dich.

谐音 一西 无恩特 使德淤 次饿 弟西
yixi wente shidvce dixi

你可以依靠我。
Du kannst dich auf mich verlassen.

谐音 度 看思特 弟西 傲服 密西 费耳 拉森
du kansite dixi aofu mixi feierlasen

关心安慰

打起精神来！
Kopf hoch.

谐音 靠普夫 号喝
kaopufu haohe

放轻松点儿。
Beruhige dich.

谐音 博忽衣哥 弟西
bohuyige dixi

放松。
Entspann dich.

谐音 按特 使办 弟西
anteshiban dixi

一切都会好起来的。
Alles wird besser.

谐音 阿乐思 伪耳特 摆色
alasi weiete baise

你会没事的。

Dir wird es gut gehen.

谐音 度 伪饿特 爱思 姑特 给恩

du weiete aisi gute geien

你还有机会的。

Du hast noch eine Chance.

谐音 度 哈思特 闹喝 爱呢 商色

du hasite naohe aine shangse

别担心，这是常发生的事。

Keine Sorge, es ist sehr normal.

谐音 凯呢 糟哥，爱思 一思特 贼饿 弄偶骂

kaine zaoge, aisi yisite zeie nouma

我还见过更糟糕的呢。

Ich habe noch Schlimmeres gesehen.

谐音 一西 哈博 闹喝 使里母饿喝思 革贼恩

yixi habo naohe shilimehesi gezeien

总会有办法的。

Es gibt immer einen Weg.

谐音 爱思 给布特 一默 爱嫩 伪克

aisi geibute yimo ainen weike

看看好的一面。

Positiv bleiben.

谐音 剖贼替舞 不来本

pouzeitiwu bulaiben.

失败乃成功之母。

Das Scheitern ist die Mutter des Erfolgs.

谐音 大思 晒特恩 一思特 弟 母特 带思 诶饿佛克思

dasi shaiten yisite di mute daisi eiefokesi

我了解你的感受。

Ich weiß, wie du dich fühlst.

谐音　一西 外思，伪 度 弟西 佛淤饿思特

yixi waisi, wei du dixi fvesite

我们一起面对它。

Lass uns zusammen tun.

谐音　拉思 温思 醋杂门 吐恩

lasi wensi zuzamen tuen

快乐幸福

我很高兴。

Ich bin froh.

谐音　一西 鬓 佛后

yixi bin fohou

我今天心情很好。

Heute habe ich gute Laune.

谐音　蒿一特 哈博 一西 姑特 捞呢

haoyite habo yixi gute laone

你真幸运！

Du bist so glücklich.

谐音　杜 比思特 走 哥吕克里西

du bisite zou gelvkelixi

我们玩得很开心。

Wir hatten viel Spaß.

谐音　伪耳 哈特恩 飞饿 使吧思

weier haten feie shibasi

他眼里闪烁着幸福的光芒。

Seine Augen funkeln vor Glück.

谐音　在呢　傲跟　佛无恩肯　佛　革绿克

zaine aogen fowenken fo gelvke

看见大家那么快乐，我很高兴。

Ich freue mich zu sehen, dass alle so glücklich sind.

谐音　一西　佛号饿　密西　醋　贼恩，打思　阿拉思　搂　革绿克里西　资恩特

yixi fohao e mixi cu zeien, dasi alasi zou gelvkelixi ziente

读书给了我很多乐趣。

Lesen macht mir Spaß.

谐音　累森　马喝特　米耳　师巴思

leisen mahete mier shibasi

我觉得很幸福。

Ich bin sehr glücklich.

谐音　一西　宾　贼饿　革绿克里西

yixi bin zeie gelvkelixi

我对我的生活很满意。

Ich bin sehr zufrieden mit meinem Leben.

谐音　一西　鬓　贼饿　醋服喝一德恩　米特　麦呢母　雷笨

yixi bin zeie cufuhiden mite mainemu leiben

我感到飘飘欲仙。

Ich bin im siebten Himmel.

谐音　一西　鬓　因母　贼布　特恩　喝一么

yixi bin yinmu zeibuten hime

我太高兴了。

Ich bin so froh.

谐音　一西　鬓　搂　佛后

yixi bin zou fohou

我很紧张。

Ich bin sehr nervös.

谐音 一西 鬃 贼耳 <u>内无约思</u>

yixi bin zeier neiwuyuesi

我很担心他。

Ich sorge mich um ihn.

谐音 一西 糟哥 密西 <u>无母</u> 一恩

yixi zaoge mixi wumu yien

我担心自己会迟到。

Ich fürchte, ich komme zu spät.

谐音 一西 <u>佛淤西特</u>，一西 靠么 醋 使摆特

yixi fvexite, yixi kaome cu shibaite

我很着急。

Ich habe es eilig.

谐音 一西 哈博 爱思 爱利息

yixi habo aisi ailixi

你没事吧？

Alles in Ordnung?

谐音 阿拉思 因 凹德弄

alasi yin aodenong

发生什么事了？

Was ist passiert?

谐音 袜思 一思特 怕思一饿特

wasi yisite pasiete.

怎么了？
Was ist denn los?

谐音 挖思 一思特 德恩 漏思
wasi yisite den lousi

你在担心什么？
Worum sorgst du dich?

谐音 窝护母 揍哥思特 度 弟西
wohumu zougesite du dixi

你在担心什么？
Wovor sorgst du dich?

谐音 我佛 造哥斯特 度 弟西
wofo zaogesite du dixi

别担心！
Keine Sorge!

谐音 凯呢 糟哥
kaine zaoge

这事情就让我来管吧！
Ich kümmere mich darum!

谐音 一西 克约摸喝 米西 打喝乌母
yixi keyuemohe mixi dahewumu

我担心他的身体。
Ich sorge mich um seine Gesundheit.

谐音 一西 糟哥 密西 无母 在呢 革尊特嗨特
yixi zaoge mixi wumu zaine gezuntehaite

我担心他的身体。
Ich bin besorgt um seine Gesundheit.

谐音 一西 鬓 博糟革特 无母 在呢 革尊特嗨特
yixi bin bozaogete wumu zaine gezuntehaite

我真不知道该怎么办了。

Ich habe gar keine Ahnung davon.

谐音　一西 哈博 嘎 凯呢 阿弄 大佛恩

yixi habo ga kaine anong dafoen

没有他我真不知该怎么活下去。

Ich kann nicht ohne ihn leben.

谐音　一西 看 腻西特 哦呢 一恩 雷笨

yixi kan nixite oune yien leiben

称赞祝贺

恭喜！

Herzlichen Glückwunsch!

谐音　嗨次里婶 革绿克 温使

haicilishen gelvke wenshi

恭喜你结婚了。

Herzlichen Glückwunsch zu deiner Ehe.

谐音　嗨次里婶 革绿克 温使 醋 呆呢 诶饿

haicilishen gelvke wenshi cu daine eie

做得好！

Gut gemacht!

谐音　姑特 革骂喝特

gute gemahete

你干得不错！

Das hast du gut.

谐音　打思 哈斯特 度 古特

Dasi hasite du gute

你看起来棒极了。

Du siehst toll aus.

谐音 度 资义思特 特殴 凹思

du ziyisite tou aosi

圣诞节快乐！

Frohe Weihnachten!

谐音 佛后饿 外那喝特恩

fohoue wainaheten

你们俩真是天生一对。

Ihr passt sehr gut zueinander.

谐音 一耳 怕思特 贼耳 姑特 醋爱难得

yier pasite zeier gute cuainande

你人真好。

Du bist so nett.

谐音 度 比思特 揍 耐特

du bisite zou naite

祝你生日快乐！

Viel Glück zum Geburtstag!

谐音 飞饿 革绿克 醋母 革布次 踏克

feie gelvke cumu gebucitake

他对你的评价很高。

Er spricht viel von dir.

谐音 诶耳 使普喝一西特 飞饿 佛恩 弟耳

eier shipuhixite feie foen dier

听说你找到新的工作了，太好了。

Es ist so gut zu hören, dass du einen neuen Job gefunden hast.

谐音 爱思 一思特 揍 姑特 醋 喝约 喝恩，大思 度 爱嫩 闹一恩 找普 革佛恩 德恩 哈思特

aisi yisite zou gute cu heyuehen, dasi du ainen naoyien zhaopu gefenden hasite

太为你高兴了。

Ich freue mich für dich.

谐音 一西 佛号饿 密西 佛淤饿 弟西

yixi fohaoe mixi fv dixi

三 生气愤怒

我很生气。

Ich bin wütend.

谐音 一西 鬓 无淤 特恩特

yixi bin wvtente

我再也受不了了。

Ich ertrage das nicht mehr.

谐音 一西 诶饿 特哈哥 大思 腻西特 每饿

yixi eietehage dasi nixite meie

我真是受够了。

Ich habe genug.

谐音 一西 哈博 革努克

yixi habo genuke

我对此很生气。

Ich ärgere mich darüber.

谐音 一西 挨革喝 密西 大喝淤博

yixi aigehe mixi dahvbo

他气得脸色发青。

Er ärgert sich grün und blau.

谐音 诶耳 挨革特 贼西 革喝晕 无恩特 布捞

eier aigete zeixi gehvn wente bulao

你太过分了。

Du bist zu weit gegangen.

谐音 度 比思特 醋 外特 革杠恩

du bisite cu waite gegangen

看看他干的好事！

Sieh, was er getan hat!

谐音 贼，袜思 诶耳 革探 哈特

zei, wasi eier getan hate

你脑子进水了？

Was hast du gedacht?

谐音 袜思 哈思特 度 革大喝特

wasi hasite du gedahete

你怎么能这样对我？

Wie kannst du mir so etwas antun?

谐音 为 看思特 度 米耳 奏 爱特瓦斯 按图恩

Wei kansite du mier zou aitewasi antuen

你今天的脾气叫人受不了。

Du bist heute nicht zu genießen.

谐音 度 比思特 蒿一特 腻西特 醋 革腻森

du bisite haoyite nixite cu genisen

省省吧！

Hör auf!

谐音 喝约 傲服

heyue aofu

别生气了。

Sei nicht böse!

谐音 在恩 贼西特 博约责

zaien nixite boyueze

你让我心烦。

Du gehst mir auf die Nerven.

谐音 度 给思特 密耳 傲服 弟 内饿奋

du geisite mier aofu di neiefen

你故意让我生气。

Du verärgerst mich absichtlich.

谐音 度 费尔安个丝特 米西 阿布贼西特利西

du feier angesite mixi abu zeixitelixi

表示悔恨

我相信他会后悔的。

Ich glaube, dass er es eines Tag bereuen wird.

谐音 一西 哥老博 打思 爱耳 爱思 爱呢思 他可 博号恩 为耳特

yixi gelaobo dasi aier dasi ainesi take bohaoen weierte

我不该那样做的。

Ich hätte es nicht machen sollen.

谐音 一西 嗨特 爱思 腻西特 妈恨 揍乐恩

yixi haite aisi nixite mahen zoulen

我应该跟他说实话的。

Ich sollte ihm die Wahrheit sagen.

谐音 一西 揍特 一母 弟 袜嗨特 杂跟

yixi zoute yimu di wahaite zagen

我后悔做了那件事。

Ich bereue, dass ich es gemacht habe.

谐音 一西 博蒿一饿，大思 一西 爱思 革骂喝特 哈博

yixi bohaoyie, dasi yixi aisi gemahete habo

真遗憾!
Schade!

谐音 杀德
sha de

我要是再用点功就好了。
Ich sollte fleißiger sein.

谐音 一西 揍特 夫来思一格 在恩
yixi zoute fulaisiyige zaien

现在后悔也晚了。
Es ist zu spät zu bereuen.

谐音 爱思 一思特 醋 使摆特 醋 博蒿一恩
aisi yisite cu shibaite cu bohaoyien

我很后悔错过了那次机会。
Ich bereue, ich habe die Gelegenheit verpasst.

谐音 一西 博蒿一饿，一西 哈博 弟 革雷跟 嗨特 费耳怕思特
yixi bohaoyie, yixi habo di geleigenhaite feierpasite

害怕恐惧

我吓得要死。
Ich habe mich zu Tode erschreckt.

谐音 一西 哈博 米西 醋 头德 爱耳使害克特
yixi habo mixi cu toude aiershihaikete

你把我吓坏了。
Du hast mich zu Tode erschreckt.

谐音 度 哈思特 密西 醋 透特 诶耳使害克特
du hasite mixi cu toute eier shihaikete

我很害怕。

Ich habe Angst.

谐音 一西 哈博 昂思特

yixi habo angsite

我为此很害怕。

Ich fürchte mich davor.

谐音 一西 佛淤西特 密西 大佛

yixi fvexite mixi dafo

你为什么浑身发抖？

Warum zitterst du?

谐音 袜护母 贼一特思特 度

wahumu citesite du

大家都非常怕他。

Vor ihm zittern alle.

谐音 佛饿 一母 贼一特恩 阿乐

foe yimu citen ale

你害怕什么动物？

Vor welchem Tier hast du Angst?

谐音 佛 外舍母 替耳 哈思特 杜 按思特

fo waishemu tier hasite du ansite

那简直是一场噩梦。

Das ist wirklich ein Albtraum.

谐音 大思 一思特 伪克里西 爱恩 阿饿普 特号母

dasi yisite weikelixi aien aeputehaomu

这里看起来阴森森的。

Es sieht hier umheimlich aus.

谐音 爱思 贼特 无母嗨母里西 喝一耳 傲思

eisi zeite wumuhaimulixi hier aosi

简直让人毛骨悚然。

Das ist unheimlich.

谐音 大思 一思特 无母 嗨母里西

dasi yisite wumuhaimulixi.

别那样吓我。

Bitte erschreckt mich nicht so.

谐音 比特 爱耳师嗨克特 米西 腻西特 搂

bite aiershihaikete mixi nixite zou

这有什么好怕的。

Das ist nicht so beängstigend.

谐音 大思 一思特 腻西特 搂 博安克思替跟特

dasi yisite nixite zou boangesitigente

惊奇怀疑

真的吗?

Wirklich?

谐音 伪耳克里西

weierkelixi

你当真吗?

Nimmst du es ernst?

谐音 腻母思特 度 爱思 爱恩思特

nimusite du aisi aiensite

你是在逗我吧?

Soll das ein Witz sein?

谐音 搂 大思 爱恩 威次 在恩

zou dasi aien weici zaien

你听说了吗?
Hast du es schon gehört?

谐音 哈思特 度 爱思 受恩 革喝约特
hasite du aisi shouen gehveete

什么? 你一定是在开玩笑吧!
Was? Das muss ein Witz sein!

谐音 袜思? 大思 木思 爱恩 威次 在恩
wasi? Dasi musi aien weici zaien

我怀疑。
Ich vermute es.

谐音 一西 费耳母特 爱思
yixi feiermute aisi

我才不信呢!
Ich kann es nicht glauben!

谐音 一西 看 爱思 腻西特 革捞笨
yixi kan aisi nixite gelaoben

这太难以置信了!
Das ist unglaublich!

谐音 大思 一思 无恩革捞普里西!
dasi yisi wengelaopulixi

真不可思议!
Das ist ja heller Wahnsinn!

谐音 大思 一思特 压 嗨乐 袜恩 资因恩
dasi yisite ya haile waenzin

我真没想到他们会做出那样的事来。
Ich habe nie gedacht, dass sie so etwas tun.

谐音 一西 哈博 腻 革大喝特, 大思 资义 揍 爱特袜思 吐恩
yixi habo ni gedahete, dasi ziyi zou aitewasi tun

天啊，真不敢相信

Gott, ich kann es nicht glauben.

谐音 勾特，一西 看 爱思 腻西特 革捞笨

goute, yixi kan aisi nixite gelaoben

天啊！

Gott!

谐音 勾特！

goute

你到底在说些什么啊？

Was willst du eigentlich sagen?

谐音 哇思 为饿思特 杜 爱恩特利西 咋跟

Wasi weiesite du aientelixi zagen

你确定吗？

Bist du sicher?

谐音 比思特 度 贼舍

bisite du zeishe

态 度 观 点

喜欢偏爱

我最喜欢的颜色是蓝色。

Meine Lieblingsfarbe ist blau.

谐音 麦呢 里普凌思发博 一思特 布捞

maine lipulings fabo yisite bulao

我喜欢吃冰激凌。

Ich mag Eiscreme.

谐音 一西 骂克 爱思克黑么

yixi make aisi keheime

我比较喜欢白色的那个（阴性）。

Ich bevorzuge die Weiße.

谐音 一西 博佛醋革 弟 外色

yixi bofocuge di waise

我很崇拜他。

Ich bewundere ihn so sehr.

谐音 一西 博温德喝 一恩 揍 贼耳

yixi bowendehe yien zou zeier

我很喜欢看 NBA。

Ich sehe gerne NBA.

谐音 一西 贼饿 该呢 NBA

yixi zeie gaine NBA

我喜欢跳舞。

Ich mag Tanzen.

谐音 一西 骂克 滩次恩

yixi make tancen

我很喜欢数学。

Ich mag Mathematik.

谐音 一西 骂克 马忒马替克

yixi make matei matike

你更喜欢哪个?

Welche magst du lieber?

谐音 外舍 骂克思特 度 里博

waishe makesite du libo

我喜欢读书。
Ich mag Lesen.
谐音 一西 骂克 雷责恩
yixi make leizen

三 厌恶憎恨

我讨厌这个。
Ich hasse es.
谐音 一西 哈色 爱思
yixi hase aisi

我不喜欢。
Ich mag es nicht.
谐音 一西 骂克 爱思 腻西特
yixi make aisi nixite

真恶心。
Mir ist kotzübel.
谐音 米耳 一思特 扣次淤博饿
miei yisite kouciyuboe

我不喜欢吃方便面。
Ich esse ungern Instant- Nudeln.
谐音 一西 诶色 无恩该 因思探特 努德恩
yixi eise wengai yinsitante nuden

我讨厌吃西红柿。
Tomaten sind widerlich.
谐音 透妈特恩 资恩特 威德里西
toumaten ziente weide lixi

完全不喜欢。
Es ist völlig widerlich.
谐音 爱思 一思特 佛约里西 威德里西
aisi yisite foyuelixi weidelixi

我不喜欢动作片。
Ich mag keine Actionfilme.
谐音 一西 骂克 凯呢 阿克穷飞饿么
yixi make kaine akeqiongfeieme

她不是我喜欢的类型。
Sie ist nicht mein Typ.
谐音 资义 一思特 腻西特 麦恩 特淤普
ziyi yisite nixite maien tvpu

肯定赞赏

我肯定。
Ich bin sicher.
谐音 一西 鬓 贼舍
yixi bin zeishe

那是毫无疑问的。
Das ist keine Frage.
谐音 大思 一思特 凯呢 扶哈革
dasi yisite kaine fuhage

我百分之百相信。
Ich bin hundert Prozent sicher.
谐音 一西 鬓 昏德特 坡参特 贼舍
yixi bin hundete pocante zeishe

🗣 **毋庸置疑。**
Darüber gibt es keinen Zweifel.
谐音 大喝<u>淤博</u>饿 给布特 爱思 凯嫩 次外佛
dahvboe geibute aisi kainen ciwaifo

🗣 **你正在进步。**
Du machst Fortschritte.
谐音 度 骂喝思特 佛特 <u>使喝一</u>特
du mahesite foteshihite

🗣 **我没理由拒绝。**
Ich habe keine Gründe abzusagen.
谐音 一西 哈博 凯呢 <u>革昏</u>德 阿布醋杂跟
yixi habo kaine gehunde abucuzagen

🗣 **你真棒。**
Du bist wunderbar.
谐音 度 比思特 温德吧
du bisite wendeba

📋 **否定回绝**

🗣 **我说不准。**
Ich bin nicht sicher.
谐音 一西 鬓 腻西特 贼舍
yixi bin nixite zeishe

🗣 **没门儿!**
Nicht möglich!
谐音 腻西特 <u>摸约</u>克里西
nixite moyuekelixi

绝不可能!

Unmöglich!

谐音 <u>无恩</u> 摸约克革里西

wen moyuekelixi

当然不行。

Es geht gar nicht.

谐音 爱思 给特 嘎 腻西特

aisi geite ga nixite

不可能,我应付不过来。

Keine Möglichkeit, ich kann es nicht schaffen.

谐音 凯呢 摸约克里西凯特,一西 看 爱思 腻西特 杀奋

kaine moyuekelixi kaite, yixi kan aisi nixite shafen

对不起,不行。

Tut mir leid, es geht nicht.

谐音 兔特 密耳 来特,爱思 给特 腻西特

tut mier laite, aisi geite nixite

表示同意

我支持你。

Ich bin auf deiner Seite.

谐音 一西 鬓 傲夫 呆呢 在特

yixi bin aofu daine zaite

我非常同意。

Ich bin ganz dafür.

谐音 一西 鬓 干次 大佛淤

yixi bin ganci dafv

你说得对。

Du hast Recht.

谐音　度 哈思特 害西特

du hasite haixite

我同意这一点。

Ich bin dafür.

谐音　一西 鬓 大佛淤饿

yixi bin dafv

我也这么想。

Ich finde auch.

谐音　一西 夫因得 奥喝

yixi finde aohe

我同意你说的观点。

Ich bin dafür.

谐音　一西 鬓 大佛淤饿

yixi bin dafv

我理解你说的。

Ich bin mit deiner Meinung einverstanden.

谐音　一西 鬓 米特 带呢 买弄 爱恩费耳使但德恩

yixi bin mite daine mainong aienfeiershidanden

我毫无保留地同意。

Ich bin ohne Einschränkung dafür.

谐音　一西 鬓 殴呢 爱恩 使汗孔 大佛淤

yixi bin oune aien shihankong dafv

好主意，我完全同意。

Gute Idee, ich stimme zu.

谐音　姑特 一得，一西 使弟么 醋

gute yidei, yixi shidime cu

我无意冒犯，但是我不这样认为。

Es ist nicht mein Ernst, aber ich glaube nicht.

谐音 爱思 一思特 腻西特 买思 按思特 阿博一西 哥捞博 腻西特

aisi yisite nixite maien ansite abo yixi gelaobo nixit

我不这么想。

Das glaube ich nicht.

谐音 大思 革捞博 一西 腻西特

dasi gelaobo yixi nixite

我认为你错了。

Ich glaube, du bist falsch.

谐音 一西 革捞博，度 比思特 发使

yixi gelaobo, du bisite fashi

对不起，我不同意你的看法。

Tut mir leid, ich bin nicht deiner Meinung.

谐音 兔特 密耳 来特，一西 鬓 泥西特 呆呢 麦弄

tute mier laite, yixi bin nixite daine mainong

这完全不可能。

Das ist absolut unmöglich.

谐音 大思 一思特 阿布揍录特 无恩 摸约克里西

dasi yisite abuzoulute wen moyuekelixi

我不赞成。

Ich bin dagegen.

谐音 一西 鬓 大给跟

yixi bin dageigen

我无法赞成你的意见。

Ich kann kaum zustimmen.

谐音 一西 看 靠母 醋使弟门

yixi kan kaomu cushidimen

我恐怕不能同意。

Ich fürchte, ich kann dir nicht zustimmen.

谐音 一西 佛淤西特，一西 看 弟耳 腻西特 醋使弟门

yixi fvexite, yixi kan dier nixite cushidimen

建议忠告

你认为怎么样？

Was hältst du davon?

谐音 袜思 害泰思特 度 大佛恩

wasi haitesite du dafoen

请坦率直言你的意见。

Bitte sagen Sie mir ehrlich Ihre Meinung.

谐音 比特 杂跟 资一 密耳 诶饿里西 一喝 麦弄

bite zagen ziyi mier eielixi yihe mainong

我愿意听听你的意见。

Ich möchte gerne deinen Vorschlag hören.

谐音 一西 摸约西特 该呢 呆嫩佛师拉克 喝约恨

yixi moyuexite gaine dainenfoshilake heyouhen

你能给我个建议吗？

Kannst du mir einen Rat geben?

谐音 看思特 度 密耳 爱嫩 哈特 给笨

kansite du mier ainen hate geiben

我的建议如下。

Meine Vorschläge sind die folgenden.

谐音 麦呢 佛饿 使来个 资义特 低 佛跟德恩

maine foeshilaige zinte di fogenden

我能建议把午休时间缩短到半个小时吗？

Darf ich vorschlagen, dass wir die Mittagspause auf eine halbe Stunde verkürzen?

谐音 大服 一西 佛使拉跟，大思 伪耳 弟 咪踏克思抛责 傲夫 爱呢 哈博 使蹲德 费耳 克淤 参

dafu yixi foshilagen, dasi weier di mitakesi paoze aofu aine habo shidunde feierkvecen

---

外面很冷。我建议你多穿些衣服。

Draußen ist es sehr kalt, ich schlag vor, mehr anzuziehen.

谐音 德号森 一思特 爱思 贼耳 卡饿特。一西 使拉克 佛，每耳 安 醋 次一恩

dehaosen yisite aisi zeier kaete. Yixi shilake fo, meier anzu ciyien

---

我认为你应该买下那部词典。

Ich denke, du solltest das Wörterbuch kaufen.

谐音 一西 但克，度 揍特思特 大思 窝约特布喝 靠奋

yixi danke, du zoutesite dasi woyuetebuhe kaofen

你千万不要用湿手碰插座。

Sie dürfen die Steckdose nicht mit nassen Händen berühen.

谐音 资义 德淤奋 腻西特 安 但 使呆克 米特 那森 汗德恩 博喝于恨

ziyi dvefen nixite an dan shidaike mite nasen handen bo yvhen

---

如果我是你，我会征求他的意见。

An deiner Stelle würde ich ihn fragen.

谐音 安 呆呢 使呆乐 窝淤德 一西 一恩 佛哈根

an daine shidaile wvede yixi yien fohagen

我觉得这是一个好机会。

Ich glaube, es ist eine gute Chance.

谐音 一西 革捞博，爱思 一思特 爱呢 姑特 商色

yixi gelaobo, aisi yisite aine gute shangse

你不妨再跟他谈谈。

Du kannst noch mal mit ihm reden.

谐音 度 看思特 闹喝 骂 米特 一母 黑德恩

du kansite naohe ma mite yimu heiden

这值得一试。

Es ist einen Versuch wert.

谐音 爱思 一思特 爱嫩 费耳组喝 外饿特

aisi yisite ainen feierzuhe waiete

满意满足

我很满足。

Ich bin zufrieden.

谐音 一西 鬓 醋 夫喝一 德恩

yixi bin cufuhiden

好极了!

Wunderbar!

谐音 温德吧

wendeba

非常好!

Sehr gut!

谐音 贼耳 姑特

zeiergute

太精彩了!
Prima! / Toll!
谐音 普喝一骂 / 透
puhima / tou

我对我的工作很满意。
Ich bin sehr zufrieden mit meiner Arbeit.
谐音 一西 鬓 贼耳 醋 夫喝一 德恩 米特 麦呢 阿摆特
yixi bin zeier cufuhiden mite maine abaite

我过得很好。
Mir geht es gut.
谐音 米耳 给特 爱思 姑特
mier gete aisi gute

我对我的成绩很满意。
Ich bin sehr zufrieden mit meiner Leistung.
谐音 一西 鬓 贼耳 醋 夫喝一 德恩 米特 麦呢 来思痛
yixi bin zeier cufuhiden mite maine laisitong

我对我的成绩很满意。
Ich bin vollkommen zu frieden mit meiner Leistung.
谐音 一西 鬓 佛靠门 醋 佛喝一 德恩 米特 麦呢 来思痛
yixi bin fokaomen cu fohiden mite maine laisitong

这让人感到满足。
Es ist befriedigend.
谐音 爱思 一思特 博 佛喝一跟特
aisi yisite bo fohigente

🔊 **我很满足于我所拥有的。**

Ich bin zufrieden mit dem was ich habe.

谐音 一西 鬓 醋服喝一德恩 米特 呆母 娃思 一西 哈博

yixi bin zufoheyiden mite daimu wasi yixi habo

📋 **三** 抱怨不满

🔊 **你就不能快点儿吗？**

Kannst du nicht schneller sein?

谐音 看思特 度 腻西特 使耐乐在恩

kansite du nixite shinailezaien

🔊 **又怎么了？**

Was ist wieder passiert?

谐音 袜思 一思特 伪德 怕思耳特

wasi yisite weide pasierte

🔊 **你就不能消停一下吗？**

Kannst du nicht einfach aufhören?

谐音 看思特 度 腻西特 爱恩 发喝 傲夫喝约恨

kansite du nixite aien fahe aofu heyuehen

🔊 **请你别在这抽烟好吗？**

Bitte rauchen Sie nicht.

谐音 比特 号恨 资意 腻西特

bite haohen ziyi nixite

🔊 **我一点儿也不满意这个计划**

Ich bin überhaupt nicht zufrieden mit dieser Planung.

谐音 一西 鬓 淤博号普特 腻西特 醋佛喝一 德恩 米特 弟责 普蓝弄

yixi bin yubohaopute nixite cufohiden mite dize pulannong

我要投诉。

Ich möchte eine Beschwerde einreichen.

谐音　一西　摸约西特　爱呢　博使外德　爱恩　害婶

yixi moyuexite aine boshiwaide aienhaishen

别再抱怨了。

Hör auf, dich zu beschweren.

谐音　喝约　傲服，弟西　醋　博使外恨

heyue aofu, dixi cu boshiwaihen

这不公平。

Das ist nicht fair.

谐音　大思　一思特　腻西特　佛爱耳

dasi yisite nixite faier

这还不够好。

Es ist nicht so gut.

谐音　爱思　一思特揍　腻西特　姑特

aisi yisitezou nixite gute

我对这的服务很不满。

Ich bin nicht zufrieden mit dem Service.

谐音　一西　鬓　腻西特　醋佛喝一　德恩　米特　呆母　色伪思

yixi bin nixite cufohiden mite daimu seweisi

我等你等了两个小时了。

Ich habe schon zwei Stunden auf dich gewartet.

谐音　一西　哈博　受恩　次外　使蹲德恩　傲服　弟西　革袜泰特

yixi habo shouen ciwai shidunden aofu dixi gewataite

冷漠苛责

我才懒得管呢。

Es ist mir egal.

谐音 爱思 一思特 密耳 挨嘎

aisi yisite mier eiga

这不关我的事。

Es ist nicht meine Sache.

谐音 爱思 一思特 腻西特 麦呢 杂喝

aisi yisite nixite maine zahe

我真的不在乎。

Mir ist das ganz egal.

谐音 密耳 一思特 打思 干次 挨嘎

mier ysite dasi ganci eiga

你疯了吗？

Bist du verrückt?

谐音 比思特 度 费耳 喝淤克特

bisite du feier hvkete

别吹牛了！

Übertreibe nicht!

谐音 淤博特害布 腻西特

yubotehaibo nixite

你不为自己感到羞愧吗？

Schämst du dich nicht?

谐音 晒母思特 度 弟西 腻西特

shaimusite du dixi nixite

我今天被老板教训了。
Mein Chef hat mir heute eine Lehre erteilt.

谐音 麦恩 晒夫 哈特 密耳 蒿一特 爱呢 雷喝 爱耳太耳特
maien shaifu hate mier haoyite aine leihe aiertaierte

三 讨论决定

我们花了很长时间才做出这个决定。
Es dauerte lange Zeit zu entscheiden.

谐音 爱思 到饿特 浪饿 才特 醋 按特晒德恩
aisi daoete lang e caite cu anteshaiden

我想要一个明确的答复。
Ich will eine klare Antwort.

谐音 一西 伪饿 爱呢 可拉喝 安特窝特
yixi weie aine kelahe antewote

我坚持我的决定。
Ich halte an meiner Entscheidung fest.

谐音 一西 哈特 安 麦呢 按特晒动 佛爱思特
yixi hate an maine anteshaidong faisite

你能告诉我你的看法吗？
Kannst du mir deine Meinung sagen?

谐音 看思特 度 密耳 呆呢 麦弄 杂跟
kansite du mier daine mainong zagen

我能跟你谈谈这个问题吗？
Kann ich mit dir dieses Problem diskutieren?

谐音 看 一西 米特 弟耳 弟责思 普号布乐恩母 弟思苦踢恨
kan yixi mite dier dizesi puhaobuleimu disikutihen

🗣 就这个问题讨论一下怎么样？
Wie wäre es, eine Diskussion darüber zu haben?
谐音 伪 外喝 爱思，爱呢 弟思苦穷 大喝淤博 醋 哈笨
wei waihe aisi, aine disikuqiong dahvbo cu haben

🗣 你想好了吗？
Hast du dich entschieden?
谐音 哈思特 度 弟西 按特使一德恩
hasite du dixi anteshiden

🗣 你的决定是什么？
Was ist deine Entscheidung?
谐音 袜思 一思特 呆 按特晒动
wasi yisite dai anteshaidong

三 希望愿望

🗣 你的愿望是什么？
Was ist dein Wunsch?
谐音 袜思 一思特 呆 温使
wasi yisite dai wenshi

🗣 你希望我怎么做呢？
Was willst du von mir?
谐音 袜思 伪饿思特 度 佛恩 密耳
wasi weiesit du foen mier

🗣 我希望她能找到如意郎君。
Ich hoffe, dass sie ihren Liebehaber finden kann.
谐音 一西 喝鸥佛，大思 资义 一恨 里博哈博 佛因 德恩 看
yixi houfo, dasi ziyi yihen libohabo finden kan

比我预期得好。

Besser, als ich erwartet habe.

谐音 摆色，阿思 一西 诶耳袜泰特 哈博

baisi, asi yixi eierwataite habo

希望如此。

Ich hoffe es.

谐音 一西 喝鸥佛 爱思

yixi houfo aisi

希望不会。

Ich hoffe nicht.

谐音 一西 喝鸥佛 腻西特

yixi houfo nixite

期待您的回信。

Ich freue mich auf Ihre Antwort.

谐音 一西 佛号一饿 密西 傲服 一喝 安特窝特

yixi fohaoyie mixi aofu yihe antewote

希望你过得快乐。

Ich hoffe, du hast Glück.

谐音 一西 喝鸥佛，度 哈思特 革绿克

yixi houfo, du hasite gelvke

别让我失望。

Lass mich nicht im Stich.

谐音 拉思 密西 腻西特 因母 使弟西

lasi mixi nixite yinmu shidixi

你最好祈祷雨快点儿停。

Beten Sie dass, der Regen schnell auf hört.

谐音 摆特恩 资义 打思，得耳 黑跟 使耐耳 傲服 喝约特

baiten ziyi dasi, deier heigen shinaier aofu heyuete

三 接受拒绝

好主意。
Gute Idee.
谐音 姑特 一得
gute yidei

当然。
Bestimmt.
谐音 博使弟母特
boshidimute

当然。
Natürlich.
谐音 那特淤饿里西
natvelixi

当然。
Allerdings.
谐音 阿乐订思
aledingsi

没问题。
Kein Problem.
谐音 凯恩 普后布雷母
kaien puhoubuleimu

不用了，谢谢。
Nein, Danke.
谐音 耐恩，当克
naien, dangke

对不起，不行。

Entschuldigung, es geht nicht.

谐音　按特舒弟滚，爱思 给特 腻西特

anteshudigun, aisi geite nixite

恐怕不行。

Ich fürchte, es geht nicht.

谐音　一西 佛淤西特，爱思 给特 腻西特

yixi fvexite, aisi geite nixite

我很想，但是……

Ich will, aber...

谐音　一西 伪饿，阿博

yixi weie, abo

住 房 问 题

租房房源

此房出租。
Das Haus wird vermietet.
谐音 大思 号思 伪饿特 费尔米特特
dasi haosi weiete feiermitete

我正在找一套公寓。
Ich suche nach einem Apartment.
谐音 一西 组喝 那喝 爱嫩母 阿趴特 门特
yixi zuhe nahe ainemu apatemente

你想租什么样的房子？
Welche Wohnung willst du mieten?
谐音 外舍 窝弄 伪饿思特 度 米特恩
waishe wonong weiesite du miten

您想找一个新住处吗？
Wollen Sie eine neue Wohnung suchen?
谐音 窝乐恩 资义 爱呢 闹一饿 窝弄 组恨
wolen ziyi aine naoyie wonong zuhen

你的价位是多少？
Wie hohe ist dein Preis?
谐音 为 后喝 一思特 呆呢 普害思
wei houhe yisite daine puhaisi

这附近有好几套这个价位的房子可供选择。
Es gibt mehrere Plätze in dieser Preisklasse in der Nachbarschaft.
谐音 爱思 给布特 每饿喝 普来次饿 因 弟责 普害思克拉色 因 得耳 那喝 吧杀服特
aisi geibute meiehe pulaice yin dize puhaisikelase yin deier nahebashafute

你想住在校内还是校外？

Wohnst du gerne auf dem Campus oder außerhalb?

谐音 我恩思特 杜 该呢 傲夫 带母 看普思 欧德 奥色哈布

woensite du gaine aofu daimu kanpusi oude aosehabu

你自己住还是合租？

Wohnst du allein oder mit anderen zusammen?

谐音 窝恩思特 度 额来恩 殴德 米特 按德恨 醋杂门

woensitedu elaien oude mite andehen cuzamen

我想租一套带家具的公寓。

Ich möchte ein Apartment mit Haushaltsgeräten mieten.

谐音 一西 摸约西特 爱恩 阿趴特门特 米特 号思哈次革害特恩 米特恩

yixi moyuexite aien apatemente mite haosihaci gehaiten miten

我有一间房子空着。

Ich habe ein Haus, das leer sieht.

谐音 一西 哈博 爱恩 号思 打思 累饿 贼特

yixi habo aien haosi dasi leie zeite

市中心区有一套房子，家电齐全，精装修。

In der Innenstadt gibt es ein Haus mit allen Haushaltsgeräten und raffinierter Dekoration.

谐音 因 得耳 一嫩使大特 给布特 爱思 爱恩 号思 米特 阿来恩 号思 哈次 革害特恩 无恩特 哈飞腻额特 带口哈穷

yin dei er yinenshidate geibute aisi aien haosi mite alen haosihaci gehaiten wente hafei ni ete daikouhaqiong

我什么时候能去看房呢？

Wann kann ich die Wohnung besichtigen?

谐音 碗 看 一西 弟 窝弄 博贼西替根

wan kan yixi di wonong bosixitigen

百姓生活

看房订房

我是来看你登广告的那套公寓的。

Ich komme, um die Wohnung, die in der Werbung beschrieben wird, zu sehen.

谐音　一西　靠么，无母　弟　窝弄，弟　因　得尔　外尔崩　博使喝一笨　伪饿特，醋　贼恩

yixi kaomo, wumu di wonong, di yin deier waiebeng boshiheyiben weiete, cu zeien

---

我们喜欢住在自然光线充足的房间里。

Wir leben gerne in einem Zimmer mit natürlichem Licht.

谐音　为饿　累本　该呢　因　爱呢母　次一么　米特　那特约里舍母　里西特

weier leiben gaine yin ainemu ciyime mite nateyuelishemu lixite

---

这是客厅，带一个小厨房。

Das ist ein Wohnzimmer mit einer kleinen Küche.

谐音　大思　一思特　爱恩　窝恩　次么，米特　爱呢　克来嫩　克淤舍

dasi yisite aien woencime, mite aine kelainen kvshe

这个房子的朝向如何？

Gefällt dir die Ausrichtung des Hauses?

谐音　革佛爱特　弟耳　弟　傲思喝　一西痛　呆思　号思

gefaite dier di aosihe yixitong daisi haosi

虽然小，但设备齐全，有冰箱、微波炉、烤面包机和炉灶。

Zwar ist es klein, aber ausgestattet mit Kühlschrank, Mikrowelle, Toaster und Ofen.

谐音　次袜　一思特　爱思　克来恩，阿博　凹思　革　使大泰特　米特　克约使航克，米克殴外乐，透思特　无恩特　欧奋

ciwa yisite aisi ke lai en, abo aosi geshi dataite mite kveshihangke, mike ou waile, tousite, wente oufen

有两个卧室，一个起居室，一个厨房和一个浴室。

Es gibt zwei Schlafzimmer, ein Wohnzimmer, eine Küche und ein Badezimmer.

谐音 爱思 给布特 次外 使拉夫 次一么，爱恩 窝恩次一么，爱呢 克约舍 无恩特 爱恩 吧得次一么

aisi geibute ciwai shilafu ciyime, aien woen ciyime, aine kvshe wente aien bade cime

每个月租金是多少？

Wie viel ist die Miete pro Monat?

谐音 伪 飞饿 一思特 弟 米特 普厚 某那特

wei feie yisite di mite puhou mounate

押金是多少？

Wie viel ist die Kaution?

谐音 伪 飞饿 一思特 弟 靠穷

wei feie yisite di kaoqiong

每个月 600 元。

600RMB pro Monat.

谐音 在克思 昏德特 普厚 某那特

zaikesi hundete puhou mounate

你得交一个月的房租作为预付保证金。

Du musst die Miete eines Monats als Kaution bezahlen.

谐音 度 母思特 弟 米特 爱呢思 某那特思 阿思 靠穷 博擦乐恩

du musite di mite ainesi monatesi asi kaoqiong bocalen

你签过租房合同了吗？

Hast du schon den Mietvertrag unterschrieben?

谐音 哈思特 度 舒无恩 德恩 米特飞耳特哈克 无恩特使喝一笨

hasite du shouen den mite feier tehake wente shihiben

你应该跟房东商量一下合同问题。

Du sollst mit dem Vermieter über den Mietvertrag reden.

谐音 度 揉思特 米特 但母 飞耳米特 淤博 德恩 米特费耳特 哈克 黑德恩

du zousite mite danmu feiermite yubo den mite feiertehake heiden

三 搬家整理

搬家的费用是多少？

Wie hoch sind die Umzugskosten?

谐音 为 号喝 资恩特 弟 屋母醋克思靠思特恩

wie haohe ziente di wumucukesikaositen

你打算什么时候搬家？

Wann wirst du umziehen?

谐音 碗 伪饿思特 度 无母 次一恩

wan weiesite du wumucin

我们应该找搬家公司来搬。

Wir sollten ein Umzugsunternehmen finden, das dafür verantwortlich ist.

谐音 伪耳 揉特恩 爱恩 无母醋克思无恩特内门 佛因 德恩，打思 大佛淤饿 费耳安特窝特里西 一思特

weier zouten aien wumucukesiwenteneime finden, dasi dafv feier antewotelixi yisite

请小心这些易碎品！

Bitte achten Sie auf Zerbrechliches!

谐音 比特 阿喝特恩 资义 傲服 次诶 布害西 里舍思

bite aheten ziyi aofu ciei buhaixi lishesi

屋里还很乱。

Das Haus ist noch ein Chaos.

谐音 大思 号思 一思特 闹喝 爱恩 靠思

dasi haosi yisite naohe aien kaosi

我要花很长时间才能整理好。

Ich brauche lange Zeit, um alles in Ordnung zu bringen.

谐音 一西 布号喝 浪饿 菜特，无母 阿乐思 因 傲德弄 醋 博喝因恩

yixi buhaohe lang e caite, wumu alesi yin aodenong cu buhin en

---

你给搬家公司打电话了吗？

Hast du schon mit dem Umzugsunternehmen telefoniert?

谐音 哈思特 度 舒无恩 米特 但母 无母 醋克思 无恩特内门 泰里凤腻饿特

hasite du shouen mite danmu wumucukesi wenteneime tailifengniete

---

我们得开始准备搬家了。

Wir sollten eine Vorbereitung für den Umzug treffen.

谐音 伪饿 揍特恩 爱呢 佛博害痛 佛淤饿 德恩 无母醋克 特嗨奋

weie zouten aine fobohaitong fv den wumucuke tehaifen

你需要我帮忙打包吗？

Kann ich dir helfen beim Einpacken?

谐音 看 一西 弟耳 嗨奋 摆母 爱思趴肯

kan yixi dier haifen beimu eienpaken

电梯在哪里？

Wo ist der Aufzug?

谐音 窝 一思特 得耳 傲服 醋克

wo yisite deier aofucuke

别忘了在箱子上贴标签。

Vergiss nicht, den Zettel auf den Koffer zu kleben.

谐音 费耳 革一思 腻西特，德恩 猜特 傲服 德恩 靠佛饿 醋 克雷笨

feiergisi nixite, den caite aofu den kaofoe cu keleiben

出现问题

我发现厨房的水龙头漏水。

Ich finde, der Wasserhahn tropft.

谐音　一西 佛因德，得耳 袜色汗 特厚普服特

yixi finde, deier wasehan tehoupufute

卫生间的水槽堵了。

Das Waschbecken im Badezimmer ist verstopft.

谐音　打思 哇师掰克恩 因母 巴德次一么 一思特 费尔师兜夫特

Dasi washibaikeen yinmu badeciyime yisite feiershidoufute

我房间的灯都不亮了。

In meinem Zimmer brennt kein Licht.

谐音　因 麦呢母 次一么 博嗨特 凯恩 里西特

yin mainemu ciyime bohaite kaien lixite

问题在于我们公寓的供暖系统。

Das Problem liegt an dem Heizungsnetz in unserem Apartment.

谐音　大思 普号布累母 里克特 安 德母 嗨醋恩思 耐次 因 无恩责喝母 阿趴特门特

dasi puhaobuleimu likete an demu haizong si naici yin wenzehemu apatemente

这个房间太吵了。

Dieses Zimmer ist zu laut.

谐音　弟责思 次一么 一思特 醋 捞特

dizesi cime yisite cu laote

水管漏了。

Das Wasserrohr tropft.

谐音　大思 袜色厚饿 特号普服特

dasi wasehoue tehaopufute

这儿水温很低啊。
Die Wassertemperatur ist sehr niedrig.
谐音 弟 袜色 探母坡 哈兔饿 一思特 贼饿 腻德喝一西
di wase tanmupohatue yisite zei e nidehixi

咨询楼盘

这个地区的房价是多少？
Wie hoch sind die Wohnungspreise in diesem Bezirk?
谐音 伪 候喝 资恩特 弟 窝恩弄思 普嗨思 因 弟责母 博次耳克
wei houhe ziente di wonongsipuhaisi yin dizemu bocierke

还有什么户型？
Gibt es noch andere Haustypen?
谐音 给布特 爱思 闹喝 安德喝 号思特淤喷
geibute aise naohe andehe haosi tvpen

这些楼盘的开盘价是每平方米 10000 元左右。
Der Preis für diese neuen Wohnprojekte ist 10000
RMB pro Quadratmeter.
谐音 得尔 普嗨思 佛淤饿 弟责 闹一恩 窝恩 坡耶克特 一思特
10000 坡 克袜德哈每特
deier puhaisi fv dize naoyien woen poyekete yisite 10000 po
kewadeha meite

你要什么价位的？
Welches Preisniveau gefällt dir?
谐音 外舍思 普嗨思 腻窝 革佛爱饿特 弟耳
waishesi puhaisiwonong gefaiete dier

希望不要超过 70 万。
Unter 700,000 ist besser.
谐音 无恩特 **700,000** 一思特 摆色
wente 700,000 yisite baise

请过来看大厦模型。

Bitte werfen Sie einen Blick auf das Modell des Gebäudes.

谐音 比特 外奋 资义 爱嫩 布里克 傲服 大思 某袋 呆思 革包义 德思

bite waifen ziyi ainen bulike aofu dasi moudai daisi gebaoyidesi

---

第二和第三层为停车场。

Im zweiten und dritten Stock sind Parkplätze.

谐音 一母 次外特恩 屋恩特 得喝一 特恩 使道克 资恩特 趴克普 拉次饿

yimu ciwaiteen wuente deheyiteen shidaoke ziente pakepulaize

每层有四套房子。

Es gibt vier Wohnung auf jeder Ebene.

谐音 爱思 给不特 费尔 我弄 傲夫 也德 唉笨呢

Aisi geibute feier wonong aofu yede aibenne

这个楼盘共有两幢楼，分别是第一座、第二座。

Es gibt insgesamt zwei Blöcke, und zwar Block 1 und Block 2.

谐音 爱思 给不特 因思革藏母特 次外 布绿克，温特次娃 布捞克 爱恩思 无恩特 布捞克 次外

aisi geibute yinse gezangmute ciwai bulvke, wente ciwa bulaoke aiensi wente bulaoke ciwai

---

我能看一下户型图吗？

Kann ich den Grundriss anschauen?

谐音 看 一西 德恩 哥喝昏德喝思 安少恩

kan yixi den gehunde hisi aienfahe shaoen

还有其他设施吗？

Gibt es noch eine weitere infrastruktur?

谐音 给不特 哎思 闹喝 爱呢 外特喝 因佛哈使杜克图饿

Geibute aisi naohe aine waitehe yinfohashiduketue

看样板房

我可以看一下你们的样板间吗？

Kann ich das Modell-Zimmer anschauen?

谐音 看 一西 大思 某呆饿 次一么 安少恩

kan yixi dasi moudaie cime anshaoen

所有的户型都是一样的吗？

Sind alle Modelle gleich?

谐音 资恩特 阿乐 某呆了 革来西

ziente ale moudaile gelaixi

这套房子包括一个客厅、一个饭厅、一个洗手间和两间卧室。

Das Haus besteht aus einem Wohnzimmer, einem Speisesaal, einem Waschraum und zwei Schlafzimmern.

谐音 大思 号思 博使德诶特 傲思 爱呢母 窝恩次一么，爱呢母 使摆 责杂，爱呢母 袜使 号母 无恩特 次外 使拉服 次一门

dasi haosi boshidei te aosi ainemu woen cime, ainemu shibaizeza, ainemu washihaote wente ciwai shilafu cimen

样板间 A 面积是一千平方英尺。

Die Größe der Musterwohnung A ist 1000 Quadratfuß.

谐音 弟 革喝约色 得耳 木思特 窝弄 阿 一思特 1000 克袜德哈特 服思

di geheyuese deier musite wonong a yisite 1000 kewadehate fusi

在各位右手边的是厨房。

Auf Ihrer rechten Seite ist die Küche.

谐音 傲服 一喝 害西特恩 灾特 一思特 弟 克约婶

aofu yihe haixiten zaite yisite di keyueshen

贷款咨询

我想分期付款。

Ich möchte es auf Kreditbasis kaufen.

谐音 一西 摸约西特 爱思 傲服 克黑弟特把贼思 靠奋

yixi moyuexite aisi aofu keheditebazeisi kaofen

他想咨询有关银行按揭的详细内容。

Er möchte sich über die Details der Pfandbriefe informieren.

谐音 诶耳 摸约西特 贼西 淤博饿 弟 弟泰恩 呆耳 饭特 博喝一佛 因佛米恨

eier moyuexite zeixi yuboe di ditai daier fante bohifo bohaten yinfomihen

你们的住房贷款利率是多少？

Wie hoch ist ihr Zinssatz für die Wohnung?

谐音 伪 毫喝 一思特 一喝 次因 杂次 佛淤饿 弟 窝弄

wei haohe yisite yihe cinzaci fv di wonong

有多少种银行按揭方法可供选择？

Wie viele Auswahl für Hypotheken-Banken gibt es?

谐音 伪 飞了 傲思娃 佛淤饿 喝淤剖忒肯 办肯 给布特 爱思

wei feile aosiwa fv hvpoteiken banken geibute es

首付款是多少？

Wie hoch ist die erste Zahlung?

谐音 伪 毫喝 一思特 弟 诶饿思特 擦龙

wei haohe yisite di eiesite calong

签订合同

我已填好一式三份的协议书。

Ich habe die Vereinbarung ausgefüllt, die in dreifacher Ausfertigung besteht.

谐音 一西 哈博 弟 费耳 爱恩吧红 傲思革佛淤饿特，弟 因 德 害发喝 傲思佛爱替拱 博史逮特

yixi habo di feier aien bahong aosi ge fv e te, di yin dehaifahe aosi faietigong boshideite

让我简单解释一下协议书的内容。

Bitte lassen Sie mich Ihnen die Bedingungen des Vertrags erklären.

谐音 比特 拉森 资义 米西 一嫩 弟 博丁供恩 带思 费尔特哈克斯 爱 耳科来很

bite lasen ziyi mixi yinen di bodinggongen daisi feierkehasite aierkelaihen

如何计算印花税？

Wie rechnest du die Stempelsteuer?

谐音 伪 嗨西耐思特 度 弟 使但木破 使道一饿

wei heixinaisite du di shidanmupo shidaoyie

这是印花税表，供您参考。

Das ist die Stempelsteuer für Ihre Referenz.

谐音 大思 一思特 弟 使但木破 使道一饿 佛淤饿 一喝 黑 佛 恨次

dasi yisite di shidanmupo shidaoyie fv yihe heifohenci

如果没有异议，请在合同最下方签字。

Wenn es keine Einwände gibt, bitte unterschreiben Sie unten den Vertrag.

谐音 问 爱思 凯呢 爱恩万德 给布特，比特 温特使嗨本 资义 温特恩 德恩 费尔特哈克

wen aisi kaine aienwande geibute, bite wenteshihaiben ziyi wenten den feiertehake

合同中的主要条款有哪些？

Was sind die Hauptartikel im Vertrag?

谐音 袜思 资因特 弟 号普特 阿替克 因母 费耳特哈克

wasi zinte di haopute atike yinmu feiertehake

合同一经双方签定即生效。

Der Vertrag wird in Kraft treten, sobald er von beiden Seite unterschrieben wird

谐音 得耳 费耳特哈克 伪饿特 因 克哈服特 特嗨 特恩，揍吧饿特 诶尔 佛恩 摆德恩 灾特恩 无恩特使喝一笨 伪饿特

derer feiertehake weiete yin kehafute tehaiten, zoubaete eier foen baiden zaiten wente shihiben weiete

我们现在可以签合同了。

Jetzt können wir den Vertrag abschließen.

谐音 耶次特 克约嫩 伪耳 德恩 费耳特哈克 阿布使里森

yecite keyuenen weier den feiertehake abushilisen

物业服务

我需要支付多少物业管理费？

Wie viel Immobilienverwaltungsgebühr soll ich bezahlen?

谐音 伪 飞饿 一某比里恩 费耳袜痛思 革博淤饿 揍 一西 博乐擦恩

wei feie yimoubilien feierwatongsi gebve zou yixi bocalen

我们的物业很好。

Unsere Immobilienverwaltung ist gut.

谐音 无恩责喝 一某比里恩 费耳袜痛 一思特 姑特

wenzehe yimoubilien feierwatong yisite gute

百姓生活

我马上派人去修。

Ich werde sofort jemanden entsenden,um es zu reparieren.

谐音 一西 外德 凑佛特 也慢德恩 安特赞德恩，无母 爱思 醋 黑趴 喝一恨

yixi waide coufote yemandeen antezandeen, wumu aisi cu heipa hihen

没人收垃圾。

Niemand holt den Müll ab.

谐音 尼曼特 后特 德恩 莫约 阿普

nimante houte deen moyue apu

没人打扫楼道。

Niemand renigt die Flure.

谐音 尼曼特 害尼克特 弟 佛路喝

nimante hainikete di foluhe

咨询车型

您想要什么类型的车?

Was für ein Auto magst du?

谐音 袜思 佛淤 爱恩 凹头 骂克思特 度

wasi fv aien aotou makesite du

这款车型是今年最新的设计。

Dieser Autotyp ist der neueste in diesem Jahr.

谐音 弟责 奥头特约普 一思特 呆耳 闹一饿思特 因 弟泽母 亚

dize aotouteyuepu yisite daier naoyiesite yin dizemu ya

这是一辆内部宽敞的小型车。

Das ist ein geräumiger Kleinwagen.

谐音 打思 一思特 爱恩 哥号一米哥 克来恩娃跟

dasi yisite aien gehaoyimige kelaienwagen

我需要一辆省油的车。

Ich brauche ein Benzin-sparendes Auto.

谐音 一西 布号喝 爱恩 笨次 使吧藏么德思 凹头

yixi buhaohe aien benci shibazangmedesi aotou

我喜欢自动档的车。

Ich bevorzuge ein Auto mit Automatikgetriebe.

谐音 一西 博佛醋革 爱恩 凹头 米特 凹头骂替克 革特喝一博

yixi bofocuke aien aotou mite aotoumatike getehibo

我想要便宜、小巧，并且舒适的车。

Ich bevorzuge ein billiges, kleines und bequemes Auto.

谐音 一西 博佛醋革 爱恩 比里革思，克来呢思 无恩特 博克外么思 凹头

yixi bofocuge aien biligesi, kelainesi wente bokewaimesi aotou

车辆性能

能介绍一下这辆车的基本配置吗?

Können Sie mir die Grundausstattung des Autos vorstellen?

谐音 克约嫩 资义 密耳 弟 革昏特 傲思使大痛 呆思 凹头思 佛使呆乐恩

keyuenen ziyi mier di gehunte aosishidatong daisi aotousi foshidailen

这辆新车配置齐全。

Das neue Auto ist voll ausgestattet.

谐音　大思 闹一饿 凹头 一思特 佛 凹思 革使大泰特

dasi naoyie aotou yisite fo ausi geshidataite

这辆车开了多少英里了？

Wie vielen Meilen hat das Auto verbraucht?

谐音　伪 飞勒恩 麦乐 哈特 大思 凹头 费耳布号喝特

wei feilen maile hate dasi aotou feier buhaohete

我能看看发动机吗？

Kann ich den Motor anschauen?

谐音　看 一西 德恩 某头 安少恩

kan yixi den moutou anshaoen

3 加仑的油可以开 100 千米。

Das Auto kann 100,000 Meter mit 3 Gallonen fahren.

谐音　大思 凹头 看 昏德特 掏责恩特 妹特 米特 德嗨 嘎漏嫩 发恨

dasi aotou kan hundete taozente maite meite dehai galounen fahen

它的安全性能是一流的，有防抱死制动系统。

Die Sicherheit des Autos ist erstklassig, es hat ABS.

谐音　弟 贼舍嗨特 呆思 凹头思 一思特 爱饿思特 可拉思诶西，爱思 哈特 阿被爱思

si zeishehaite daisi aotousi yisite ai e site kelasi eixi, aisi hate a bei aisi

防抱死制动系统能防止你在路上打滑。

Das ABS kann verhindern, dass das Auto auf der Straße ins Schleudern gerät.

谐音　打思 ABS 看 费尔喝应德恩 打思 打思 傲头 傲夫 德耳 使特哈色 因思 使老德恩 哥海特

dasi ABS kann feierheyindeen dasi dasi aotou aofu deer shitehase yinsi shilaodeen gehaite

这车装有导航系统。

Das Auto enthält ein Navigations-System.

谐音 打思 奥头 按特哈特 爱恩 那微噶穷思 <u>资逾思特母</u>

dasi aotou antehate aien naweigaqiongsi ziyusitemu

它有真皮内饰、电动门窗，而且油耗低。

Das Auto enthält eine innenausstattung mit echtem Leder, einen elektrischen Fenster hebern, zudem hat es niedrigen Benzinverbrauchen.

谐音 打思 奥头 按特嗨特 爱呢 一嫩奥斯使大痛 米特 爱西特恩 勒地 爱嫩 一来可特一神 饭思特 黑本 醋<u>德母</u> 哈特 爱思 腻德喝一跟 本次<u>费而</u>不号恨

dasi aotou antehaite aine yinenaosishidatong mite aixiten lede ainen yilaiketeyishen fansite heiben cidemu hate aisi nideheyigen bencifeierbuhaohen

这是款节能汽车。

Das ist ein sparsames Auto.

谐音 大思 一思特 爱恩 使吧藏么思 凹头

dasi yisite aien shibasangmesi aotou

这车是多大排量的?

Wie groß ist der Hubraum des Autos?

谐音 伪 革够思 一思特 呆耳 护普号母 呆思 凹头思

wei gehousi yisite deier hupuhaomu daisi aotousi

它的基本配备包括：空调、防死锁刹车和音响。

Seine Grundausstattung enthält die Klimaanlage, ABS und die Lautsprecheranlage.

谐音 灾呢 革昏特 凹思使大痛 <u>按特</u> 嗨特：弟 <u>可里妈</u> 拉格，阿被爱思 <u>无恩特</u> 捞特 使普嗨舍 安拉革

zaine gehunte aosishidatong antehaite di kelimalage, abeiaisi wente di laote shipuhaishe anlage

车辆试驾

我能试驾一下吗?

Kann ich eine Probefahrt vereinbaren?

谐音 看 一西 爱呢 普厚博 发饿特 费耳嗨扒恨

kan yixi aine puhoubo faete feierhaibahen

可以，我给您取钥匙去。

Natürlich, ich hole die Schlüssel für Sie ab.

谐音 那特淤饿里西，一西 厚乐 弟 使绿责 佛淤饿 资义 阿布

natvelixi, yixi houle di shelvze fv ziyi abu

这辆车操作起来很灵活。

Das Auto ist ziemlich flexibel.

谐音 大思 凹头 一思特 次诶母里西 佛来可贼博

dasi aotou yisite ceimulixi folaikezeibo

我想上高速试试它的速度。

Ich möchte auf die Autobahn fahren, um seine Geschwindigkeit zu testen.

谐音 一西 摸约西特 傲服 弟 凹头办 发恨，无母 灾呢 革使无因弟西凯特 醋 泰思特恩

yixi moyuexite aofu di aotouban fahen, wumu zaine geshiwuyin dixikaite cu taisiten

这辆车开着很平稳。

Das Auto fährt sehr stabil.

谐音 大思 凹头 佛爱饿特 贼饿 使大 比饿

dasi aoyou faiete zeie shidabie

贷款咨询

我要申请贷款买辆新车。

Ich werde ein Darlehen beantragen, um ein neues Auto zu kaufen.

谐音 一西 外德 爱恩 大勒恩 博安 特哈跟，无母 爱恩 闹一饿 思 凹头 醋 靠奋

yixi waide aien daleien boantehagen, wumu aien naoyiesi aotou cu kaofen

---

贷款最高额可达到购车款的 80%.

Die höchste Beschränkung vom Darlehen ereicht 80% des Preises.

谐音 弟 喝越西思特 博使航空 佛母 打累恩 爱耳害西特 阿和贼兮 昏德特 带思 普海责思

di heyuexisite boshihangkong fomu daleien aierhaixite ahezeixi hundete daisi puhaizesi

---

汽车贷款一般为 3 年，最长不超过 5 年。

Die Darlehenszeit des Autos ist 3 bis 5 Jahre.

谐音 弟 打累恩思莱特 呆思 奥头思 一思特 德海 比斯 佛奋夫 亚喝

di daleiensicaite daisi aotousi yisite dehai bisi foenfu yahe

---

你们收多少贷款利率?

Wie hoch ist der Zinsatz?

谐音 伪 号喝 一思特 得耳 次因 杂次

wei haohe yiste deier cinzaci

购买二手车

我想要买一辆二手车。
Ich möchte einen Gebrauchtwagen kaufen.

谐音 一西 摸约西特 爱嫩 革布号喝特 袜跟 靠奋
yixi moyuexite ainen gebuhaohete wagen kaofen

首先你得检查下车子。
Zuerst sollst du das Auto überprüfen.

谐音 醋爱饿思特 揍思特 度 大思 凹头 淤博 普喝淤奋
cuaiesite zousite du dasi aotou yubo puhvfen

你得检查这车有没有大修过。
Du solltest kontrollieren dafür, ob das Auto die
Generalreparatur durchgeführt worden ist.

谐音 杜 奏思太思特 康投里很 打佛约耳 噢布 打思 傲头 弟 该呢
哈黑怕哈图饿 度饿西哥佛约饿特 窝饿德恩 一思特
du zousitaisite kangtoulihen dafoyueer obu dasi aotou di
gainehaheipahatue duexigefoyueete woeden yisite

要保证刹车不会偏向左边或者右边。
Das Auto soll garantieren, dass es nicht ins
Schleudern gerät.

谐音 大思 凹头 揍 嘎汗替恨，大思 爱思 腻西特 因思 使捞一
德恩 革嗨特
dasi aotou zou gahantihen, dasi aisi nixite yinsi shilaoyiden
gehaite

这辆车没有开多少公里，车况很好，而且他急着卖。
Dieses Auto ist nicht so viel gefahren und hat eine gute
Ausstattung, zudem möchte er der Auto schnell verkaufen.

谐音 弟责思 奥头 一思特 尼西特 奏 费饿 哥发很 屋恩特 哈特 爱呢
奥斯使打通 醋带母 莫约西特 爱耳 带耳 傲头 使耐饿 费尔拷奋
dizesi aotou yisite nixite zou feie gefahen wuente hate aine
aosishidatong cudaimu moyuexite aier daier aotou shinaier feierkaofen

3

百姓生活

价格很优惠。

Der Preis ist sehr günstig.

谐音 得耳 普嗨思 一思特 贼耳 革淤恩思替西

dei er puhaisi yisite zeier gvnsitixi

这辆二手车成色不错。

Dieser Gebrauchtwagen sieht fast neu aus.

谐音 弟责 革布号喝特 袜跟 资义特 发思特 闹一 凹思

dize gebuhaohete wagen zinte fasite naoyi aosi

我需要这辆车的维修记录。

Ich brauche die Wartungsaufzeichnungen des Autos.

谐音 一西 布号喝 弟 袜痛思 傲服次爱西弄恩 呆思 凹头思

yixi buhaohe di watongsi aofucaixinong en daisi aotousi

给车加油

您的车要加什么油？

Welchen Kraftstoff tankt ihr Auto?

谐音 外神 克哈夫特使刀夫 谈克特 一耳 奥头

waishen kehafuteshidaofu tankete yier aotou

加普通汽油还是无铅汽油？

Benzin oder bleifreies Benzin?

谐音 笨次因 殴德 布来 佛嗨饿思 笨次因

bencin oude bulaifohaiesi bencin

这是自助式加油站。

Hier ist eine automatische Tankstelle.

谐音 喝一饿 一思特 爱呢 凹头妈替舍 探克 使呆乐

hier yisite aine aotoumatishe tankeshidaile

我要找加油站。

Ich suche nach einer Tankstelle.

谐音　一西 组喝 那喝 爱呢 探克 使呆乐

yixi zuhe nahe aine tanke shidaile

麻烦加满！

Bitte volltanken!

谐音　比特 佛探肯

bite fotanken

一共多少钱？

Wie viel kostet es insgesamt?

谐音　伪 飞饿 扣思泰特 爱思 因思 革藏母特

wei feie kousitaite aisi yinsi gezangmute

已经加满了。

Es ist schon vollgetankt.

谐音　爱思 一思特 受恩 佛革探克特

aisi yisite shouen fogetankete

你要把车后退一点。

Du sollst dein Auto nach hinten zurück fahren.

谐音　杜 凑思特 呆 傲头 那喝 喝特 醋喝於克 发恨

du zousite dai aotou nahe hete zuheyuke fahen

您想加多少油，先生？

Wie viel tanken Sie, bitte?

谐音　伪 飞饿 探肯 资义，比特

wei feie tanken ziyi, bite

---

93 号的，20 升。

Nummer dreiundneunzig, zwanzig Liter.

谐音　努么 德嗨捂恩特闹一次西，次王次一西 里特

nume dehaiwuentenaoyicixi, ziwang cixi lite

百姓生活

3

保养维护

给我的车重新喷漆需要很长时间吗?

Braucht es lange Zeit, um den lack meines Autos aufzuspritzen?

谐音 布号喝特 爱思 浪饿 菜特, 无母 德恩 拉克 麦呢思 凹头 思 傲服 醋 使普喝因 次恩

buhaohete aisi lang e caite, wumu den lake mainesi autousi aofucu shipuhincen

---

这辆汽车需要保养。

Das Auto braucht eine Pflege.

谐音 大思 凹头 布号喝特 爱呢 破服里革

dasi aotou buhaohete aine pofuleige

这次汽车保养是完全免费的。

Diese Pflege ist total kostenlos.

谐音 弟责 破服里革 一思特 头他 扣思特恩漏思

dize pofuleige yisite touta kousiten lousi

这辆车需要添加一些润滑油了。

Das Auto braucht ein bisschen Schmieröl.

谐音 大思 凹头 布号喝特 爱恩 比思婶 使米饿 约饿

dasi aotou buhaohete aien bisishen shimieyue e

保养汽车需要花多少钱?

Wie viel kostet eine Pflege des Autos?

谐音 伪 飞饿 扣思泰特 爱呢 破服里革 呆思 凹头思

wei feie kousitaite aine pofuleige daisi autousi

这辆车的刹车不如以前灵敏了。

Die Bremsen des Autos sind nicht so sensibel wie vorher.

谐音 弟 布黑母森 呆思 凹头思 资恩特 腻西特 揍 咱资义博 伪 佛喝一饿

di buheimusen daisi aotousi ziente nixite zou zanzibo wei fohaie

我想给车窗贴一下车膜。

Ich möchte ans Fenster eine Autofolie kleben.

谐音　一西 摸约西特 安思 翻思特 爱呢 凹头 佛殴里 克勒笨

yixi moyuexite ansi fansite aine aotou fouli keleiben

车子要清洁和打蜡吗?

Brauchen Sie eine Pflege und ein Wachs für Ihr Auto?

谐音　布号恨 资义 爱呢 破服里革 无恩特 爱恩 袜喝思 佛淤
饿 一饿 凹头

buhaohen ziyi aine pofuleige wente aine wahesi fv yie aotou

三 车辆修理

你能帮我检查一下轮胎吗?

Kannst du mir helfen, meine Reifen zu überprüfen?

谐音　看思特 度 密耳 嗨饿奋，麦呢 嗨奋 醋 淤博普喝淤奋

kansite du mier hai e fen, maine haifen cu yubo puhvfen

提车需要很长时间吗?

Dauert es lange, mein Auto abzuholen?

谐音　道饿特 爱思 浪饿，麦恩 凹头 阿布 醋 厚乐恩

dao e te aisi lang e, maien autou abucu houlen

汽车的排气系统出了故障。

Es gibt Probleme mit dem Auspuffsystem.

谐音　爱思 给布特 普号布勒么 米特 傲思铺夫 呆母 资淤思特恩母

aisi geibute puhao buleime mite aosipufu daimu ziyusitenmu

这附近有汽车修理厂吗?

Gibt es eine Reparaturwerkstatt in der Nähe?

谐音　给布特 爱思 爱呢 黑趴哈兔 外克使大特 因 得耳 耐饿

geibute aisi aine heipahatu waikeshidate yin deier naie

汽车的发动机有问题。

Es gibt Probleme mit dem Motor.

谐音 爱思 给布特 普号布勒么 米特 呆母 某头

aisi geibute puhao buleime mite daimu moutou

修这辆车需要多少钱？

Wie viel kostet es, das Auto zu reparieren?

谐音 伪 飞饿 扣思泰特 爱思，大思 凹头 醋 黑趴喝一恨

wei feie kousitaite aisi dasi aotou cu reipahihen

我想换进口的零件。

Ich möchte die importierten Teile wechseln.

谐音 一西 摸约西特 弟 隐抛替饿 特恩 泰乐 外克森

yixi moyuexite di yinpaoti e ten taile waikesen

多长时间可以修好这辆车？

Wie lange dauert es, das Auto zu reparieren?

谐音 伪 浪饿 道饿特 爱思，大思 凹头 醋 黑趴喝一 喝恩

wei lang e dao e te aisi, dasi aotou cu reipahihen

这次维修是免费的。

Diesmal ist die Reparatur kostenlos.

谐音 弟责思骂 一思特 弟 黑趴哈兔 扣思特恩漏思

dizeshima yisite die heipahatu kousiten lousi

美食参考

换换口味今晚吃中餐怎么样？

Essen wir zur Abwechslung chinesische Küche heute Abend?

谐音 爱森 伪耳 醋饿 阿布外克思龙 西内贼舍 克淤舍 蒿一特 阿笨特

aisen weier cue abuwaikesilong xineizeishe kvshe haoyite abente

你想吃嫩点儿、适中，还是老一点儿的肉？

Magst du gerne zartes, medium oder durchgebratenes Fleisch?

谐音 骂克思特 度 该呢 擦特思、每弟无母、欧德 度一西 哥布 哈特恩呢思 服来使

makesite du gaine catesi meidiwumu ou de duyixigebuhatennesi fulaishi

贝克大街的那家墨西哥餐厅很正宗。

Das mexikanische Restaurant auf der Beckstraße ist sehr authentisch.

谐音 大思 麦克思看腻舍 嗨思特航特 傲服 呆耳 败克使特哈色 一思特 贼耳 熬森提师

dasi maikesi kannishe haisitehangte aofu deier baike shitehaseyisite zeier aosentishi

这是最受欢迎的一道菜。

Das ist ein populärses Gericht.

谐音 大思 一思特 爱恩 抛铺来饿思爱思 革喝一西特

dasi yisite aien paopulaiesiaisi gehixite

是否可介绍一家附近口碑不错的餐厅？

Kannst du mir ein be liebstes Restaurant in der Nähe vorstellen?

谐音 看思特 度 密耳 爱恩 博里布思特思 嗨思特航特 因 得耳 耐饿 佛饿 使呆乐恩

kansite du mier aien bolibusite haisitehangtesi yin deier naie foshidailen

---

餐厅预订

我想预订桌位。

Ich möchte gerne einen Tisch reservieren.

谐音 一西 摸约西特 该呢 爱恩 替使 嗨贼威 喝恩

yixi moyuexite gaine aien tishi haizeiweihen

我想预订一个小包间。

Ich möchte gerne ein kleines Zimmer reservieren.

谐音 一西 摸约西特 该呢 爱恩 克来呢思 次一么 嗨贼威 喝恩

yixi moyuexite gaine aien kelainesi cime haizeiweihen

我会尽量帮你预留餐桌的。

Ich versuche, einen Tisch für dich zu reservieren.

谐音 一西 费耳组喝，爱嫩 替使 佛淤饿 弟西 醋 嗨贼威 喝恩

yixi feierzuhe, ainen tishi fv dixi cu haizeiweihen

我们会尽量早点儿来的。

Ich versuche so früh wie möglich zu kommen.

谐音 一西 费耳组喝 揍 佛喝淤 伪 摸约克里西 醋 靠门

yixi feierzuhe zou fohv wei moyuekelixi cu kaomen

我想预订一个今天晚上6点的餐桌。

Ich möchte einen Tisch für heute Abend um 6 Uhr reservieren.

谐音 一西 摸约西特 爱嫩 替使 佛淤饿 蒿一特 阿笨特 无母 在 克思 无饿 嗨贼威 喝恩

yixi moyuexite ainen tishi fv haoyite abente wumu zaikesi wue haizeiweihen

请预留一张两个人的桌位。

Bitte reservieren Sie einen Tisch für zwei Leute.

谐音 比特 嗨贼威 喝恩 资义 爱嫩 替使 佛淤饿 次外 捞一特

bite haizeiweihen ziyi ainen tishi fv ciwai laoyite

我们不接受电话订位。

Die Telefon-Reservierung ist nicht erreichbar.

谐音 弟 泰里佛恩 嗨贼威哄 一思特 腻西特 诶耳嗨西吧

di tailifoen haizeiweihong yisite nixite eier haixiba

位子可以保留多久？

Wie lange kan man die Reservierung sich halten?

谐音 伟 浪饿 看 慢 弟 海贼威鸿 贼西 哈特恩

wei lange kan man di haizeiweihong zeixi haten

您想订什么时间的?

Für welche Zeit möchten Sie reservieren?

谐音 佛淤饿 外舍 菜特 摸约西特恩 资义 嗨贼威 喝恩

fv waishe caite moyuexiten ziyi haizeiweihen

请帮我安排靠窗的位置。

Bitte reservieren Sie einen Tisch am Fenster.

谐音 比特 海贼威洪 资义 爱嫩 替使 安母 翻思特

bite haizeiweihong ziyi ainen tishi anmu fansite

找位等位

你好,要一张两人桌。

Hallo, bitte ein Tisch für zwei Pessonen.

谐音 哈喽, 比特 爱恩 替使 佛淤饿 次外 佩尊嫩

halou, bite aien tishi fv ciwai peizunnen

靠窗的那个位置更好。

Der Platz am Fenster ist besser.

谐音 得耳 普拉次 安母 翻思特 一思特 摆色

deier pulaci anmu fansite yisite baise

比起包厢,我更喜欢坐在这里。

Ich setze mich lieber hierhin als in die Balkonloge.

谐音 一西 在册 米西 里博 喝一耳喝应 阿思 因 弟 八空楼革

yixi zaice mixi libo heyierheying asi yin di bakonggelou

什么时候会有位子?

Wann ist der Platz frei?

谐音 碗 一思特 得耳 普拉次 佛喝嗨

wan yisite deier pulaci fohai

我们得等多久?

Wie lange haben wir zu warten?

谐音 伪 浪饿 哈笨 伪饿 醋 袜特恩

wei lang e haben weier cu waten

🔊 **我前面还有几个人？**

Wie viele Leute stehen noch vor mir?

谐音 伪 <u>飞乐</u> 捞一特 使德诶恩 闹喝 佛 密耳

wei feie laoyite shideien naohe fo mier

🔊 **您排在第六位。**

Sie sind Nr.6 in der Reihenfolge.

谐音 <u>资义</u> 资因特 努么 灾克思 因 <u>呆尔</u> 嗨恩 <u>佛革</u>

ziyi zinte nume zaikesi yin deier haienfoge

🔊 **对不起，这张桌子已经被预订了。**

Tut mir leid, dieser Tisch wird schon reserviert.

谐音 兔特 密耳 来特，弟责 替使 <u>伪饿特</u> 受恩 嗨贼威饿特

tute mier laite, dize tishi weiete shouen haizeiweiete

🔊 **现在还有空位吗？**

Gibt es noch freie Plätze?

谐音 给布特 爱思 闹喝 佛嗨饿 普来次

geubute aisi naohe fohaie pulaici

📋 **餐馆点餐**

🔊 **请给我菜单。**

Bitte geben Sie mir ein Menü.

谐音 比特 给笨 资义 密耳 <u>爱恩</u> 麦女

bite geiben ziyi mier aien mainv

🔊 **今天有什么推荐的吗？**

Können Sie mir etwas empfehlen?

谐音 可约嫩 <u>资义</u> 密耳 爱特挖思 安母 飞乐恩

keyuenen ziyi mier aitewasi anmufeilen

今天有什么好吃的？

Gibt es heute etwas Leckeres?

谐音 给布特 爱思 蒿一特 爱特挖思 来克喝思

geibute aisi haoyite aitewasi laikehesi

你们饭店的招牌菜是什么？

Was ist die Spezialität in ihrem Restaurant?

谐音 袜思 一思特 弟 使八次一阿里泰特 因 一喝母 嗨思特喝昂特

wasi yisite di shibacia litaite yin yihemu haisitehangte

我还没准备好要点餐呢。

Ich bin noch nicht bereit, etwas zu bestellen.

谐音 一西 髩 闹喝 腻西特 博嗨特，爱特瓦思 醋 博使呆乐恩

yixi bin naohe nixite bohaite, aitewasi cu boshidailen

你们有什么地方特色菜吗？

Habt ihr lokale Spezialitäten?

谐音 哈布特 一耳 搂卡乐 使八次一阿里泰特恩

habute yier loukale shibacia litaiten

我想要我的牛排熟一点儿。

Ich möchte gerne durchgebratenes Rindfleisch.

谐音 一西 摸约西特 该呢 度一西哥不哈特恩呢思 喝因特佛来使

yixi moyuexite gaine duyixigebuhatennesi hintefolaishi

给我们来份糖醋排骨吧。

Bitte einmal süß-saure Rippchen.

谐音 比特 爱恩嘛 资淤思 糟喝 喝一普婶

bite aienma zvsi zaohe hipushen

你觉得这些够了吗？

Ist es schon genug?

谐音 一思特 爱思 受恩 革努克

yisite aisi shouen genuke

您要不要来点儿酒水饮料?

Brauchen Sie etwas zu trinken?

谐音 布号恨 资义 爱特袜思 醋 特喝因肯

buhaohen ziyi aitewasi cu tehinken

三 席间服务

请快点儿上菜。

Bitte schneller servieren.

谐音 比特 使耐乐 塞威恨

bite shinaile saiweihen

我想再加一个菜。

Noch ein Gericht bestelle ich gerne.

谐音 闹喝 爱恩 革喝一西特 博使呆乐 一西 该呢

naohe aien gehixite boshidaile yixi gaine

我用不惯筷子,能给我拿一副刀叉吗?

Ich habe mich nicht an Stäbchen gewöhnt, kannst du Messer und Gabel holen?

谐音 一西 哈博 密西 腻西特 安 使呆布婶 革窝约 恩特,看思 特 度 麦色 无恩特 嘎博 厚乐恩

yixi habo mixi nixite an shidaibushen gewoyuente, kansite du maise wente gabo houlen

把盐递我。

Bitte geben Sie mir das Salz.

谐音 比特 给笨 资义 密耳 打思 杂次

bite geiben ziyi mier dasi zaci

我想你给我上错菜了。

Ich glaube, dass du mir das falsche Gericht gegeben hast.

谐音 一西 哥老博, 打思 度 米耳 打思 发金思 哥喝一西特 哥 给笨 哈斯特

yixi gelaobo dasi du mier dasi fashesi gehiyixite gegeiben hasite

我可以把碟子收起来吗？

Kann ich die Teller abräumen?

谐音 看 一西 弟 泰乐 阿布好衣门

kan yixi di taile abuhaoyimen

这是您的热毛巾。

Das ist ein heißes Tuch für Sie.

谐音 大思 一思特 爱恩 嗨色思 兔喝 佛约饿 资义

dasi yisite aien haisesi tuhe fve ziyi

我现在可以上菜了吗？

Kann ich jetzt das Gericht servieren?

谐音 看 一西 耶次特 大思 革喝一西特 塞威恨

kan yixi yecite dasi gehixite saiweihen

品评菜肴

我从来没吃过比这更好吃的。

Das ist das beste Gericht, was ich je gegessen habe.

谐音 大思 一思特 大思 摆思特 革喝一西特，袜思 一西 也 革该
森 哈博

dasi yisite dasi baisite gehixite, wasi yixi ye gegaisen habo

肉太老了。

Das Fleisch ist zu zäh.

谐音 大思 服来使 一思特 醋 菜

dasi fulaishi yisite cu cai

真辣。

Es ist zu scharf.

谐音 爱思 一思特 醋 杀服

aisi yisite cu shafu

这汤我觉得有点儿咸了。

Die Suppe ist mir ein bisschen zu salzig.

谐音 弟 租破 一思特 密耳 爱恩 比思婶 醋 杂次一西

di zupo yisite mier aienbisishen cu zaciyixi

这鱼色香味美。

Der Fisch sieht nicht nur gut auch, sondern schmeckt auch lecker.

谐音 呆耳 服来使 贼一特 腻西特 努耳 姑特 傲思 宗德恩 使 麦克特 傲喝 来克

daier fulaishi zeiyite nixite nuer gute aosi zongden shimaikete aohe laike

真是鲜美可口。

Es ist frisch und schmeckt.

谐音 爱思 一思特 佛喝一使 无恩特 使麦克特

aisi yisite fohishi wente shimaikete

很好吃。

Es schmeckt mir gut.

谐音 爱思 使麦克特 密耳 姑特

aisi shimaikete mier gute

味道很奇怪。

Der Geschmack ist seltsam.

谐音 得耳 革使妈克 一思特 灾饿特藏母

deier geshimake yisite zaietezangmu

饭后甜点

您想要甜点吗？

Möchten Sie eine Süßspeise?

谐音 摸约西特恩 资义 爱呢 资淤色使摆责

moyuexiten ziyi aine ziyuseshebaize

你们有没有低脂的点心?

Habt ihr fett-arme Speisen?

谐音 哈布特 一耳 佛爱特 阿么 使摆怎

habute yier faiteame shibaizen

我看看点心菜单。

Ich schaue mal in die Dessertkarte.

谐音 一西 烧饿 马 因 弟 呆责特卡特

yixi shaoe ma yin di daizetekate

我想要一份巧克力布丁。

Ich möchte gerne einmal Schoko-Pudding.

谐音 一西 摸约西特 该呢 爱恩骂 受口 铺订

yixi moyuexite gaine aienma shoukou putting

是现在为您上甜点,还是迟些?

Servieren wir die Speise jetzt oder später?

谐音 责威恨 伪耳 弟 使摆责 耶次特 殴德 使摆特

zewenhen weier di shibaize yecite oude shibaite

餐馆抱怨

菜糟透了。

Das Gericht schmeckt mir nicht.

谐音 大思 革喝一西特 使麦可特 密耳 泥西特

dasi gehixite shimaikete mier nixite

你们的领班在哪儿?

Wo ist ihr Leiter?

谐音 窝 一思特 一耳 来特

wo yisite yier laite

我点的菜不新鲜。

Das Gericht, das ich bestellt habe, ist nicht frisch.

谐音 大思 革喝一西特，大思 一西 博使呆饿特 哈博，一思特 腻西特 佛喝一使

dasi gehixite, dasi yixi boshidaiete habo, yisite nixite fohishi

服务太慢了，菜都凉了。

Ihr Service ist so langsam, dass Gerichte kalt geworden sind.

谐音 一耳 塞威思 一思特 揍 浪藏母，大思 革喝一西特 卡饿特 革窝德恩 资义特

yier saiweisi yisite zou langzangmu, dasi gehixite kaete gewoden zinte

我们等得太久了。

Wir haben schon lange gewartet.

谐音 伪耳 哈本 受恩 浪饿 革袜太特

weier haben shouen lang e gewataite

这个碟子有裂缝。

Der Teller hat einen Bruch.

谐音 呆耳 泰乐 哈特 爱嫩 布护喝

daier taile hate ainen buhuhe

结账买单

请给我账单好吗？

Bitte geben sie mir die Rechnung.

谐音 比特 给笨 资一 密耳 第 嗨西弄

bite geiben ziyi mier di haixinong

我们想分开付账。

Wir zahlen getrennt.

谐音 为耳 擦乐恩 哥特汗特

weier calen getehante

这次我们各付各的吧。

Bezahlen wir diesmal getrennt.

博擦乐恩 伪耳 弟思马 哥特汗特

bocalen weier disima getehante

这次我请客。

Ich habe diesmal Gäste.

一西 哈博 弟责骂 该思特

yixi habo dizema gaisite

能刷信用卡吗?

Kann ich mit Kreditkarte zahlen?

看 一西 米特 克黑弟特卡特 擦勒恩

kan yixi mite kehei ditekate calen

你们接受哪些信用卡?

Welche Kredit-karte funktioniert?

外舍 可黑弟特 卡特 凤克穷 腻耳特

waishe keheiditekate fengkeqiongnierte

你们接受个人支票吗?

Kann man mit einem Scheck bezahlen?

看 慢 米特 爱呢母 晒克 被擦乐恩

kan man mite ainemu shaike bocalen

你把发票给我。

Bitte geben Sie mir die Quittung.

比特 给笨 资衣 米耳 弟 克威痛

bite geben ziyi mier di keweitong

不用找了。

Stimmt so.

使弟母特 揍

shidimute zou

我在这儿买单还是到柜台买单?

Bezahle ich hier oder an der Kasse?

博擦乐 一西 喝一耳 殴得 安 呆耳 卡色

bezale yixi heyier oude an daier kase

3

百姓生活

111

快餐外卖

可以外带吗?
Kann ich es mitnehmen?
谐音 看 一西 爱思 米特 内门
kan yixi aisi miteneimen

我们半小时内送到。
Wir liefern in einer halbe Stunde bis nach Hause.
谐音 为耳 里奋 因 爱呢 哈博 是顿得 比思 那喝 好责
weier lifen yin aine habo shidunde bisi nahe haoze

无论如何,配送费都是五元。
Die Lieferkosten betragen auf jeden Fall 5 Euro.
谐音 弟 里佛扣死特恩 博特哈根 傲夫 也德恩 发饿 佛恩夫 哦哟后
di lifokousiten botehagen aofu teden fae foenfu ouyohou

你们有外卖服务吗?
Habt ihr die Dienstleistung, Essen ins Haus zu liefern?
谐音 哈布特 一耳 弟 德因思特来思痛,爱森 因思 号思 醋 里佛恩
habute yier die dinsiteleisitong, aisen yinsi haosi cu lifoen

您的地址是什么?
Was ist Ihre Adresse?
谐音 袜思 一思特 一喝 阿德嗨色
wasi yisite yihe adehaisi

请送到第五大道 120 号。
Bitte liefern Sie an die fünfte Straße, Nr. 120.
谐音 比特 里佛恩 资义 安 弟 佛淤服特 使特哈色,怒么 昏德 特次忘次一西
bite lifoen ziyi an di fvnfute shitehase, nume hundete ciwangcixi

配送费是多少钱?

Wie viel sind die Lieferkosten?

谐音 伪 <u>飞饿</u> 资衣特 弟 里佛 <u>扣思特恩</u>

wei feie ziyite di lifokousiten

请尽量早点儿送来。

Bitte liefert es so schnell wie möglich.

谐音 比特 里佛特 爱思 凑 使<u>耐</u>饿 伪 摸约克里西

bite lifote aisi zou shinaie wei moyuekelixi

带走!

Zum mitnehmen bitte.

谐音 醋母 <u>米特</u> <u>内门</u> 比特

zumu miteneimen bite

两个芝士汉堡带走!

Zwei Hamburger mit Käse zum mitnehmen.

谐音 次外 汗博革 米特 开责 醋母 米特内门

ciwai hanboge mite kaize zumu miteneimen

三 咖啡休闲

我想要一杯咖啡。

Ich möchte eine Tasse Kaffee trinken.

谐音 一西 摸约西特 爱呢 它色 卡飞 特喝因 克恩

yixi moyuexite aine tase kafei tehinken

你喝什么样的咖啡?

Was für einen Kaffee magst du?

谐音 袜思 <u>佛淤</u>饿 爱嫩 卡飞 骂克思特 读

wasi fv ainen kafei makesite du

这杯咖啡是现煮的吗?

Ist der Kaffee frisch?

谐音 一斯特 得尔 卡飞 佛喝<u>一</u>使

yisite deier kafei fohishi

113

我想要加牛奶泡泡的拿铁咖啡。

Ich möchte gerne Cafe Latte Latte mit Milchschaum.

谐音 一西 摸约西特 该呢 卡飞 拉特 米特 米饿西 少母

yixi moyuexite gaine kafei late mite miexi shaomu

您这里卖咖啡豆吗?

Gibt es hier Kaffeebohnen?

谐音 给布特 爱思 喝一耳 卡飞 博嫩

geibute aisi hier kafei bonen

来一杯没有咖啡因的咖啡。

Ich möchte gerne eine Tasse Kaffee ohne Koffein.

谐音 一西 摸约西特 该呢 爱呢 它色 卡飞 欧呢 扣飞因

yixi moyuexite gaine aine tase kafei oune kafeiyin

请给我续一下杯。

Ich möchte noch eine Tasse bitte

谐音 一西 摸约西特 闹喝 爱呢 它色 比特

yixi moyuexite naohe aine tase bite

日 常 休 闲

酒吧畅饮

我就想要一杯苏格兰威士忌。

Ich möchte nur ein Glas Whisky.

谐音 一西 摸约西特 怒耳 爱恩 哥拉思 威思克一

yixi moyuexite nuer aien gelasi weisiki

这是酒单。慢慢看。

Es ist die Weinkarte, schauen Sie mal.

谐音 爱思 一思特 弟 外恩 卡特, 少恩 资义 骂

aisi yisite di waienkate, shaoen ziyi ma

酒使我昏昏欲睡。
Der Wein macht mich schläfrig.
谐音　得耳　外恩　骂喝特　米西　使来夫喝一西
deier waien mahete mixi shilaifuhixi

再来一怀怎么样?
Möchten Sie noch eine Tasse?
谐音　模约西特恩　资义　闹喝　爱呢　它色
moyuexiten ziyi naohe aine tase

我们想来点鸡尾酒。
Wir möchten einen Cocktail.
谐音　伪耳　摸约西特恩　爱嫩　扣克　泰饿
weier moyuexiten ainen kouketaie

请给我生啤酒。
Bier, bitte.
谐音　比耳，比特
bier, bite

再给我一杯!
Noch eine Tasse, bitte!
谐音　闹喝　爱呢　它色，比特!
naohe aine tase, bite.

请给我一些扎啤。
Bitte ein Fassbier.
谐音　比特　爱恩　发思　比耳
bite aien fasibier

请享用。
Genießen Sie Ihr Getränk.
谐音　革腻森　资义　一耳　哥特汗克
genisen ziyi yier getehanke

我们恐怕没有青岛啤酒。
Wir haben leider kein Qing Dao Bier.
谐音　伪耳　哈笨　来得　开恩　青岛　比耳
weier haben laide kaien qingdao bier

这是您的加冰啤酒。

Hier ist Ihr gekühles Bier.

谐音 喝一耳 一思特 一耳 哥克约乐思 比耳

heyier yisite yier gekeyuelesi bier

三 电影电视

人们最近都在谈论 3D 版的《泰坦尼克号》。

Vor Kurzem sprachen Menschen über den 3D-Film Titanic.

谐音 佛 哭饿册母 使普哈恨 闷神 淤博 德恩 德嗨 得 飞饿母 替探腻可

fo kuecemu shipuhahen menshen yubo den dehai dei feiemu titannike

你觉得我们昨天看的电影怎么样？

Wie findest du den Film, den wir gestern zusammen gesehen haben.

谐音 伪 佛因德思特 度 但飞饿母，德恩 伪耳 该思特恩 醋杂 闷 革贼恩 哈笨

wei findesite du dan feiemu, den weier gaisiten cuzamen gezeien haben

你觉得这部电视剧怎么样？

Wie findest du diesen Fernsehfilm?

谐音 伪 佛因德思特 度 弟责恩 帆贼恩 飞饿母

wei findesite du dizen fanzeien feiemu

好莱坞电影引人入胜。

Hollywood-Filme sind sehr beliebt.

谐音 厚里屋特 飞饿母 资衣特 贼耳 搏里博特

houliwute feiemu ziyite zeier bolibote

你喜欢哪个好莱坞电影明星？

Welchen Hollywood-Star magst du am meisten?

谐音 外舍恩 厚里屋特 思大 骂克思特 度 阿母 麦思特恩

waisheen houliwute sida makesite du amu maisiten

惊悚片《老无所依》获得今年的奥斯卡最佳影片。

Der beste Film des Jahres ist der Thriller „No Country for Old Men".

谐音 得耳 摆思特 飞饿母 呆思 压喝思 一思特 得耳 思瑞乐 呢殴 康吹 佛 殴德 门

deier baisite feiemu daisi yahesi yisite deier siruile nou kangchui fo oude men

能推荐几部美剧吗？

Kannst du mir einige amerikanische Fernsehfilme empfehlen?

谐音 看思特 度 密耳 爱腻革 阿么喝一卡腻舍 帆贼恩 飞饿母 按 普飞勒恩

kansite du mier ainige amehikanishe faneien feiemu anpufeilen

《老友记》是部不错的美剧。

Friends ist eine gute Fernsehserie.

谐音 佛软德 一思特 爱呢 股特 帆贼塞喝一恩

foruande yisite aine gute fanzesaiheyien

这部电影的导演是谁？

Wer ist der Regisseur dieses Films?

谐音 伪耳 一思特 得耳 黑之思鱼饿 弟责思 飞饿母思

weier yisite dei heizhisiyue dizesi feiemusi

三 观看比赛

今天是什么队的比赛？

Welche Mannschaft spielt heute?

谐音 外舍 满煞服特 使比饿特 蒿一特

waishe manshafute shibi ete haoyite

最近有什么体育赛事吗？

Was für eine Sportveranstaltung gab es zuletzt?

谐音 袜思 佛淤饿 爱呢 使豹特 费耳安使大痛 嘎布 爱思 醋来次特

wasi fv aine shibaote feieranshidatong gabu aisi culaicite

你想看什么比赛?

Was für eine Sportveranstaltung möchtest du sehen?

谐音 袜思 佛淤饿 爱呢 使豹特 费耳安使大痛 摸约西泰思特 度贼恩

wasi fv aine shibaote feier anshidatong moyuexi taisite du zeien

现在比分是多少?

Wie ist der Spielstand jetzt?

谐音 伪 一思特 得耳 使比饿使但特 耶次特

wei yisite deier shibie shidante yecite

现在 42 比 36,湖人队领先。

Das Spiel steht 42 zu 36, die Mannschaft der Lakers bekommt eine Spitzenposition.

谐音 大思 使比饿 使德诶特 次外 屋恩特 费耳次西 醋 在克思 屋恩特德嗨 次一西,弟 满煞服特 呆耳 累克思 博靠母特 爱呢 使比 次恩 抛贼穷

dasi shibie shideite ciwai wente feiercixi cu zaikesi wuente dehaicixi, di manshafute daier leikesi bokaomute aine shibicen pouzeiqiong

这个座儿在哪儿?

Wo ist dieser Sitz?

谐音 窝 一思特 弟责 贼次

wo yisite dize zeici

比赛什么时候结束?

Wann ist das Spiel zu Ende?

谐音 碗 一思特 大思 使比饿 醋 按特饿

wan yisite dasi shibie cu ande

现在哪个队领先?

Welche Mannschaft belegt die Spitzenposition?

谐音 外舍 满煞服特 博累克特 弟 使比 次恩 抛贼穷

waishe manshafute boleikete di shibicen paozeiqiong

听音乐会

我提前赶到了音乐大厅。

Ich bin etwas früher zur Konzerthalle gekommen.

谐音 一袭 宾 爱特瓦斯 佛喝约耳 醋耳 康莱饿特哈乐 哥康门

yixi bin aitewasi foheyueer cuer kangcaietehale gekangmen

音乐会很长，音乐一直不停地演奏着。

Das Konzert dauert lange und die Musik wird durchgängig gespielt.

谐音 打思 康色特 到饿特 浪饿 屋恩特 弟 木贼克 为饿特 度一西 哥安一西 哥使必饿特

dasi kangsete daoete lange wuente di muzeike weiete duyixigeanyixi geshibiete

---

我要两张座位挨着的票。

Ich möchte gerne zwei Tickets nebeneinande.

谐音 一西 摸约西特 该呢 次外 踢克诶次 内笨爱南德

yixi moyuexite gaine ciwai tikeici neiben ainande

音响效果棒极了!

Der Soundeffekt ist wunderbar!

谐音 呆耳 藏特 一佛爱克特 一思特 温德吧

daier zangte yifaikete yisite wendeba

今晚的音乐会还有票吗?

Gibt es noch Tickets für das heutige Konzert?

谐音 给布特 爱思 闹喝 替克诶次 佛淤饿 打思 蒿一替革 康次诶特

geibute naohe aisi tekeici fv dasi haoyitege kangcerte

有什么着装要求吗？

Gibt es die Anforderungen Bezüglich der Kleidung?

谐音 给布特 爱思 弟 安佛德轰 博粗哥里西 得耳 克来动

geibute aisi di anfodehong bocugelixi deier kelaidong

你觉得这个交响乐队怎么样？

Wie findest du dieses Orchester?

谐音 伪 佛因德思特 度 弟责思 殴开思特

wei findesite du dizesi oukaisite

请至少提前半个小时入场。

Bitte mindestens eine halbe Stunde vorher zum Einlass kommen.

谐音 比特 民德思特恩思 爱呢 哈博 使蹲德 佛喝一耳 醋母 爱恩拉思 康门

bite mindesitensi aine habo shidunde foheyier cumu aienlasi kangmen

三 攀岩露营

你想去攀岩吗？

Möchtest du klettern?

谐音 摸约西泰思特 度 克来特恩

moyuexi taisite du kelaiten

攀岩难度大吗？

Ist es schwer zu klettern?

谐音 一思特 爱思 使外饿 醋 克来特恩

yisite aisi shiwaie cu kelaiten

下降比往悬崖上爬要快很多。

Der Abstieg ist schneller als das Klettern.

谐音 得耳 阿布使弟克 一思特 使耐乐 阿思 大思 克来特

deier abushidike yisite shinaile aisi dasi kelaite

我们应该在这里扎营。

Wir sollen es hier lagern.

谐音 伪耳 揍乐恩 爱思 喝一耳 拉跟

weier zoulen aisi hier lagen

这里是很好的露营地。

Hier ist ein guter Zeltplatz.

谐音 喝一耳 一思特 爱恩 姑特 菜特 普拉次

hier yisite aien gute caite pulaci

现有的柴火不够了。

Das vorhandene Brennholz reicht nicht aus.

谐音 大思 佛汗德呢 布汗厚次 嗨西特 腻西特 傲思

dasi fohandene buhanhouci haixite nixite aosi

这么冷的天我们还得加点儿柴火。

Bei der Kälte müssen wir noch Brennholz anlegen.

谐音 摆 得耳 开饿特 摸淤森 伪耳 闹喝 布黑恩厚次 安累跟

bai deier kaiete mvsen weier naohe buheienhouci anleigen

谁有手电筒？

Wer hat eine Taschenlampe?

谐音 伪耳 哈特 爱呢 它婶 拉母坡

weier hate aine tashen lamupo

你一个人去露营不安全。

Es ist nicht so sicher, dass du selbst zeltest.

谐音 爱思 一思特 腻西特 揍 贼舍，大思 度 在布思特 菜饿 泰 饿思特

aisi yisite nixite zou zeishe, dasi du zaibusite caie tai e si te

---

K 歌跳舞

我想学学跳舞。

Ich möchte Tanzen lernen.

谐音 一西 摸约希特 贪次恩 来恩嫩

yixi moyuexite tancien laiennen

我没去过迪厅。

Ich habe leider keine Erfahrung mit Discotheken.

谐音 一西 哈博 来德 开呢 诶耳发轰 米特 弟思扣忒克恩

yixi habo laide kaine eierfahong mite disikouteiken

🗣 **我要休息一下。**
Ich muss mich ausruhen.
谐音 一西 母思 密西 傲思 护恩
yixi musi mixi aosihuen

🗣 **谈到跳舞，我真是一窍不通。**
Ich kann nicht tanzen.
谐音 一西 看 尼西特 谈次恩
yixi kann nixite tancen

🗣 **谈到跳舞，我真是一窍不通。**
ich weiß nicht, wie man tanzt.
谐音 一西 外思 尼西特 为 慢 谈次特
yixi waisi nixite wei man tancite

🗣 **你想去 KTV 吗？**
Möchtest du zum KTV gehen?
谐音 摸约西泰思特 度 醋母 克诶 替 威 给恩
moyuexi taisite du cumu ktv geien

🗣 **我想清唱。**
Ich möchte ohne Musik singen.
谐音 一西 摸约西特 殴呢 母贼克 资因恩
yixi moyuexite oune muzeike ziyin en

🗣 **把麦克风给我。**
Gib mir das Mikrofon.
谐音 给布 密耳 大思 密克厚 佛恩
geibu mier dasi mikehoufoen

🗣 **我跟着原唱唱吧。**
Ich folge der Original-Stimme, wenn ich singe.
谐音 一西 佛饿革 得耳 殴喝一革一那 使弟么 温 一西 资因饿
yixi foge deier ouhigina shidime wen yixi zing e

🗣 **你知道今晚在舞会上演奏的是哪个乐团吗?**

Weißt du, welches Orchester heute auf diesem Ball spielt?

谐音　外思特　度，外舍思　殴克一思特　蒿一特　傲夫　弟责母　抱　使比饿特

weisite du, waishesi oukisite haoyite aofu dizemu bao shi bi e te

🗣 **乐队改奏快步舞曲了。**

Das Orchester hat die Tanzmusik schneller verändert.

谐音　大思　殴克一思特　哈特　弟　探次母贼克　使耐乐　费耳按德特

dasi oukisite hate di tanci muzeike shinaile fei er an de te

🗣 **你的华尔兹舞跳得很好。**

Du tanzt sehr gut Walzer.

谐音　度　探次特　贼耳　姑特　袜饿册

du tancite zeier gute wa e ce

三 网上冲浪

🗣 **我几乎每天都上网。**

Ich gehe fast jeden Tag ins Internet.

谐音　一西　给饿　发思特　也德恩　他克　因思　因特耐特

yixi geie fasite yeden take yinsi yintenaite

🗣 **他整天沉溺于网络游戏里。**

Er huldigt dem Internetspiel jeden Tag.

谐音　埃耳　胡饿弟克特　呆母　因特耐特使比饿　耶德恩　踏克

eier huedikete daimu yintenaite shibie yeden take

🗣 **你喜欢在网上购物吗?**

Magst du Online-Shopping?

谐音　骂克思特　度　昂来　少拼

makesite du anglai shaoping

你能帮我上网查点资料吗?

Kannst du mir helfen, das Dokument im Internet zu finden?

谐音　看思特　度　密耳　嗨奋，大思　刀哭门特　<u>因母</u>　因特耐特 醋　<u>佛因</u>　<u>德恩</u>

kansite du mier haifen, dasi daokumente yinmu yintenaite cu finden

我没兴趣在网上和一大堆不认识的人聊天。

Ich habe keine Lust, mit Unbekannten im Internet zu chatten.

谐音　一西　哈博　开呢　路思特，米特　<u>屋恩博炕特恩</u>　<u>因母</u>　因特 耐特　醋　拆<u>特恩</u>

yixi habo kaine lusite, mite wenbokangten yinmu yintenaite cu chaiten

三　节日聚会

你能向我讲一下端午节的来历吗?

Kannst du mir die Herkunft des Drachenbootfestes erklären?

谐音　看思特　度　密耳　弟　嗨<u>耳困夫特</u>　呆思　德哈喝恩　博殴特　<u>佛 爱思特饿思</u>　诶耳克来恨

kansite du mier di haier kunfute daisi dehahen boute faisitesi aierkelaihen

你们复活节放几天假?

Wie lange dauert ihr Ostern?

谐音　伪　浪饿　<u>到饿特</u>　一耳　殴思<u>特恩</u>

wei lang e dao e te yier ousiten

你们除夕夜都去哪?

Wohin geht ihr am Silvesterabend?

谐音　窝喝应　给特　一耳　阿母　贼外思特　阿笨特

wohin gete yier amu zeiwaisite abente

3

那是和朋友聚会的好机会。

Es ist eine gute Chance mit Freunde auf eine Party zu gehen.

谐音 爱思 一思特 爱呢 姑特 商色 米特 佛号一德 傲服 爱呢 趴替 醋 给恩

aisi yisite aine gute shangse mite fohaoyide aofu aine pati cu geien

万圣节在加拿大和美国是每年的 10 月 31 日。

Allerheiligen findet am 31. Oktober jedes Jahres in Kanada und Amerika statt.

谐音 阿乐嗨里跟 佛因德特 阿母 爱恩 屋恩特 德嗨次西 殴克偷博 耶德思 压喝思 因 看那大 屋恩特 阿么喝一卡 使大特

alehailigen findete amu aien wente dehaicixi ouketoubo yedesi yahesi yin kannada wente amehika shidate

你们怎样庆祝中秋节?

Wie feiert ihr Mondfest?

谐音 伪 佛爱饿特 一耳 摸恩特 佛爱思特

wei faiete yier moente faisite

中国人最重要的节日是什么?

Was ist das wichtigste Fest für Chinesen?

谐音 袜思 一思特 打思 威西替西思特恩呢 佛爱思特 佛淤饿西内怎

wasi yisite dasi weixitixisitenne foaisite fv xineizen

日 常 闲 聊

讨论家人

你家有几口人?

Wie viele Menschen sind in deiner Familie?

谐音 伪 飞乐 闷使 资因特 因 呆呢 发米里

wei feile menshi zinte yin daine famili

125

你的父母怎么样啊？

Wie geht es deinen Eltern?

谐音　伪 给特 爱思 呆嫩 爱饿 特恩

wei geite aisi dainen ai e ten

你家里都好吧？

Geht es deiner Familie gut?

谐音　给特 爱思 呆呢 发米里耳 姑特

geite aisi daine familier gute

你父母和你住在一起吗？

Wohnen deine Eltern mit dir zusammen?

谐音　窝嫩 呆呢 爱饿特恩 米特 弟耳 醋杂闷

wonen daine ai e ten mite dier cuzamen

我妈既慷慨又善良。

Meine Mutter ist großzügig und nett.

谐音　麦呢 母特 一思特 革厚思次鱼 革一西 屋恩特 耐特

maine mute yisite gehousi zvgeyixi wente naite

你有姐姐 / 妹妹吗？

Hast du eine großen oder kleine Schwester?

谐音　哈思特 度 爱呢 哥后森 欧德 克来呢 使外思特

haiste du aine gehousen oude kelaine shiwaisite

你有哥哥 / 弟弟吗？

Hast du einen großen oder kleinen Bruder?

谐音　哈思特 度 爱嫩 哥后森 欧德 克来呢 博胡德

haiste du ainen gehousen oude kelaine bohude

你的父母工作忙吗？

Sind deine Eltern mit ihren Arbeiten beschäftigt?

谐音　资义特 呆呢 爱饿特恩 米特 一恨 阿摆特恩 博晒服替克特

zinte daine ai e ten mite yihen abaiten boshaifutikete

除了你叔叔以外，我见过你所有的家人。

Ich habe alle Familienmitglieder außer deinem Onkel gesehen.

谐音 一西 哈博 阿乐 发米里恩米特革里德 凹色 呆呢母 殴恩克 革贼恩

yixi habo ale familien mitegelide aose dainemu ouenke geizeien

你真像你母亲。

Du siehst deiner Mutter sehr ähnlich.

谐音 度 贼思特 伪 呆呢 母特 贼耳 安里西

du zeisite wei daine mute zeier anlixi

你妈妈多大了？

Wie alt ist deine Mutter?

谐音 伪 阿饿特 一思特 呆呢 母特

wei a e te yisite daine mute

你们全家经常一起出去吗？

Geht ihr alle häufig zusammen aus?

谐音 给特 一耳 阿拉 蒿一飞一西 醋杂闷 傲思

geite yier ala haoyifixi cuzamen aosi

兴趣爱好

你有什么爱好吗？

Hast du Hobbys?

谐音 哈思特 度 蒿比思

haisite du haobisi

你的爱好是什么？

Was sind deine Hobbys?

谐音 袜思 资义特 呆呢 蒿比思

wasi zite daine haobisi

你对什么感兴趣？

Wofür interessierest du dich?

谐音 窝佛淤饿 佛淤饿 因特嗨贼喝思特 度 弟西

wofv yintehai zeihesite du dixi

闲暇时你经常干什么?

Was machst du häufig, wenn du frei hast?

谐音 袜思 骂喝思特 度 蒿一飞西，问 度 佛嗨 哈思特

wasi mahesite du haoyifixi, wen du fohai hasite

你喜欢打篮球吗?

Magst du Basketball?

谐音 骂克思特 度 吧思克诶特抱

makesite du basikeitebao

你喜欢玩游戏吗?

Macht dir das Spiel Spaß?

谐音 骂喝特 弟耳 大思 使比饿 使吧思

mahete dier dasi shibie shibasi

我的兴趣很广泛。

Ich interessiere mich für viele Bereiche.

谐音 一西 因特嗨贼喝 米西 佛淤耳 飞乐 博嗨舍

yixi yinte haizeihe mixi fv feile bohaishe

我对看书很感兴趣。

Ich interessiere mich für Lesen.

谐音 一西 因特嗨贼喝 米西 大思 累森

yixi yinte haizeihe mixi dasi leisen

我喜欢看书。

Ich mag lesen.

谐音 一西 骂克 累森

yixi make leisen

我喜欢音乐。

Ich mag Musik.

谐音 一西 骂克 母贼克

yixi make muzeike

我业余时间读书。

Ich lese Bücher in der Freizeit.

谐音 一西 累责 博淤舍 因 得耳 佛嗨 菜特

yixi leize bvshe yin deier fohai caite

我酷爱登山。

Ich klettere gerne.

谐音 一西 克来特喝 该呢

yixi kelaitehe gaine

绿色环保

你想参与植树活动吗?

Möchtest du die Veranstaltung über Pflanzen teilnehmen.

谐音 摸约西泰思特 度 弟 费耳安使大痛 淤博 破佛蓝次恩 泰饿内闷

moyuxi taisite du di ferer anshidatong yubo pofolancen taie nei men

少购买一次性包装。

Kauf wenige Einwegpackungen.

谐音 靠服 伪腻革 爱恩外克趴哭恩

kaofu weinige aienwaike pukuen

不使用时,关掉所有电器。

Machen Sie alle Elektrogeräte aus, wenn niemand sie benutzt.

谐音 骂恨 资义 阿乐 一来克特殴 革嗨特 傲思,问 腻满特 资衣 博怒次特

mahen ziyi ala yilaike tougehaite aosi, wen nimante ziyi bonucite

纸张两面都可打印,尽量减少页边空白。

Beide Seiten des Papiers können ausgedruckt werden, versuch die Lücke auf dem Rand zu reduzieren.

谐音 摆得 在特恩 呆思 趴皮饿思 克约嫩 傲思革德胡克特 伪饿 德恩,费耳租喝 弟 绿克 傲服 呆母 汗特 醋 黑度次一恨

baide zaiten daisi papi e si keyunen ausi gedehukete weieden, feierzuhe di lvke aofu daimu hante cu heiducihen

确保把纸张、塑料瓶等物品分开.

Wir müssen sicherstellen, dass das Papier von den Plastikflaschen getrennt wird.

谐音 伪耳 摸淤森 贼舍使呆乐恩 大思 打思 趴皮饿 佛恩 但 普拉思替克 佛来婶 革特按特 外饿特

weier mvsen zeisheshidailen, dasi papie foen dan pulasitike folaoshen geteante weiete

我们不该在公共场合吐痰。

Wir sollen nicht ausspucken an öffentlichen Orten.

谐音 伪耳 揍乐恩 腻西特 傲思 普肯 安 约奋特里婶 傲特恩

weier zoulen nixite aosipuken an yuefentelishen aoten

水龙头漏水会浪费水的。

Der Wasserhahn tropft und es führt zur Verschwendung.

谐音 呆耳 袜色汗 特厚普服特 屋恩特 爱思 佛淤饿特 醋耳 费耳使温动

daier wasehan tehoupufute wente aisi fvete cuer feier shiwendong

娱乐八卦

你听说有关我们总统的丑闻了吗?

Hast du den Skandal über unseren Staatspräsident gehört?

谐音 哈思特 度 德恩 思感大 淤博 温责恨 使大次普嗨贼德恩特 革喝约饿特

haiste du den siganda yubo wenzehen shidaci puhaizeidente geheyue e te

人们在议论这事。

Die Leute reden darüber.

谐音 弟 捞一特 黑德恩 大喝淤博

di laoyite heiden dahvbo

她从来不说别人坏话。

Sie redet nie schlecht über andere.

谐音 资义 黑德特 腻 使来西特 淤博 安德喝

ziyi heidete ni shilaixite yube andehe

新闻报道一个男孩在他的学校杀死了很多他的同学。

Hier ist eine Reportage, ein Junge hat viele seinenr Schüler in seinen Schule getötet.

谐音 喝一耳 一思特 爱呢 黑剖踏者, 爱恩 用饿 哈特 费乐 在 呢 使淤乐 因 在嫩 舒乐 革特约泰特

hier yisite aine heipoutazhe, aien yong e hate feile zaine shvle yin zainen shule geteyuetaite.

我们有几个朋友特爱八卦。

Wir haben einige geschwätzige Freunde.

谐音 伪耳 哈笨 爱腻革 革使外次一革 佛蒿一恩德

weier haben ainige geshiwaicige fohaoyiende

昨晚上我看到他们接吻了。

Gestern Abend habe ich gesehen, dass sie sich küssen.

谐音 该思特恩 阿笨特 哈博 一西 革贼恩, 大思 资义 贼西 克淤森

gaisiten abente habo yixi gezeien, dasi ziyi zeixi kvsen

我对男主角印象不怎么样。

Ich habe einen ganz schlechten Eindruck von Hauptdarsteller

谐音 一西 哈博 爱嫩 敢次 使来西特恩 爱恩德护克 佛母 号扑 特大使呆乐

yixi habo ainen ganci shilaixiten aiendehuke fomu haopute dashidaile

我听说凯文家养了一只狗。

Ich habe gehört, dass Kevin einen Hund gezüchtet hat.

谐音 一西 哈博 革喝约饿特, 大思 凯文 爱嫩 昏特 革次淤西泰 特 哈特

yixi habo geheyu e te, dasi kaiwen ainen hunte gecvxitaite hate

🔊 **大家都在议论 Jack 和 Marry 之间的暧昧关系。**

Viele Menschen klatschen über die unklare Beziehung zwischen Jack und Marry.

谐音　飞乐　满婶　克拉婶　淤博　弟　屋恩克拉喝　博次一轰　次威婶　杰克　屋恩特　麦瑞

feile manshen kelashen yubo di wenkelahe bocihong ciweishen jieke wente mairui

🔊 **他们在议论新来的邻居。**

Sie klatschen über den neuen Nachbarn.

谐音　资义　克拉婶　淤博　但　闹一恩　那喝办

ziyi kelashen yubo dan naoyien naheban

🔊 **他被人家背后议论得很多。**

Es wurde viel hinter seinem Rücken über ihn getuschelt.

谐音　爱思　屋德　飞饿　因特　在呢母　喝淤肯　淤博　一恩　革兔舍特

aisi wude feie yinte zainemu hvken yubo yien getushete

📋 **家有宠物**

🔊 **我爷爷把他的宠物狗当作家庭成员一样。**

Mein Großvater hat seinen Hund als Familienmitglied behandelt.

谐音　麦恩　革厚思发特　哈特　在嫩　昏特　阿思　发米里恩　米特革里特　博汗德特

maien gouhousifate hate zainen hunte asi familien mitegelite bohandete

🔊 **我的家里养了很多动物。**

Ich habe viele Tiere in meiner Familie.

谐音　一西　哈博　飞乐　替喝　因　麦呢　发米里

yixi habo feile tihe in maine famili

🔊 **昨天我把我的宠物猫弄丢了。**

Gestern habe ich meine Katze verloren.

谐音　该思特恩　哈博　一西　麦呢　卡册　费耳楼恨

gaisiten habo yixi maine kace feierlouhen

人类应该与自然和动物和谐相处。

Die Menschen sollen in Harmonie mit der Natur und den Tieren leben.

谐音 弟 满使 揍乐恩 因 哈某腻 米特 得耳 那兔饿 屋恩特 德恩替 恨 累笨

di manshi zoulen yin hamouni mite deier natue wente den tihen leiben

禁止宠物大小便。

Haustier-Kot verboten.

谐音 号思替饿 扣特 费耳 博殴特

haositier koute feierbouten

我想摸摸这只狗狗的头。

Ich möchte den Hund am Kopf streicheln.

谐音 一西 摸约西特 德恩 昏特 按母 靠普服 使特嗨婶

yixi moyuexite den hunte anmu kaopufu shitehaishen

我的狗狗只听我的命令。

Mein Hund folgt nur mir aufs Wort.

谐音 麦恩 昏特 佛克特 怒饿 密耳 傲服思 窝特

maien hunte fokete nuer mier aofusi wote

爸爸给猫喂了饲料。

Mein Vater hat der Katze ihr Fressen gegeben.

谐音 麦恩 发特 哈特 得耳 卡次饿 一耳 佛嗨森 革给笨

maien fate hate deier kace yier fohaisen gegeiben

我的小猫被扎伤了。

Meine Katze ist überfahren worden.

谐音 麦呢 卡次饿 一思特 淤博发恨 窝德恩

maine kace yisite yubofahen woden

报纸杂志

这个杂志的发行量是多少？

Wie hoch ist die Auflage des Magazins?

谐音 为 号喝 一思特 弟 傲夫拉哥 呆思 马嘎资因思

wei haohe yisite di aofulage daisi magaziyinsi

在中国最受欢迎的报纸是哪家?

Welche Zeitung ist am populärsten in China?

谐音 外舍 菜痛 一思特 阿母 抛扑来饿思特恩 因 西那

waishe caitong yisite amu paopulaiesiten yin xina

你每天自己取报纸吗?

Holst du täglich selbst deine Zeitung ab?

谐音 厚思特 度 泰克里西 在布思特 呆呢 菜痛 阿普

housite du taikelixi zaibusite daine caitong apu

我的报纸每天都会送到我的家门口。

Meine Zeitung wird täglich nach Hause zugestellt.

谐音 麦呢 菜痛 伪饿特 泰克里西 那喝 号责 醋革使呆饿特

maine caitong weiete taikelixi nahe haoze cugeshidaiete

你们的报纸也注重娱乐性吗?

Legt ihre Zeitung Wert auf die Unterhaltung?

谐音 里克特 一喝 菜痛 伪饿特 傲服 弟 屋恩特哈痛

leikete yihe caitong weiete aofu di wente hatong

这本书出了第五版。

Dieses Buch erlebte die fünfte Auflage.

谐音 弟责思 布喝 诶耳累布特 弟 佛淤恩服特 傲服拉革

dizesi buhe eierleibute di fvnfute aofulage

这是这本书的修订版。

Hier ist die berichtigt Auflage dieses Buches.

谐音 喝一耳 一思特 弟 博喝一西替革特 傲服拉革 弟责思 布喝思

hier yisite di bohixitigete aofulage dizesi buhesi

我最喜欢金融版面了。

Ich mag das finanzielle Layout am besten.

谐音 一西 骂克 大思 飞男次一爱乐 累傲特 阿母 摆思特恩

yixi make dasi feinanciaile leiaote amu baisiten

🗣 **有没有你最喜欢读的版面?**
Gibt es ein Layout, das du am liebsten magst?
谐音 给不特 爱思 爱恩 累奥特 打思 度 阿母 里博斯特恩 马克思特
geibute aisi aien leiaote dasi du amu libositen makesite

3

🗣 **你每天都看晚报吗?**
Liest du täglich das Abendblatt?
谐音 里思特 度 泰克里西 大思 阿笨特布拉特
lisite du taikelixi dasi abente bulate

🗣 **这报纸多长时间一期?**
Wie oft erscheint diese Zeitung?
谐音 伪 殴夫特 诶耳 晒恩特 弟责 菜痛
wei oufute eiershaiente dize caitong

百姓生活

🗣 **这份杂志每月出版。**
Die Zeitschrift erscheint monatlich.
谐音 弟 菜特使喝一夫特 诶耳 晒恩特 某那特 里西
di caite shihifute eiershaiente mounatelixi

🗣 **这本书将分册出版。**
Das Buch erscheint in einzenen Heften.
谐音 大思 布喝 诶耳 晒恩特 艾嗯 责嫩 海尔分
dasi buhe eiershaiente aienzenen haierfen

📋 **运动健身**

🗣 **你喜欢什么运动?**
Welcher Sport gefällt dir?
谐音 外舍 使抱特 革佛爱饿特 弟耳
waishe shibaote gefaiete dier

🗣 **你平时都做运动?**
Treibst du Sport?
谐音 特害普思特 度 使抱特
teraipusite du shibaote

135

🗣 **运动使肌肉强壮有力。**
Sport verstärkt die Muskeln.
谐音 使抱特 使呆克特 弟 母思肯
shibaote shidaikete di musiken

🗣 **人们经常通过锻炼来保持身体健康。**
Die Menschen treiben oft Sport und halten sich damit gesund.
谐音 弟 满神 特害笨 殴夫特 使抱特 屋恩特 哈特恩 贼西 大米特 革尊特
di manshen tehaiben oufute shibaote wente haten zeixi damite gezunte

🗣 **足球在德国是一项非常受欢迎的运动。**
Fußball ist ein sehr beliebter Sport in Deutschland.
谐音 服思抱 一思特 爱恩 贼耳 博里布特 使抱特 因 到一吃烂特
fusibao yisite aien zeier bolibute shibaote yin daoyichilante

🗣 **我每天都慢跑。**
Ich jogge jeden Tag.
谐音 一西 找革 耶德恩 踏克
yixi zhaoge yeden take

🗣 **有氧运动令我更加强壮。**
Aerobic stärkt mich.
谐音 爱厚比克 使呆克特 米西
aihoubike shidaikete mixi

🗣 **你每隔多久锻炼一次？**
Wie oft treibst du Sport?
谐音 伪 殴夫特 特害普思特 度 使抱特
wei oufute tehaipusite du shibaote

🗣 **我总是没有足够的时间在健身房锻炼。**
Ich habe nicht genug Zeit im Trainingsraum.
谐音 一西 哈博 尼西特 革怒克 菜特 因母 吹宁思 号母
yixi habo nixite genuke caite yinmu chuiningsi haomu

晚上健身房里太拥挤了。

Am Abend ist der Trainingsraum sehr überfüllt.

谐音 阿母 阿笨特 一思特 得耳 吹宁思 号母 贼耳 淤博 佛淤 饿特

amu abente yisite deier chuiningsi haomu zeier yubo fvete

瑜伽对于女性来说是一种锻炼。

Yoga ist eine Übung für Frauen.

谐音 有噶 一思特 爱呢 淤博恩 佛淤饿 佛号恩

youge yisite aine yubowen fv fohaoen

减肥计划

我还太小，不能节食减肥。

Ich bin zu jung um abzunehmen.

谐音 一西 宾 醋 用 无母 阿布醋内门

yixi bin cu yong wumu abucuneimen

她每晚只吃一个苹果。

Sie isst nur einen Apfel jeden Abend.

谐音 资义 一思特 努耳 爱嫩 阿普佛 耶德恩 阿笨特

ziyi yisite nuer ainen apufo yeden abente

他在饮食上没有节制。

Er ist unmäßig im Essen und Trinken.

谐音 诶耳 一思特 屋恩买思一西 因母 爱森 屋恩特 特喝因肯

eier yisite wenmaisiyixi yinmu aisen wente tehinken

均衡的饮食应该吃什么呢？

Woraus besteht eine gesunde ausgewogene Ernährung?

谐音 窝号思 博使得诶特 爱呢 革资屋恩得 傲思革窝革呢 诶耳 耐轰

wohaosi boshide eite aine gezunde aosi gewogene aiernaihong

他每天跑步减肥。

Er läuft täglich, um abzunehmen.

谐音 诶耳 捞一夫特，太克里西 屋母 阿布醋内闷

eier laoyifute taikelixi, wumu abucuneimen

你应该少食油腻食品。

Du sollst wenige fette Speisen essen.

谐音 度 揍思特 伪腻革 佛爱特 使摆森 爱森

du zousite weinige faite shibaisen aisen

最近一段时间我瘦了很多。

In der letzten Zeit habe ich abgenommen.

谐音 因 得耳 来次特恩 莱特 哈博 一西 阿布革呢殴闷

yin der laiciten laite habo yixi abuge noumen

天气情况

今天天气怎么样？

Wie ist das Wetter heute?

谐音 伪 一思特 大思 外特 蒿一特

wei yisite dasi waite haoyite

天气阴沉沉的。

Das Wetter ist düster.

谐音 大思 外特 一思特 德淤思特

dasi waite yisite dvsite

天气真好。

Das Wetter ist so schön.

谐音 大思 外特 一思特 揍 顺

dasi waite yisite zou shun

天气变差了。
Das Wetter ist schlechter geworden.
大思 外特 一思特 使来西特 革窝德恩
dasi waite yisite shilaixite gewoden

在这种天气需要穿暖和些。
Bei diesem Wetter ist es nötig, sich warm anzuziehen.
摆 弟责母 外特 一思特 爱思 呢约替西，贼西 袜母 安醋 次一恩
bai dizemu waite yisite aisi neyuetixi, zeixi wamu ancucien

这是个坏天气。
Es ist schlechtes Wetter.
爱思 一思特 使来西特思 外特
aisi yisite shilaixitesi waite

今天大雨滂沱。
Heute regnet es große Tropfen.
蒿一特 黑革耐特 爱思 革厚色 特号普奋
haoyite heigenaite aisi gehousi tehaopufen

雨下个不停。
Es regnet unablässig.
爱思 黑革耐特 屋恩阿布来思诶西
aisi heigenaite wuen abulaiseixi

打雷了。
Es donnert.
爱思 都呢特
aisi dou ne te

外面在打闪。
Es blitzt draußen.
爱思 布里次特 德号森
aisi bulicite dehaosen

3

百姓生活

大雪纷飞。

Es schneit in dichten Flocken.

谐音 爱思 使耐特 因 弟西**特恩** 佛捞肯

aisi shinaite yin dixiten folaoken

雪下得很大，所以这条路不通了。

Es schneit sehr stark und deswegen ist dieser Weg unpassierbar.

谐音 爱思 使耐特 贼耳 使大克 **屋恩**特 呆思威跟 一思特 弟 责 胃克 **屋恩怕思**诶饿吧

aisi shitaite zeier shidake wente daisiweigen yisite dize weike wenpasieieba

---

讨论工作

你喜欢哪份工作，会计员还是秘书？

Welche Arbeit magst du lieber, Revisor oder Sekretär?

谐音 外舍 阿摆特 骂克思特 度 里博，黑威责 殴德 再克嗨**太饿**

waishe abaite makesite du libo, heiweize oude zaikehai taie

这份工作提供什么福利？

Welche zusätzlichen Leistungen bietet diese Arbeit.

谐音 外舍 醋**在次**里神 来思痛恩 比泰特 弟责 阿摆特

waishe cuzaicilishen laisitong en bitaite dize abaite

年终这家企业发了许多奖金。

Der Betrieb hat im Jahresende viele Prämien ausgeworfen.

谐音 得耳 博特喝一博 哈特 因母 压喝思安得 飞乐 普**嗨米** 恩 傲思 革 窝奋

deier botehibo hate yinmu yahesiande feile puhaimien aosigewofen

---

同事的关系怎么样？

Wie vertragen sich die Kollegen untereinander?

谐音 伪 费耳特哈跟 贼西 弟 靠累跟 **屋恩**特爱恩男得

wei feiertehagen zeixi di kaoleigen wente aiennande

我们加班没有报酬的。

Wir machen immer unbezahlte Überstunden.

谐音 伪耳 骂恨 一摸 屋恩博擦饿特 淤博使蹲德恩

weier mahen yimo wenbozaete yubo shidunden

你今晚要加班吗？

Machst du heute Abend Überstunden?

谐音 骂喝思特 度 蒿一特 阿笨特 淤博使蹲德恩

mahesite du haoyite abente yubo shidunden

旅游交流

坐飞机有时可能比乘德国铁路还便宜。

Manchmal ist Flugzeug billiger als DB (Deutsche Bundesbahn) in Deutschland.

谐音 满西骂 一思特 佛路克 槽一克 比里革 阿思 得 被 因 到 一吃烂特

manxima yisite foluke caoyike bilige asi deibei yin daoyichilante

---

你去野营过吗？

Hast du einmal übernachtet?

谐音 哈思特 度 爱恩骂 淤博那喝泰特

hasite du aienma yubo nahetaite

由于我对欧洲的风俗习惯知之甚少，你能给我一些建议吗？

Ich kenne ganz wenige europäische Sitten und Gebräuche, kannst du mir einige Vorschläge geben?

谐音 一西 看呢 敢次 伪腻革 殴一厚拍一舍 贼特恩 屋恩特 革 抱一舍，看思特 度 密耳 爱腻革 佛使来革 给笨

yixi kanne ganci weinige ouyihou paiyishe zeiten gebaoyishe, kansite du mier ainige foshilaige geiben

---

我更喜欢那种包价旅游。

Ich liebe die Pauschalreise.

谐音 一西 里博 弟 抛煞嗨责

yixi libo di paoshahaize

现在是一年中举行野餐的好时光。

Jetzt ist eine gute Zeit im Jahr für ein Picknick.

谐音 耶次特 一思特 爱呢 姑特 菜特 因母 牙 佛淤饿 爱恩
皮克 腻克

yecite yisite aine gute caite yinmu ya fve aien pikenike

预约挂号

我想预约一下就诊时间。

Ich möchte einen Termin vereinbaren.

谐音 一西 摸约西特 爱嫩 泰饿民 费尔爱思扒恨

yixi moyuexite ainen taiemin feier aisi bahen

请问可以预约一下明天上午就诊吗?

Bitte frage mal, gibt es einen Termin morgen Vormittag?

谐音 比特 佛哈革 骂,给布特 爱思 爱嫩 泰饿民 猫跟 佛密踏克

bite fohage ma, geibute aisi ainen taiemin maogen fomitake

对不起,明天上午的预约已经满了。

Tut mir Leid, es gibt leider keinen Termin morgen Vormittag.

谐音 兔特 密耳 来特,爱思 给布特 来德 开嫩 泰民 猫跟 佛密
踏克

tute mier laite, aisi geibute laide kainen taiemin maogen fomitake

Thomas 医生去度假了,四天后才回来。

Herr Dr. Thomas macht jetzt Urlaub und kommt erst
in vier Tagen zurück.

谐音 黑耳 到克兔 偷骂思 骂喝特 耶次特 屋耳捞普 屋恩特 康
母特 爱思特 因 费耳 踏跟 醋喝淤克

heier daoketu toumasi mahete yecite wuerlaopu wente kangmute
aisite yin feier tagen cuhvke

您可以在 google 上搜索周围的诊所资料,然后打电话给他们。

Sie können die Daten der Praxen durch google
heraus suchen und danach anrufen.

谐音 资义 克约嫩 弟 大特恩 德耳 普哈克森 度一西 姑够 嗨
饿号思 租恨 屋恩特 打那唱 安护奋

ziyi keyuenen di daten der puhakesen duyixi gugou haiehaosi
zuhen wente danahe anhufen

请问复查还需要重新预约吗

Brauche ich noch einen neuen Termin, wenn ich eine weitere Behandlung haben möchte?

谐音 布蒿喝 一西 闹喝 爱嫩 闹一恩 泰饿民，问 一西 爱呢 外特喝 博汗德龙 哈本 摸约西特

buhaohe yixi naohe ainen naoyien taiemin, wen yixi aine waitehe bohandelong haben moyuexite

---

咨询问诊

您有什么地方不舒服吗?

Was kann ich für Sie tun?

谐音 袜思 看 一西 佛淤饿 资义 兔恩

wasi kan yixi fv ziyi tuen

您有什么地方不舒服吗?

Was fehlt Ihnen?

谐音 袜思 费耳特 一嫩

wasi feierte yinen

您哪儿不舒服或者疼?

Was haben Sie für Schmerzen?

谐音 袜思 哈笨 资义 佛淤饿 使卖耳参

wasi haben ziyi fv shimaiercen

您哪儿不舒服或者疼?

Wo haben Sie Schmerzen?

谐音 窝 哈笨 资义 使卖耳参

wo haben ziyi shimaiercen

您病多久了？

Wie lange sind Sie schon krank?

谐音 伪 浪饿 <u>资义特</u> 资义 受恩 克航克

wei lang e zinte ziyi shouen kehangke

您感冒多久了？

Wie lange sind Sie schon erkältet?

谐音 伪 浪饿 <u>资义特</u> 资义 受恩 诶耳 开饿泰特

wei lang e zinte ziyi shouen eierkaietaite

你对青霉素过敏吗？

Hast du eine Allergie gegen Penicillin?

谐音 哈思特 度 爱呢 阿乐<u>革义</u> 给跟 喷腻次林

hasite du aine alegi geigen pennicilin

你发烧有多久了？

Wie lange haben Sie schon Fieber?

谐音 伪 浪饿 哈笨 资义 受恩 飞博

wei lang e haben ziyi shouen feibo

你的胃口好吗？

Hast du einen guten Appetit?

谐音 哈思特 度 爱嫩 姑特恩 阿拍替特

hasite du ainen guten apaitite

📋 描述症状

我觉得不太舒服。

Ich fühle mich schlecht.

谐音 一西 佛淤乐 密西 使来西特

yixi fvle mixi shilaixite

我觉得不太舒服。

Ich fühle mich schwach.

谐音　一西　佛淤乐　密西　使袜喝

yixi fvle mixi shiwahe

我觉得不太舒服。

Ich fühle mich nicht gut.

谐音　一西　佛淤乐　密西　腻西特　姑特

yixi fvle mixi nixite gute

我头疼。

Ich habe Kopfschmerzen.

谐音　一西　哈博　靠普夫使买参

yixi habo kaopufu shimaican

我牙疼。

Ich habe Zahnschmerzen.

谐音　一西　哈博　擦恩　使买饿参

yixi habo zaen shimaiecan

我喉咙疼。

Ich habe Halsschmerzen.

谐音　一西　哈博　哈饿思　使买饿参

yixi habo haesi shimaiecan

我耳朵疼。

Ich habe Ohrenschmerzen.

谐音　一西　哈博　欧恨使买参恩

yixi habo ouhen shimaiecan

我肚子疼。

Ich habe Bauchschmerzen.

谐音　一西　哈博　抱喝　使买饿参

yixi habo baohe shimaiecan

我胃疼。

Ich habe Magenschmerzen.

谐音 一西 哈博 骂跟 使买饿参

yixi habo magen shimaiecan

我睡眠不好。

Ich kann nicht schlafen.

谐音 一西 看 腻西特 使拉奋

yixi kan nixite shilafen

我腹泻。

Ich habe Durchfall.

谐音 一西 哈博 度一西发

yixi habo duyixifa

我大便不通。

Ich habe Verstopfung.

谐音 一西 哈博 费耳使到普佛恩

yixi habo feier shidaopu foen

我心脏不好。

Ich habe Herzbeschwerden.

谐音 一西 哈博 嗨次 博使外德恩

yixi habo haici beshiwai den

我咳嗽。

Ich habe Husten.

谐音 一西 哈博 护思特恩

yixi habo husi ten

我伤风。

Ich habe Schnupfen.

谐音 一西 哈博 使努普奋

yixi habo shinupufen

急救急诊

我们应该尽快对这位病人进行急救。

Wir sollten dem Patienten so schnell wie möglich erste Hilfe leisten.

谐音 伪耳 揍特恩 呆母 怕参特恩 凑 使耐饿 伪 摸约克里西 爱 饿思特 喝一饿佛 来思特恩

weier zouten daimu pacanten zou shinaie wei moyuekelixi aiesite hiefo laisiten

---

急救对这位病人很重要。

Erste Hilfe ist schwer für diesen Patient.

谐音 爱饿思特 喝一饿佛 一思特 使外饿 佛淤饿 弟责恩 怕参特

ai e site hiefoe yisite shiwaie fv dizen pacant

这位病人需要输氧。

Dieser Patient muss mit Sauerstoff beatmet werden.

谐音 弟责 怕参特 木思 米特 糟饿使到夫 博阿特么特 外德恩

dize pacante musi mite zaoeshidaofu boatemete waiden

请在这张纸上签字，说明您同意做手术。

Bitte unterschreiben Sie das Papier, um die Operation zuzustimmen.

谐音 比特 温特使嗨笨 资义 大思 怕皮饿，屋母 弟 傲破哈穷 醋醋使弟门

bite wenteshihaiben ziyi dasi papie , wumu di aopohaqiong cu cushidimen

---

他在急诊科。

Er ist in der Notaufnahme.

谐音 诶耳 一思特 因 得耳 闹特 傲夫 那么

eier yisite yin deier naote aofuname

这位病人仍然处于昏迷状态。

Der Kranke ist noch bewusstlos.

谐音 得耳 克航克 一思特 闹喝 博屋思特漏思

deier kehangke yisite naohe bowusitelousi

受伤者渐渐从昏迷中苏醒过来。

Allmählich erwachte der Verwundete aus seiner Betäubung.

谐音 阿饿买里西 <u>埃耳</u>袜喝特 得耳 <u>费耳</u>温得特 傲思 在呢 博掏一<u>博恩</u>

aemai lixi eierwahete deier feierwendete aosi zaine botaoyiboen

三 划价取药

药房在哪里？

Wo ist die Apotheke?

谐音 窝 一思特 弟 阿剖忒克？

wo yisite di apouteike

这些药一共多少钱？

Wie viel kostet die Medizin insgesamt?

谐音 伪 <u>飞饿</u> 扣思泰特 弟 买地参嫩 因思革藏母特

wei feie kousitaite di maidicinnen yinsigezangmute

我是自费的。

Ich trage selbst die Kosten.

谐音 一西 特哈革 在布思特 弟 扣思<u>特恩</u>

yixi tehage zaibusite di kousiten

这项费用不在您的保险范围内。

Diese Kosten werden nicht von deiner Versicherung.

谐音 地责 扣思<u>特恩</u> 外德恩 腻西特 <u>佛恩</u> 带呢 费而贼射红

dize kousiten waiden nixite foen daine feierzeishehong

每天三次，每次两片。

Dreimal täglich zwei Tabletten.

谐音 德嗨骂 泰克里西 次外 踏布来<u>特恩</u>

dehaima taikelixi ciwai tabulaiten

这药应该怎么服用？

Wie wird diese Arznel eingenommen?

谐音 伪 伪饿特 弟责 阿饿次呢 爱恩革呢殴门

wei weiete dize a e cine ai en genou men

这药有什么副作用？

Haben diese Tabletten Nebenwirkungen?

谐音 哈笨 弟责 踏布来特 内笨伪饿空恩

haben dize tabulaite neiben weiekong en

这药我应该空腹服用吗？

Soll ich diese Arznel auf nüchternen Magen einnehmen?

谐音 揍 一西 弟责 阿饿次呢 傲夫 女西特恩嫩 骂跟 爱恩内门

zou yixi dize a e cine aofu nvxitennen magen aien neimen

每次要吃多少粒？

Wie viele Tablette soll ich jedes Mal einnehmen?

谐音 伪 费乐 踏布来特 揍 一西 耶德思 骂 爱恩内门

wei feile tabulaite zou yixi yedesi ma aien neimen

身体检查

您得做 X 光。

Sie müssen sich röntgen lassen.

谐音 资义 摸淤森 贼西 喝约恩 特跟 拉森

ziyi mvsen zeixi heyuntegen lasen

您得验血。

Sie müssen eine Blutprobe machen.

谐音 资义 摸淤森 爱呢 博路特 普蒿博 骂恨

ziyi mvsen aine bolute puhaobo mahen

4

我们得查一下小便。

Wir müssen den Urin untersuchen.

谐音 伪耳 摸淤森 德恩 屋喝因 屋恩特租恨

weier mvsen den wuhin wentezuhen

我给您测一下血压。

Ich messe Blutdruck für Sie.

谐音 一西 买色 博路特德护克 佛淤饿 资义

yixi maise bolute dehuke fv ziyi

您需要复查一下。

Sie brauchen eine weitere Behandlung.

谐音 资义 博蒿恨 爱呢 外特喝 博汗德龙

ziyi bohaohen aine waitehe bohandelong

我们可以做个过敏测试。

Wir können eine Allergienprobe machen.

谐音 伪耳 克约嫩 爱呢 阿乐革一普蒿博 骂恨

weier keyunen aine alegi puhaobo mahen

探望病人

这病房很干净呀！

Das Krankenzimmer ist ganz sauber!

谐音 大思 克航肯次一么 一思特 敢次 糟博

dasi kehangkencime yisite ganci zaobo

医院对探病的时间有规定吗？

Gibt es eine Regel der Besuchszeit im Krankenhaus?

谐音 给布特 爱思 爱呢 黑革 得耳 博租喝思菜特 因母 克航肯 蒿思

geibute aisi aine hege deier bozuhesi caite yinmu kehangken haosi

探病时间是上午 8 点到晚上 8 点。

Die Besuchszeit ist von 8.00 Uhr bis zu 20.00 Uhr.

谐音 弟 博租喝思 菜特 一思特 佛恩 阿喝特 屋饿 比思 醋 次 忘次西 屋饿

di bozuhesi caite yisite foen ahete wu e bisi cu ciwangcixi wu e

医院的饭我真吃腻了。

Das Essen im Krankenhaus kann ich nicht leiden.

谐音 大思 挨森 因母 克航肯 蒿思 看 一西 腻西 来德恩

dasi aisen yinmu kehangken haosi kan yixi nixite laiden

你明天还来看我吗?

Willst du mich morgen nochmal besuchen?

谐音 伪饿思特 度 密西 猫跟 闹喝骂 博租恨

weiesite du mixi maogen naohema bozuhen

手术后感觉怎么样?

Wie fühlst du dich nach der Operation?

谐音 伪 佛约思特 度 弟西 那喝 得耳 殴破哈穷

wei foyuesite du dixi nahe deier oupohaqiong

伤口在疼。

Die Wunde tut mir weh.

谐音 弟 屋恩德 兔特 密耳 伪

di wende tute mier wei

希望你早日康复。

Gute Besserung.

谐音 姑特 摆色轰

gute baisehong

看上去你的腿好得差不多了。

Dein Bein siehst wieder gesund aus.

谐音 呆恩 摆恩 贼恩思特 伪得 革尊特 傲思

daien baien zeiensite weide gezunte aosi

信件寄送

寄到伦敦的航空信邮资是多少?

Wie viel kostet die Postgebühr durch Luftpost nach London?

谐音 伪 飞饿 扣思泰特 弟 剖思特 革布淤饿 度一西 路夫特 剖思特 那喝 勒温蹲

wei feie kousitaite di pousite gebve duyixi Lufute posite nahe lundun

你的地址和邮编是什么?

Was ist deine Adresse und Postleitzahl

谐音 袜思 一思特 呆呢 阿得嗨色 屋恩特 剖思特 来特 擦

wasi ysite daine adehaise wente pousite laiteca

我想买个邮票和信封。

Ich möchte eine Briefmarke und einen Briefumschlag kaufen.

谐音 一西 摸约西特 爱呢 博喝一夫骂克 屋恩特 爱嫩 博喝一夫屋母使拉克 靠奋

yixi moyuexite aine bohifumake wente ainen bohifu wumushilake kaofen

信封上没写地址。

Es gibt keine Adresse auf dem Briefumschlag.

谐音 爱思 给布特 凯呢 阿得嗨色 傲夫 呆母 博喝一夫屋母使拉克

aisi geibute kaine adehaise aofu daimu bohifu wumushilake

他拖延了圣诞邮件的投送。

Er hat zu spät die Weihnachtspost gesendet.

谐音 诶耳 哈特 醋 使摆特 弟 外恩那喝次 波欧思特 革赞德特

eier hate cu shibaite di wai en nahici pousite gezandete

请注明邮寄地址和邮编。

Bitte geben Sie die Adresse und Postleitzahl bei der Post an.

谐音 比特 给笨 资义 弟 阿德嗨色 屋恩特 剖思特 来特 擦 摆 得 耳 剖思特 安

bite geiben ziyi di adehaise wente pousite leiteca bei deier pousite an

---

请写下收件人的地址。

Bitte notieren Sie die Adresse des Empfängers.

谐音 比特 呢欧替恨 资义 弟 阿德嗨色 呆思 诶母普方额 思

bite noutihen ziyi di adehaise daisi eimupufang e si

上海的邮编是多少？

Wie ist die Postleitzahl von Shanghai?

谐音 伪 一思特 弟 剖思特 来特 擦 佛恩 上海

wei yisite di pousite leiteca foen shanghai

写信人应该在右侧写下自己的地址及邮编。

Der Absender soll seine Adresse und Postleitzahl auf einen Briefumschlag rechts schreiben.

谐音 得耳 阿布赞德 搂 在呢 阿德嗨色 屋恩特 剖思特 来特 擦 傲夫 爱嫩 博喝一夫 屋母 使拉克 嗨西次 使海本

deier abuzande zou zaine adehaise wente pousite laiteca aofu ainen bohifu wumushilake haixici shihaiben

---

寄快件有多快？

Wie lange dauert es bei der Post?

谐音 伪 浪额 到额特 爱思 摆 得耳 剖思特

wei lang e dao e te aisi bai deier pousite

请问我该到哪儿邮信？

Entschuldigung, wo kann ich einen Brief abschicken?

谐音 安特舒弟供 窝 看 一西 爱嫩 博喝一夫 阿布使一肯

anteshudigong wo kan yixi ainen bohifu abushiyiken

包裹寄取

这个包裹寄到澳大利亚要多少邮资？
Wie viel kostet dieses Paket nach Australien?

谐音　伪 飞饿 靠思泰特 弟责思 怕克诶特 那喝 傲思特哈里恩
wei feie kaisitaite dizesi pakeite nahe aositehalien

你有对丢失的货物要求索赔的权利。
Du hast Anspruch auf die verlorene Waren.

谐音　度 哈思特 安使普护喝 傲夫 弟 费耳漏恨呢 袜恨
du hasite anshipuhuhe aofu di feierlouhene wahen

他称了一下包裹的重量。
Er wiegt das Paket.

谐音　诶耳 伪克特 大思 怕克诶特
eier weikete dasi pakeite

我想把这个包裹寄到北京。
Ich möchte dieses Paket nach Peking schicken.

谐音　一西 摸约西特 弟责思 怕克诶特 那喝 皮克因 使一肯
yixi moyuexite dizesi pakeite mahe pikeyin shiyiken

这个快递要加收多少钱？
Wie viel sollen wir noch bezahlen bei diesem Express?

谐音　伪 飞饿 揍乐恩 伪耳 闹喝 博擦勒恩 摆 弟责母 一克思
普嗨思
wei feie zouleen weier naohe beicalen bai dizemu yikesi puhaisi

---

里面有些什么？
Was gibt es drinnen?

谐音　袜思 给布特 爱思 德喝因嫩
wasi geibute aisi dehinnen

请把名字和地址写清楚。

Bitte schreiben Sie deutlich die Adresse und Postleitzahl.

谐音 比特 使嗨笨 资义 到一特里西 弟 阿德嗨色 屋恩特 剖思特 来特 擦

bite shihaiben ziyi daoyitelixi di adehaise wente pousite laiteca

---

恐怕您的包裹超尺寸了。

Dein Paket passt leider nicht in den Rahmen.

谐音 呆恩 怕克诶特 怕思特 来德 腻西特 因 德恩 哈门

daien pakeite pasite laide nixite yin den hamen

今天我收到了一份包裹通知单，能在这儿取吗？

Heute habe ich eine Paketkarte bekommen, kann ich es hier abholen.

谐音 蒿一特 哈笨 一西 爱呢 怕克诶特卡特 博靠门，看 一西 爱思 喝一耳 阿布厚勒恩

haoyite haben yixi aine pakeitekate bokaomen, kan yixi aisi hier abuhoulen

---

请出示您的通知单和有关身份证件。

Bitte zeigen Sie die Paketkarte und die relevante Ausweise.

谐音 比特 菜跟 资义 弟 怕克诶特卡特 屋恩特 弟 黑勒万特 傲思外色

bite caigen ziyi di pakeitekate wente di heilewante aosiwaise

---

汇款取款

你可以在这存钱或取钱。

Sie können hier einzahlen und auszahlen.

谐音 资义 克约嫩 喝一耳 爱恩擦勒恩 屋恩特 傲思擦勒恩

ziyi keyuenen hier aiencalen wente ausicalen

汇款两天前就应该到了。

Die Überweisung sollte vor 2 Tage angekommen sein.

谐音　弟 淤博外送 揍特 佛饿 次外 踏革 安革靠门 在恩

di yubowaisong zoute foe ciwai tage angekaomen zaien

我来查一笔从纽约汇来的汇款。

Ich möchte die Überweisung von New York prüfen.

谐音　一西 摸约西特 弟 淤博外送 佛恩 纽 要克 普喝鱼奋

yixi moyuexite di yubowaisong foen niu yaoke puhvfen

您不能随时取款。

Sie können nicht jederzeit Geldabheben.

谐音　资义 克约嫩 腻西特 耶德莱特 给饿特 阿布黑本

ziyi keyuenen nixite yedecaite geiete abuheiben

请问我账上还有多少钱？

Wie viel Geld gibt es noch auf meinem Konto?

谐音　伪 飞饿 给饿特 给布特 爱思 闹喝 傲夫 麦嫩母 康头

wei feie geiete geibute aisi naohe aofu mainenmu Kangtou

您要取多少钱？

Wie viel möchten Sie abheben?

谐音　伪 飞饿 摸约西特恩 资义 阿布黑本

wei feie moyuexiten ziyi abuheiben

昨天他在她账户上存了 1000 欧元。

Gestern hat er 1000 Euro bei der Bank auf ihr Konto
eingezahlt.

谐音　该思特恩 哈特 诶耳 掏森特 殴一厚 摆 得耳 办克 傲夫
一耳 康头 爱恩革擦饿特

gaisiten hate eier taosente ouyihou bai deier banke aofu yier

kangtou aiengecaete

银行业务

三 咨询业务

我账户的最高限额是多少？
Wie hoch ist mein Konto belastbar?
谐音 伪 厚喝 一思特 麦恩 康头 博拉思特吧
wei houhe yisite maien kangtou bolasiteba

请给我一个建议！
Bitte machen Sie mir einen Vorschlag!
谐音 比特 马恨 资义 密耳 爱嫩 佛使拉克！
bite mahen ziyi mier ainen foshilake

请问在哪里开立账户？
Entschuldigung wo kann ich ein Bankkonto eröffnen?
谐音 按特舒地供 窝 看 一西 爱恩 办可康头 埃耳约夫嫩
anteshudigong kan yixi aien bankekangtou eier yuefunen

我想不起来密码了。
Ich habe die Geheimzahl vergessen.
谐音 一西 哈博 弟 革嗨母擦 费耳该森
yixi habo di gehaimuca feiergaisen

您可以看看那里的公告屏，或者登录我行的网站查询。
Sie können auf die Tafel schauen oder die Webseite
unserer Bank besuchen.
谐音 资义 克约嫩 傲夫 弟 它佛 少恩 殴德 弟 外布灾特 屋恩
责喝 办克 博租恨
ziyi keyuenen aofu di tafo shaoen oude di waibuzaite wenzehe
banke bozuhen

开户存款

利率是 0.72%。
Der Zinssatz ist 0.72%.

谐音 得耳 次因 杂次 一思特 努饿 靠么 次外 屋恩特 贼布次 一西 普厚参特

der xiyinzaci yisite nue kaome ciwai wu en te zeibuciyixi puhoucante

我想开一个储蓄账户。
Ich möchte ein Sparkonto eröffnen.

谐音 一西 摸约西特 爱恩 使吧康头 诶耳约夫嫩

yixi moyuexite aien shibakangtou eier yuefunen

储蓄账户的年利率是多少?
Wie viel ist der Jahreszins bei dem Sparkonto?

谐音 伪 飞饿 一思特 得耳 压喝思次因思 摆 呆母 使吧康头

wei feie yisite deier yahesicinsi bai daimu shiba kangtou

你想存多少钱?
Wie viel möchtest du einzahlen?

谐音 伪 飞饿 摸约西泰思特 度 爱恩擦勒恩

wei feie moyuexi taisite du aiencalen

你想开哪种账户?
Welches Konto hätten Sie gerne?

谐音 外舍思 康头 海特恩 资义 该呢

weishesi kangtou haiten ziyi gaine

我必须连本带利一起偿还吗?
Muss ich die Summe mit Zinsen zurückzahlen?

谐音 母思 一西 弟 租么 米特 次一 因怎 醋护鱼克擦勒恩

musi yixi di zume mite cinzen cuhvke calen

请填写这些表格，一式两份。
Bitte füllen Sie zweimal diese Formulare aus.

谐音 比特 佛淤 勒恩 资义 次外骂 弟责 佛母拉喝 傲思

bite fvlen ziyi dize fomulahe wente yede ciwai ma aosi

利息是在每个月底支付吗？
Sind die Zinsen am Ende des Monate fällig?

谐音 资因特 弟 次因怎 阿母 安德 呆色 某那特 佛爱里西

zinte di cinzen amu ande daise mounate failixi

这是您的存折。
Hier ist Ihr Sparbuch.

谐音 喝一耳 一思特 一耳 使吧 布喝

hier yisite yier shibabuhe

取款业务

我想从银行取钱。
Ich möchte Geld von der Bank holen.

谐音 一西 摸约西特 给饿特 佛恩 得耳 办克 厚勒恩

yixi moyuexite geiete foen deier banke houlen

你要把钱都取出来吗？
Möchtest du alles auszahlen?

谐音 摸约西泰思特 度 阿拉思 傲思 擦勒恩

moyuexi taisite du alasi aosi zalen

只能在柜台取钱。
Heute kann man nur an der Kasse auszahlen.

谐音 嵩一特 看满 努饿 安呆耳 卡责 傲思 擦勒恩

haoyite kan man nuer an daier kase aosi zalen

请问您要什么面值的？
Welchen Nennwert magst du gerne?

谐音 外舍 嫩外饿特 骂克思特 度 该呢

waishenenwaiete makesite du gaine

现在请输入您的密码。

Bitte geben Sie die Geheimzahl ein.

谐音　比特　给笨　资义　弟　革嗨母擦　爱恩
bite geiben ziyi di gehaimucae aien

请把取款单给我。

Bitte geben Sie mir die Abhebungsbestätigung.

谐音　比特　给本　资衣　米耳　弟　阿布黑博恩思　博使呆替滚
bite geiben ziyi mier di abheiboensi boshidaitigun

三　申请贷款

我申请在 Deutsche Bank 银行贷款。

Ich möchte die Deutsche Bank um ein Darlehen bitte.

谐音　一西　摸约西特　弟　到一撒　办克　屋母　爱恩　大累恩　比特
yixi moyuexite di daoyiche banke wumu aien daleien bite

我去年在银行借到了一笔贷款。

Letztes Jahr habe ich einen Kredit bei der Bank aufgenommen.

谐音　来次特思　压　哈博　一西　爱嫩　克黑弟特　摆　得耳　办克　傲夫革弄殴门
laicitesi ya habo yixi ainen keheidite bai deier banke aofuge noumen

---

你有没有在其他银行按揭贷款？

Hast du ein Hypothekendarlehen bei anderen Banken?

谐音　哈思特　度　爱恩　喝淤剖忒肯大累恩　摆　安德恨　办肯
hasite du aien heyupouteiken daleien bai andehen banken

这是一份给你做参考的按揭还款表。

Hier ist ein Hypothekendarlehen als Referenz für dich

谐音　喝一耳　一思特　爱恩　喝淤剖忒肯　大累恩　阿思　黑佛　恨次　佛淤饿　弟西
heyier yisite aien hvpouteiken daleien asi heifohenci fv dixi

📋 支票汇款

请问您的姓名和账号！
Ihren Name und Ihr Konto, bitte!
谐音 一恨 那么 屋恩特 一喝 康头，比特
yihen name wente yihe kangtou bite

我可以用支票支付吗？
Kann ich mit Scheck bezahlen?
谐音 看 一西 米特 婶克 博擦勒恩
kan yixi mite shenke bocalen

请将这笔汇款给我！
Bitte überweisen Sie an mich!
谐音 比特 淤博外森 资一 安 米西
bite yubowaisen ziyi an mixi

这张支票的抬头是我的名字。
Dieser Scheck ist auf mich aus gestellt.
谐音 弟责 婶克 一思特 傲夫 密西 傲思 哥使呆饿特
dize shenke yisite aofu mixi aosi geshidaiete

您可采取存折汇款或采用现金直接汇款。
Sie können durch Sparbuch oder Bargeld überweisen.
谐音 资义 克约嫩 度一西 使吧 布喝 殴德 吧给饿特 淤博外森
ziyi keyunen duyixi shibabuhe oude ba gei e te yubowaisen

汇款手续费 10 欧元。
Die Kosten der Überweisung betragen 10 Euro.
谐音 弟 扣思特恩 得耳 淤博外粽 博特哈根 次恩 殴一厚
di kousiten deier yubowaizong botehagen cen ouyihou

如果我要汇款的话，需要什么证件吗？
Welchen Ausweis brauche ich, wenn ich eine
Überweisung machen möchte?
谐音 外神 傲思外思 布蒿喝 一西，问 一西 爱呢 淤博外粽 骂恨
摸约西特
waishen aosiwaisi buhaoye yixi, wen yixi aine yubowaizong
mahen moyuexite

162

兑换外汇

我想换钱。

Ich möchte Geld wechseln.

谐音 一西 摸约西特 给饿特 外克森

yixi moyuexite geiete waikesen

我想把人民币换成欧元。

Ich möchte RMB in Euro wechseln.

谐音 一西 摸约西特 耳 爱母 被 因 殴一厚 外克森

yixi moyuexite er aimu bei yin ouyihou waikesen

我可以在这里兑换钱吗?

Kann ich hier Geld wechseln?

谐音 看 一西 喝一耳 给饿特 外克森

kan yixi hier geiete waikesen

您要换多少?

Wie viel Geld möchten Sie wechseln?

谐音 伪 飞饿 给饿特 摸约西特恩 资义 外克森

wei feie geiete moyuexiten ziyi waikesen

挂失销户

您带身份证了吗?

Haben Sie Ihren Personalausweis mitgebracht?

谐音 哈笨 资义 一恨 陪粽那 傲思外思 米特 革布哈喝特

haben ziyi yihen peizongna aosiwaisi mitege buhatete

您要销户吗？

Möchten Sie Ihr Konto löschen?

谐音 摸约西特恩 资义 一耳 康头 绿婶

moyuexiten ziyi yier kangtou lvshen

我想挂失我的信用卡。

Ich möchte meine Kreditkarte als verloren melden.

谐音 一西 摸约西特 麦呢 克黑弟特 卡特 阿思 费耳漏恨 麦饿德恩

yixi moyuexite maine keheidite kate asi feierlouhen maieden

请告诉我你的卡号。

Bitte teile mir deine Kartenummer mit.

谐音 比特 太乐 米耳 呆呢 卡特 努么 米特

bite taile mier daine kate nume mite

我可以冻结我卡里面的钱吗？

Kann ich das Geld in meiner Karte sicher aufbewahren?

谐音 看 一西 打思 给饿特 因 买呢 卡特 贼舍 傲夫博瓦恨

kan yixi dasi geiete yin maine kate zeishe aofubowahen

新卡要多久才能办好？

Wie lange dauert es bis zur Fertigstellung einer neuen Karte?

谐音 为 郎饿 到饿特 哎思 比思 醋 佛爱替西使呆龙 爱呢 闹一恩 卡特

wei lang e daoete aisi bisi cu foaitixishidailong aine daoyien kate

请先填一下这张表格！

Bitte zuerst diese Tabelle aus füllen!

谐音 比特 醋诶思特 弟责 踏摆勒 傲思 佛淤 勒恩

bite cu ei si te dize tabaile aosi fvlen

新卡直接寄给我吗？

Wird die neue Karte direkt zu mir geschickt?

谐音 伪饿特 弟 闹一饿 卡特 弟嗨克特 醋 密耳 革使一克特

weiete di naoyi e kate dihaikete cu mier geshikete

网 络 通 讯

办理手机卡

你这有电话卡卖吗?

Haben Sie Telefonkarten?

谐音 哈本 资义 太里风卡特恩

haben ziyi tailifeng katen

我想补办一张手机卡。

Ich möchte meine SIM-Karte erneuern.

谐音 一西 摸约西特 买呢 爱思 艾 艾目 卡特 艾尔 闹一恩

yixi moyuexite maine aisi ai aimu kate aier naoyien

请问您的手机号码是多少?

Wie ist Ihre Telefonnummer?

谐音 伪 伊斯特 一喝 太里凤奴么

wei yisite yihe tailifengnume

如果您补办卡的话,您原来卡的所有信息将会全部被清空。

Wenn Sie die SIM-Karte erneuern, gehen alle
Informationen auf der Originalkarte verloren.

谐音 温 资义 弟 爱思 艾 艾目 卡特 艾尔 闹一恩, 给恩 阿乐
因佛马穷嫩 傲服 得耳 欧喝因给那 卡特 费尔楼很

wen ziyi di aisi ai aimu kate aier naoyi en, geien ale yinfomaqiongnen
aofu deier ouheyingeina kate feierlouhen

我想办张电话卡。

Ich möchte eine SIM-Karte kaufen.

谐音 一西 摸约西特 爱呢 爱思 艾 艾目 卡特 靠分

yixi moyuexite aine aisi ai aimu kate kaofen

您想办什么卡? 动感地带?

Welche Karte wollen Sie kaufen? M-Zone?

谐音 外舍 卡特 窝<u>了</u>恩 资义 靠分? 艾目 走嗯

waishe kate wolen ziyi kaofen? Aimu zouen

三 办理业务套餐

我想开通国际长途。

Ich möchte internationale Telefonie-Dienste nutzen.

谐音 一西 摸约西特 因特那穷那乐 太里风腻 弟恩斯特 努次恩

yixi moyuexite yinte naqiongnale tailifengni diensite nucien

我想办 15 元的短信包月套餐。

Ich möchte ein SMS-Paket von 15 Yuan pro Monat haben.

谐音 一西 摸约西特 爱恩 爱思 艾目 爱思 帕克特 佛嗯 佛韵 付<u>此一摁</u> 元 坡 某纳特 哈本

yixi moyuexite aien aisi aimu aisi pakete foen fvnfucin yuan po mounate haben

我想把六元短信套餐变更为十元的套餐。

Ich möchte das 6 yuan SMS-Paket mit dem 10 yuan ersetzen.

谐音 一西 摸约西特 大思 在科斯 元 爱思 艾目 爱思 帕克特 米特 代母 <u>此一摁</u> 元 艾尔 在慈恩

yixi moyuexite dasi zaikesi yuan aisi aimu aisi pakete mite daimu cin yuan aierzaicien

业务已经变更，下个月就会生效。

Ihr Plan wird geändert und tritt im nächsten Monat in Kraft.

谐音 一喝 普烂 伪耳特 哥安德特 温特 特<u>喝一</u>特 <u>因母</u> 奶西恩 特恩 某那特 因 可哈福特

yihe pulan weierte geandete wente tehite yim naixienten mounate yin kehafute

我想在家安拨号上网。

Ich möchte einen Festnetzanschluss mit Internet einrichten.

谐音 一西 摸约西特 爱嫩 佛爱思特乃赐 俺是鲁斯 米特 因特奈特 爱恩 合一西特恩

yixi moyue xite ainen foaisitenaici anshilusi mite yintenaite aien hixiten

一周之内我们会帮您安装电话和网线的。

Wir wollen das Telefon und Internet für Sie in einer Woche einrichten.

谐音 伪耳 窝乐恩 大思 台里凤 无恩特 因特奈特 佛淤饿 资义 因 爱呢 我喝 爱恩 合一西特恩

weier wolen dasi tailifeng wente yintenaite fv ziyi yin aine wohe aien hixiten

一个月多少钱？

Wie viel kostet es jeden Monat?

谐音 伪 飞蛾 扣思泰特 爱思 耶德恩 某那特

wei feie kousitaite aisi yeden mounate

三 服务台咨询

这个商场有几层？

Wie viele Stockwerbe gibt es in diesem Markt?

谐音 伪 飞乐 使到克外博 给布特 爱思 因 弟责母 马克特

wei feile shidaokewaibo geibute aisi yin dizemu makete

收银台在哪儿？

Wo ist die Kasse?

谐音 窝 一思特 弟 卡责

wo yisite di kaze

商场几点关门？

Wann macht das Geschäft zu?

谐音 万 骂喝特 大思 革晒夫特 醋

wan mahete dasi geshaifute cu

卫生间在哪儿？

Wo kann man die Toilette finden?

谐音 窝 看 满 弟 头一来特 佛因德恩

wo kan man di touyilaite finden

哪里有电梯可以上楼？

Wo ist ein Lift, womit man nach oben fahren kann.

谐音 窝 一思特 爱恩 里夫特 窝米特 慢 那喝 欧本 发恨 看

wo yisite aien lifute wo mite man nahe oben fahen kann

商场的停车场是免费的吗

Ist das Parkhaus des Geschäftes kostenlos?

谐音 一思特 大思 怕克 蒿思 呆色 革晒夫特思 扣思特恩漏思

yisite dasi pakehaosi daise geshaifute kousitenlousi

选购商品

我在给我爸找一件夹克。
Ich suche eine Jacke für meinen Vater.
谐音 一西 租喝 爱呢 压克 佛淤饿 麦嫩 发特
yixi zuhe aine yake fv mainen fate

您喜欢哪种衬衫?
Welche Jacke mögen Sie gerne?
谐音 外舍 压克 摸约根 资义 该呢
waishe yake moyuegen ziyi gaine

我想找正式一些的衣服。
Ich mag gerne einige formelle Kleidungen.
谐音 一西 马克 该呢 爱腻革 佛麦乐 克来动恩
yixi make gaine ainige fomaile lekai dong en

哪里可以买到适合小女孩穿的裙子?
Wo können wir einen Rock für ein kleines Mädchen
kaufen?
谐音 窝 克约嫩 伪耳 爱嫩 厚克 佛淤饿 爱恩 克来呢思 麦德婶
靠奋
wo keyunen weier ainen houke fve aien kelainesi maideshen kaofen

我想买一件毛衣。
Ich kaufe gerne einen Pullover.
谐音 一西 靠佛 该呢 爱嫩 普漏窝
yixi kaofo gaine gaine pulouwo

清仓甩卖

这是一个很便宜的价格。
Es ist ein billiger Preis.
谐音 爱思 一思特 爱恩 比里革 普嗨思
aisi yisite aien bilige puhaisi

这个在特卖吗?

Bekommt man Rabatt auf diese Ware?

谐音 博靠母特 满 哈吧特 傲夫 弟责 袜喝

bokaomute man habate aofu dize wahe

我还能给您便宜 2 欧元。

Ich kann Ihnen noch zwei Euro Rabatt geben.

谐音 一西 看 一嫩 闹喝 次外 殴一厚 哈吧特 给笨

yixi kan yinen naohe ciwai ouyihou habate geiben

大减价!

Rabatt!

谐音 哈吧特

habate

我不能再给您更低的折扣了。

Ich kann Ihnen keinen weiteren Rabatt mehr geben.

谐音 一西 看 一嫩 凯嫩 外特恨 哈吧特 每饿 给笨

yixi kan yinen kainen waitehen habate meie geiben

对不起,我们没有折扣。

Tut mir leid, wir haben hier keinen Rabatt.

谐音 兔特 密耳 来特,伪耳 哈笨 喝一耳 凯嫩 哈吧特

Tute mier laite, weier haben hier kainen habate

三 讨价还价

老实说,便宜这么多。

Die Wahrheit ist, es ist billiger.

谐音 弟 袜嗨特 一思特,爱思 一思特 比里哥耳

di wahaite yisite, aisi yisite biligeer

你能给我打折吗?

Kannst du mir Rabatt geben?

谐音　看思特 度 密耳 哈吧特 给笨

kansite du mier habate geiben

不能减价，本店不讲价。

Wir sprechen nicht über den Preis.

谐音　伪耳 使普嗨婶 腻西特 淤博 德恩 普嗨思

weier shipuhaishen nixite yubo den puhaisi

价格不打折。

Die Preise verstehen sich ohne Abzug.

谐音　弟 普嗨责 费耳使德诶恩 贼西 殴呢 阿布 醋克

di puhaise feiershideien zeixi oune abucuke

开票付款

这是您的收据。

Hier ist Ihre Quittung.

谐音　喝一耳 一思特 一喝 克威痛

hier yisite yihe keweitong

一共 68 欧元。

Insgesamt 68 Euro.

谐音　因思革藏母特 阿喝特 屋恩特 在克次一西 殴一厚

yinsigezangmute ahete wente zaikecixi ouyihou

请让我核对一下账单。

Lass mich die Quittung überprüfen.

谐音　拉思 密西 弟 克威痛 淤博普喝淤奋

lasi mixi di keweitong yubopuhvfen

我可以用信用卡付账吗？

Kann ich mit Kreditkarte zahlen?

谐音 看 一西 米特 克黑弟特 卡特 擦乐恩

kan yixi mite keheiditekate calen

我能开支票吗？

Kann ich einen Scheck ausstellen?

谐音 看 一西 爱嫩 婶克 傲思使呆乐恩

kan yixi ainen shenke aosi shidailen

包装送货

如果我现在订一件西服，要多久才能接到货？

Wie lange dauert die Lieferung, wenn ich jetzt einen Anzug bestelle?

谐音 伪 浪饿 到饿特 弟 里佛轰，温 一西 耶次特 爱嫩 安醋克 博使呆乐

wei lang e dao e te di lifohong, wen yixi yecite ainen ancuke boshidaile

---

你们送货吗？

Liefert ihr Waren ins Haus?

谐音 里佛饿特 一耳 袜恨 因思 号思

lifoete yier wahen yinsi haosi

送货费是多少？

Wie viel kostet die Lieferung?

谐音 伪 飞饿 扣思泰特 弟 里佛轰

wei feie kousitaite di lifohong

能把这个包装成礼品吗？

Kannst du diese Ware als Geschenk verpacken?

谐音 看思特 度 弟责 袜喝 阿思 革婶克 费耳 怕肯

kansite du dize wahe asi geshenke feierpaken

所有售出的商品不得退货。

Verkaufte Waren sind vom Umtausch ausgeschlossen.

谐音 费耳靠夫特 袜恨 资义特 佛母 屋母 掏使 傲思革使漏森

feier kaofute wahen zinte fomu wumutaoshi aosigeshilousen

这种商品不能退货。

Die Ware kann nicht zurückgenommen werden.

谐音 弟 袜喝 看 腻西特 醋喝淤克革呢殴门 外德恩

di wahe kan nixite zuhvke genoumen waiden

我就退这个货。

Ich möchte die Ware zurückgeben.

谐音 一西 摸约西特 弟 袜喝 醋喝淤克给笨

yixi moyuexite di wahe zuhvke geiben

能看一下您的收据吗?

Können Sie mir Ihre Quittung geben?

谐音 克约嫩 资义 密耳 一喝 克威痛 给笨

keyuenen ziyi mier yihe keweitong geiben

外包装拆了就不能退了。

Die Waren können nicht zurückgenommen werden, wenn ihre Verpackung aufgetrennt wird.

谐音 弟 袜恨 克约嫩 腻西特 醋喝淤克革呢殴门 外德恩，温 一喝 费耳怕空 傲夫革特嗨特特 伪饿特

di wahen keyuenen nixite zuhvke genoumen waiden, wen yihe feierpakong aufu getehante weiete

---

我把收据弄丢了。

Ich habe die Quittung verloren.

谐音 一西 哈博 弟 克威痛 费耳 漏恨

yixi habo die keweitong feierlouhen

为什么要退呢？

Warum möchtest du die Ware zurückgeben?

谐音 袜护母 摸约西泰思特 度 弟 袜喝 醋喝淤克 给笨

wahumu moyuexi taisite du di wahe zuhvke geiben

华 美 服 饰

选择款式

最新流行的款式是什么？

Was ist die populärste Mode?

谐音 袜思 一思特 弟 抛普来饿思特 摸德

wasi yisite di paopulaiesite mode

你想要找什么样的款式？

Welche Mode Magst du gerne?

谐音 外舍 摸德 马克思特 度 该呢

waishe mode makesite du gaine

这样式目前很流行。

Diese Form ist jetzt Mode.

谐音 弟责 佛饿母 一思特 耶次特 摸德

dize foemu yisite yecite mode

有最新款的吗？

Gibt es hier die neueste Mode?

谐音 给布特 爱思 喝一耳 弟 闹一思特 摸德

geibute aisi hier di naoyisite mode

这个款式现在已经不流行了。
Diese Mode ist veraltet.
谐音　弟责　摸德　一思特　费耳　阿泰特
dize mode yisite feier ataite

条纹不适合你。
Der Streifen passt nicht gut zu dir.
谐音　得耳　使特嗨奋　怕思特　腻西特　姑特　醋　弟耳
deier shitehaifen pasite nixite gute cu dier

你们有其他款式的吗?
Habt ihr andere Mode?
谐音　哈布特　一耳　安得喝　摸德
habute yier andehe mode

挑选质地

这是什么料的?
Welches Material ist es?
谐音　外舍思　骂特喝一阿　一思特　爱思
waishesi matehia yisite aisi

是貂皮的。
Es ist Zobelpelz.
谐音　爱思　一思特　凌博　拍次
aisi yisite coubo paici

这种衣料看上去不错。
Das Material der Kleidung sieht ganz schön aus.
谐音　大思　骂特喝一阿　得耳　克来动　贼特　敢次　顺　傲思
dasi matehia deier kelaidong zeite ganci shun aosi

这种衣料干得快，不起皱。

Dieses Material der Kleidung trocknet schnell und wirft keine Falten.

谐音 弟责思 马特喝一阿 呆耳 克来动 特厚克耐特 使耐饿 屋恩特 为饿夫特 开呢 发饿特恩

disesi matehie daier kelaidong tehoukenaite shinaie wuente weiefute kaine faten

---

你们有没有棉质的衣服？

Gibt es die Kleidung aus Baumwolle?

谐音 给布特 爱思 弟 克来动 傲思 抱母 屋殴乐

geibute aisi di kelaidong aosi baoyimu wuoule

是丝质的吗？

Ist es Seide?

谐音 一思特 爱思 在德

yisite aisi zaide

三 挑选颜色

您喜欢什么颜色的呢？

Welche Farbe mögen Sie gerne?

谐音 外舍 发博 摸根 资义 该呢

waishe fabo mogen ziyi gaine

** 女士，你喜欢这个颜色吗？

Frau XX, magst du diese Farbe?

谐音 佛号 xx，骂克思特 度 弟责 发博

fohaoXX, makesite du dize fabo

颜色太深了。我想要颜色浅一点儿的。

Die Farbe ist zu dunkel, und ich möchte gerne eine hellere.

谐音 弟 发博 一思特 醋 蹲克饿 屋恩特 摸约西特 该呢 爱呢 嗨乐喝

di fabo yisite cu dunke wente moyuexite gaine aine hailehe

🗣 **这个颜色很适合你。**
Diese Farbe passt gut zu dir.

谐音 弟责 发博 怕思特 古特 醋 弟耳
dize fabo pasite gute cu dier

🗣 **我推荐深颜色的。**
Ich schlage die dunkle vor.

谐音 一西 使拉革 弟 蹲克乐 佛
yixi shilage di dunkele fo

🗣 **我喜欢这件浅灰色的。**
Ich mag diese Graue.

谐音 一西 骂克 弟责 革号饿
yixi make dize gehaoe

🗣 **这个跟西服颜色不配。**
Diese passt nicht zu der Farbe des Anzugs.

谐音 弟责 怕思特 腻西特 醋 得耳 发博 呆思 安醋克思
dize pasite nixite cu deier fabo daisi ancukesi

📋 挑选尺寸

🗣 **我想要合身的牛仔裤。**
Ich möchte Jeans in passenden Längen und Weiten kaufen.

谐音 一西 摸约西特 吉一恩思 因 怕森德恩 蓝跟 屋恩特 外特恩 靠奋
yixi moyuexite jiensi yin pasenden lagen wente waiten kaofen.

🗣 **这个太大了。**
Es ist zu groß.

谐音 爱思 一思特 醋 革厚思
aisi yisite cu gehousi

你的尺寸已经卖光了。

Deine Größe ist schon ausverkauft.

谐音 呆呢 哥喝约色 一思特 受恩 傲思费尔靠夫特

daine geheyuese yisite shouen aosifeierkaofute

您穿多大码的?

Welche Größe tragen Sie?

谐音 外舍 革喝约色 特哈跟 资义

waishe geheyuese tehagen ziyi

小码的就可以了。

Das kleine Maß ist genug.

谐音 大思 克来呢 骂思 一思特 革努克

dasi kelaine masi yisite genuke

量身订制

请帮我量一量尺寸。

Bitte nehmen Sie Maß.

谐音 比特 内门 资义 骂思

bite neimen ziyi masi

请您帮我把裙的腰边紧一紧。

Bitte machen Sie den Rock enger am Bund.

谐音 比特 骂恨 资义 德恩 厚克 鹰饿 阿母 布恩特

bite mahen ziyi den houke yinge amu buente

我想订做一件毛衣。

Ich möchte einen Pullover bestellen.

谐音 一西 摸约西特 爱嫩 普漏屋饿 博使呆乐恩

yixi moyuexite ainen pulouwue boshidailen

手工费是多少?

Wie viel kostet die Handarbeit?

谐音　伪 飞饿 扣思泰特 弟 汗特 阿摆特

wei feie koutaisite di hanteabaite

做一件晚礼服要多久?

Wie schnell wird ein Abendkeid fertig gemacht?

谐音　伪 使耐饿 伪饿特 爱恩 阿笨特 克来特 佛爱饿替西 革骂喝特

wei shinaie e wei e te aien abente kelaite faietixi gemahete

要求试穿

你愿意试试这件吗?

Möchtest du diese Kleidung mal anprobieren?

谐音　摸约西泰思特 度 弟责 克来动 骂 安普号比恨

moyuexi taisite du dize kelaidong ma anpuhaobihen

这是我的号。能试一下吗?

Dieses ist meine Größe. Kann ich es anprobieren?

谐音　弟责思 一思特 麦呢 革喝约色 看 一西 爱思 安普号比恨

dazesi yisite maine geheyuese kan yixi aisi anouhaobihen

试试这条黑色裙子吧?

Probierst du diesen schwarzen Rock an?

谐音　普号比喝思特 度 弟怎 使袜参 厚克 安

puhaobihesite du dizen shiwacen houke an

裙子好像有点儿大。可以试一下小号的吗?

Der Rock sieht ein bisschen groß aus kann ich einen kleineren probieren?

谐音　得耳 厚克 贼特 爱恩 比思婶 革厚思 傲思 看 一西 爱嫩 克来呢恨 普号比恨

deier houke zeite aien bisishen gehousi aosi kan yixi ainen kelainehen puhaobihen

你想试件大一点儿的裙子吗？

Möchtest du einen größeren Rock anprobieren?

谐音 摸约西泰思特 度 爱嫩 革喝约色恨 厚克 安 普号比恨

moyuexi taisite du ainen geheyuesehen houke aupuhaobihen

我觉得腰部可能有点儿窄。

Ich glaube, dass es ein bisschen eng am Bund ist.

谐音 一西 革捞博，大思 爱思 爱恩 比思婶 因饿 阿母 布恩特
一思特

yixi gelaobo, dasi aisi aienbisishen yin e amu buente yisite

袖子有点儿长。

Der Ärmel ist ein bisschen lang.

谐音 得耳 爱么 一思特 爱恩 比思婶 浪

deier aime yisite aienbisishen lang

鞋 帽 配 饰

三 购买鞋子

我想要一双高跟鞋。

Ich möchte einen hohen Schuh.

谐音 一西 摸约西特 爱嫩 厚恩 舒

yixi moyuexite ainen houen shu

你有更大点儿的吗？ 这个太小了。

Hast du einen größeren, dieser ist zu klein.

谐音 哈思特 度 爱嫩 革喝约色恨，弟责 一思特 醋 克来恩

haiste du ainen geheyuesehen, dize yisite cu kelaien

这个鞋跟太高了。
Dieser Absatz ist zu hoch für mich.
谐音 弟责 阿布 杂次 一思特 醋 厚喝 佛淤饿 密西
dize abuzaci yisite cu houhe fv mixi

有鞋垫吗？我想垫进鞋子里。
Gibt es eine Einlage, die in meinen Schuh passt?
谐音 给不特 爱思 爱呢 爱恩拉哥 弟 因 买嫩 书 怕思特
geibute aisi aine aienlage di yin mainen shu pasite

这个鞋底款式我不喜欢。
Die Form der Schuhsohlen gefällt mir nicht.
谐音 弟 佛母 得耳 舒揍乐恩 革佛爱饿特 米耳 腻西特
di fomu deier shuzoulen gefaiete mier nixite

您穿多大号的鞋？
Wie groß ist Ihr Schuh?
谐音 伪 革厚思 一思特 一饿 舒
wei gehousi yisite yie shu

我要 36 码的。
Ich habe Größe 36.
谐音 一西 哈博 哥喝约色 在克思物恩特德害贼西
yixi habe geheyuese zaikesiwuentedehaizeixi

这双鞋子是牛皮的。
Dieser Schuh ist aus Rindsleder.
谐音 弟责 舒 一思特 傲思 喝因思累德
dize shu yisite aosi hinsileide

5

购物消费

挑选帽子

那顶蓝色的帽子就是中号的。
Diese blaue Mütze ist mittlere Größe.
谐音 弟责 博捞饿 摸淤 次恩 一思特 米特乐 革喝约色
dize bolaoe mvce yisite mitele geheyuese

我想要一顶帽子。

Ich möchte eine Mütze kaufen.

谐音 一西 摸约西特 爱呢 摸淤次饿 靠奋

yixi moyuexite aine mvce kaofen

我想要一顶棉帽子。

Ich möchte gerne eine mir Watte gefütterte Mütze kaufen.

谐音 一西 摸约西特 该呢 爱呢 米耳 袜特 革佛淤特特 摸淤册 靠奋

yixi moyuexite gaine aine mier wate gefvetete mvce kaofen

我已经选好了一顶帽檐宽的草帽。

Ich habe mich schon für einen Strohhut mit dem großen Hutrand entschieden.

谐音 一西 哈博 密西 受恩 佛淤饿 爱嫩 特厚护特 密特 呆母 革厚森 护特汗特 安特使一 德恩

yixi habo mixi shouen fv ainen tehouhute mite daimu gehousen hutehante anteshiyiden

您可以试一试把帽子歪戴在耳边。

Probieren Sie mal, die Mütze verwegen auf ein Ohr zu setzen.

谐音 普号比恨 资衣 马 弟 摸约册 费尔为跟 傲夫 爱恩 欧饿 醋 再次恩

puhaobihen ziyi ma di moyueci feierweigen aofu aien oue cu zaicen

如果你的脸比较小，避免有大帽圈的帽子。

Der Hut mit dem großen Hutrand passt nicht zu dir, wenn dein Gesicht klein ist.

谐音 得耳 护特 米特 呆母 革厚森 护特 汗特 怕思特 腻西特 醋 弟耳，温 呆恩 革贼西特 克来 一思特

deier hute mite daimu gehousen hantehute pasite nixite cu dier, wen daien gezeixite kelai yisite

您可以试戴一下。

Sie können die Mütze aufsetzen.

谐音　资义 克约嫩 弟 摸约册 傲夫 在参

ziyi keyunen di mvce aofuzaicen

三 购买配饰

我要买一副墨镜。

Ich möchte eine Sonnenbrille kaufen.

谐音　一西 摸约西特 爱呢 总嫩博喝一乐 靠奋

yixi moyuexite aine zongnen bohile kaofen

你能给我推荐一些男表吗？

Kannst du mir einige Uhren für Männer empfehlen?

谐音　看思特 度 密耳 爱腻革 屋恨 佛淤饿 麦呢 按普费
乐恩

kansite du mier ainige wuhen fv maine anpufeilen

我不喜欢这个镜框。

Ich mag diesen Rahmen der Brille nicht.

谐音　一西 骂克 弟怎 哈门 得耳 博喝一乐 腻西特

yixi make dizen hamen deier bohile nixite

我想买一条领带配这套西装。

Ich möchte eine Krawatte kaufen, die zu diesem Anzug passt.

谐音　一西 摸约西特 爱呢 克哈袜特 靠奋，弟 醋 弟责母 按醋
克 怕思特

yixi moyuexite aine kehawate kaofen, di cu dizemu ancuke pasite

5

购物消费

我想看看陈列柜里的那条领带。

Ich möchte die Krawatte aus dem Schaukasten einmal anschauen.

谐音 一西 摸约西特 弟 克哈袜特 傲思 呆母 少 卡思特恩 爱骂 安 少恩

yixi miyuexite di kehawate aosi daimu shaokasiten aima an shaoen

---

我想看看手套。

Ich suche einen Handschuh.

谐音 一西 租喝 爱嫩 汗特 舒

yixi zuhe ainen hanteshu

珠 宝 首 饰

品种证书

你们提供品质鉴定书吗?

Bieten Sie einen Qualitätsnachweis?

谐音 比特恩 资衣 爱嫩 克瓦立太次那喝外思

Biten ziyi ainen kewalitaicinahewaisi

那个一定是水晶的。

Es ist bestimmt ein Kristall.

谐音 诶思 一思特 被使弟母特 爱恩 克喝一思踏

aisi yisite beishidimute aien kehisita

我的戒指是头等钻石的。

Mein Fingerring ist ein Diamant von reinster Qualität.

谐音　麦恩　佛因革　喝鹰　一思特　爱恩　弟阿满特　佛恩　嗨恩思特

克袜里太特

maien fingeying yisite aien diamante foen haiensite kewalitaite

这条项链只是镀金的。

Diese Kette ist nur vergoldet.

谐音　弟责　凯特　一思特　努耳　费耳够得特

dize kaite yisite nuer feiergoudete

这个是蓝宝石做的。

Es ist aus Saphir.

谐音　爱思　一思特　傲思　杂佛一饿

aisi yisite aosi zafie

我更喜欢翡翠。

Ich liebe gerne Jadeit.

谐音　一西　里博　该呢　压呆特

yixi libo gaine yadaite

挑选试戴

我能看看这个胸针吗?

Kann ich diese Nadel einmal ansehen?

谐音　看　一西　弟责　那得　爱马　安贼恩

kan yixi dize nade aima anzeien

我十分喜欢这种样式。

Ich mag diese Mode sehr.

谐音　一西　骂克　弟责　某德　贼耳

yixi make dize moude zeier

能给我看看最新款式的珍珠项链吗？

Kannst du mir die neueste Mode der Perlenketten empfehlen?

谐音 看思特 度 密耳 弟 闹一思特 某德 得耳 拍乐恩凯特恩 按普飞乐恩

kansite du mier di naoyisite moude deier pailenkaiten anpufeilen

钻石的光泽会掉吗？

Wird der Glanz des Diamanten abnehmen?

谐音 为饿特 呆耳 哥兰次 带思 弟阿满特恩 阿布内门

weiete daier gelanci daisi diamanten abunenmen

那种耳环是真的吗？

Ist dieser Ohrring aus Silber?

谐音 一思特 弟责 殴喝应 傲思 贼饿博

yisite dize ouheying aosi zeiebo

您能给我推荐一个订婚戒指吗？

Können Sie mir einen Verlobungsring empfehlen?

谐音 克约嫩 资义 密耳 爱嫩 费耳漏博恩思喝鹰 按普费乐恩

keyuenen ziyi mier ainen feierlouboensi hing anpu feilen

检测肤质

你属于哪一类肌肤？

Welche Haut hast du?

谐音 外舍 号特 哈思特 度

waishe haote hasite du

它适合肌肤敏感的人。

Es ist für sensible Haut geeignet.

谐音　爱思 一思特 <u>佛淤饿</u> 赞滋意摆乐 号特 <u>革爱革耐特</u>

aisi yisite fv zanzibaile haote geaigenaite

你的皮肤太干燥了。

Deine Haut ist zu trocken.

谐音　呆呢 号特 一思特 醋 <u>特厚肯</u>

daine haote yisite cu tehouken

油性皮肤怎么护理？

Wie pflegt man fettige Haut?

谐音　伪 服里克特 满 <u>佛爱替革</u> 号特

wei fulikete man faitige haote

我的皮肤是油性的／干性的／敏感型的。

Meine Haut ist fettig / trocken / sensibel.

谐音　麦呢 号特 一思特 佛爱替西／<u>特厚肯</u>／赞贼博

maine haote yisite faitixi/tehouken/zanzeibo

护肤功效

这个面膜适合干性皮肤。

Diese Gesichtsmaske ist für trockene Haut geeignet.

谐音　弟责 <u>革贼西次</u> 骂思克 一思特 <u>佛淤饿</u> 特厚肯呢 号特 革爱革耐特

dize gezeixici masike yisite fv tehoukenne haote geaigenaite

有什么办法消除我的皱纹？

Welche Anti-Falten Lösungen gibt es?

谐音　外舍 安替 发饿特恩 <u>乐约</u> <u>粽恩</u> 给布特 爱思

waishe anti faeten leyuezong en geibute aisi

这种粉会提升你的肤色。
Dieses Make-up kann deine Hautfarbe verbessern.
谐音 弟责思 美克阿普 看 呆呢 号特发博 费耳 摆森
dizesi meikeapu kan daine haotefabo feierbaisen

这瓶洗面奶中含有蜂蜜。
Diese Reinigungsmilch hat Honig.
谐音 弟责 嗨腻拱思密饿西 哈特 厚腻西
dize hainigongsi miexi hate hounixi

它能去除你的面部死皮。
Es kann deine tote Haut entfernen.
谐音 爱思 看 呆呢 头特 号特 按特 帆嫩
aisi kan daine toute haote antefannen

晚霜给肌肤补水。
Die Abendcreme befeuchtet die Haut.
谐音 弟 阿笨特克黑母 博佛做一西泰特 弟 号特
di abente keheimu bofoaoyixitaite di haote

美妆用品

质量好的唇膏持久性强。
Der hochqualitative Lippenstift ist dauerhaft.
谐音 得耳 厚喝 克袜里泰提乌 里喷 使弟服特 一思特 到饿哈服特
deier houhe kewalitaitiwu lipenshidifute yisite daoehafute

这个唇彩多少钱?
Wie viel kostet dieser Lip Gloss?
谐音 伪 飞饿 扣思泰特 弟责 里皮 革漏思
wei feie kousitaite dize lipi gelousi

我想买一瓶洗面乳。

Ich möchte eine Reinigungsmilch kaufen.

谐音 一西 摸约西特 爱呢 爱腻拱思密饿西 靠奋

yixi moyuexite aine ainigongsi miexi kaofen

5

现在很流行紫色眼影。

Heutzutage ist der lila Lidschatten sehr beliebt.

谐音 蒿一特醋踏革 一思特 得耳 里拉 里特煞特恩 贼耳 博里布特

haoyitecutage yisite deier lila liteshaten zeier bolibute

我想看一些唇膏和眼影。

Ich möchte einige Lippenstifte und Lidschatten anschauen.

谐音 一西 摸约西特 爱腻革 里喷 使弟服特 屋恩特 里特煞特恩 安 少恩

yixi moyuexite ainige lipen shidifute wente liteshaten an shaoen

这两款面霜有什么不同？

Was ist der Unterschied zwischen diesen Cremes?

谐音 袜思 一思特 得耳 屋恩特使一特 次威婶 弟怎 克黑母思

wasi yisite deier wente shite ciweishen dizen keheimusi

我想要颜色淡一点儿的唇膏。

Ich liebe den Lippenstift in heller Farbe.

谐音 一西 里博 德恩 里喷 使弟服特 因 嗨乐 发博

yixi libo den lipen shidifute yin haile fabo

请求使用

可以试一下这种指甲油吗？

Kann ich diesen Nagellack probieren?

谐音 看 一西 弟怎 那革 拉克 普蒿比恨

kan yixi dizen nagelake puhaobihen

镜子在这边。

Hier ist ein Spiegel.

谐音 喝一耳 一思特 爱恩 使比革

hier yisite aien shibige

这个有没有试用装？

Gibt es eine Probe?

谐音 给布特 爱思 爱呢 普蒿博

geibute aisi aine puhaobo

这款乳液怎么样？

Wie ist diese Milchcreme?

谐音 伪 一思特 弟责 米饿西克黑母

wei yisite dize miexi keheimu

我可以从瓶子里喷洒出一些香水吗？

Kann ich etwas Parfüm aus der Flasche herausspritzen?

谐音 看 一西 爱特袜思 怕佛淤母 傲思 得耳 佛拉舍 嗨耳号思使
普喝一参

kan yixi aiyewasi pafvmu aosi deier folashe haierhaosi shipuhican

📋 **产品性能**

这种电池能用多久？

Wie lange ist die Lebensdauer dieser Batterie?

谐音 伪 浪饿 一思特 弟 累笨思到饿 弟责 吧特喝一

wei lang e yisite di lenbensidaoe dize batehi

这个电池现在电量是满的吗？

Ist die Batterie aufgeladen?

谐音　一思特 弟 八特喝一 傲夫哥拉德恩

yisite di bateheyi aofugeladen

这个是太阳能电池吗？

Ist es eine Solarzelle?

谐音　一思特 爱思 爱呢 揍拉猜乐

ysite aisi aine zoulacaile

像素是多少？

Wie viele Pixel hat es?

谐音　为 飞乐 皮克色 哈特 爱思

wei feile pikesi hate aisi

充电一次能用多长时间？

Wie lange ist die Lebensdauer nach der Aufladung

谐音　伪 浪饿 一思特 弟 累笨思到饿 那喝 得耳 傲服 拉动

wei lang e yisite di leibensi daoe nahe deier aofuladong

这个 SIM 卡能存储 200 个电话号码。

Diese SIM-Karte kann 200 Telefonnummer speichern.

谐音　弟责 思母 卡特 看 次外 昏德特 泰乐凤努么 使摆舍

dize simu kate kan ciwai hundete tailefengnume shibaishe

这是最新的单反相机

Hier ist die neueste Spiegelreflexkamera.

谐音　喝一耳 一思特 大思 闹一思特 使比革 黑佛来克思 卡么哈

hier yisite di naoyisite shibige heifolaikesi kameha

📋 产品功能

这一款有什么功能？

Welche Funktion hat dieses Design?

谐音　外舍 凤克穷 哈特 弟责思 弟在恩

waishe fengkeqiong hate dizesi dizaien

有自动对焦功能吗？

Ist diese Kamera mit Auto-fokus?

谐音 一思特 弟责 卡么哈 米特 凹头 佛哭思

yisite dize kameha mite aotou fokusi

有蓝牙功能吗？

Hat es Bluetooth?

谐音 哈特 爱思 布露兔思

hate aisi bulutusi

这是一款多功能数码相机。

Es ist eine Multifunktionale Kamera.

谐音 爱思 一思特 爱尼 母提凤克穷那乐思 卡么哈

aisi yisite aine mutifengkeqiong nalesi kameha

这款如果采用节能模式，颜色会自动变成黑白色。

Wenn es in energiesparendem Zustand ist, wird die Farbe automatisch Schwarz-Weiß sein.

谐音 问 爱思 因 安呢革一使吧恨德母 醋使但特 一思特，伪饿特 弟 发博 凹头骂替使使袜次 外思 在恩

wen aisi yin annegi shibahendemu cushidante yisite, weiete di fabo aotoumatishi shiwaici waisi zaien

---

这个 MP3 有什么特殊功能？

Hat dieser MP3 spezielle Funktionen?

谐音 哈特 弟责 爱母呸德嗨 使吧次诶爱乐 凤克 穷嫩

hate dize aimu pei dehai shiba cei ai le fengkeqiongnen

我想要一款可以听音乐、看电影、上网的手机。

Ich möchte gerne ein Handy, womit ich Musik hören, Filme sehen und ins Internet gehen kann.

谐音 一西 摸约西特 该呢 爱恩 汗弟，我米特 一西 母贼克 喝约恨，飞饿么 贼恩 屋思特 因思 因特耐特 给恩 看

yixi moyuexite gaine aien handi, womite yixi muzeike heyuehen, feieme zeien wente yinsi yintenaite geien kan

这两款手机在功能上有什么不同？

Welche verschiedenen Funktionen zwischen den beiden Handys gibt es?

谐音 外舍 费耳 使一德恩嫩 凤克 穷嫩 次伪婶 德恩 摆德恩 汗弟思给布特 爱思

waishe feier shidennen fengkeqiongnen den baiden handisi geibute aisi

---

哪一种最耐用？

Welches Handy ist haltbarer?

谐音 外舍思 汗弟 一思特 哈饿特吧喝

waishesi handi yisite haetebahe

这个更容易操作。

Dieses ist idiotensicher.

谐音 弟责思 一思特 一弟殴特恩贼舍

dizesi yisite yidiouten zeishe

这个是安卓系统的，另一款是 IOS 系统的。

Dieses hat ein Android-System und das andere ein IOS-System.

谐音 弟责思 哈特 爱恩 安捉特 资淤思特恩母 屋恩特 大思 安德喝 爱恩 爱殴爱思资淤思特恩母

dizesi hate aien anzhuote ziyusiten mu wente dasi andehe aien aiouaisi ziyusiten mu

---

你觉得哪个牌子的更好？

Welche Marke findest du besser?

谐音 外舍 骂克 佛因德思特 度 摆色

waishe make findesite du baise

保修服务

保修期是多久？
Wie lange ist die Garantie?
谐音 伪 浪饿 一思特 弟 噶汗替
wei lang e yisite di gahanti

这个相机在担保期内。
Die Kamera geht noch auf Garantie.
谐音 弟 卡么哈 给特 闹喝 傲服 噶汗替
di kameha geite naohe aofu gahanti

保修期为 2 年。
Es hat zwei Jahre Garantie.
谐音 爱思 哈特 次外 压喝 噶汗替
aisi hate ciwai yahe gahanti

这台机器仍在保修期内。
Das Gerät geht noch auf Garantie.
谐音 大思 革嗨特 给特 闹喝 傲服 噶汗替
dasi gehaite geite naohe aofu gahanti

保修单什么时候过期？
Wann ist der Garantieschein überfällig?
谐音 碗 一思特 得耳 噶汗替<u>晒恩</u> 淤博佛爱里西
wan yisite deier gahanti shaien yubo failixi

你什么时候买的？
Wann hast du es gekauft?
谐音 碗 哈思特 度 爱思 革靠服特
wan hasite du aisi gekaofute

这是发票和保修单。
Hier ist die Quittung und ein Garantieschein.
谐音 喝一耳 一思特 弟 克伪痛 屋恩特 爱恩 噶汗替晒恩
hier yisite di keweitong wente aien gahanti shaien

全国都有我们的维修店。
Wir haben Reparaturabteilungen auf der Welt.
谐音 伪耳 哈笨 黑怕哈兔 阿布泰隆恩 傲服 得耳 外饿特
weier haben heipahatu abutailong en aofu deier waiete

挑选家具

我想买一台空调。
Ich möchte eine Klimaanlage kaufen.
谐音 一西 摸约西特 爱呢 可里妈 安拉哥 靠奋
yixi moyuexite aine kelima anlage kaofen

这款洗衣机是全自动的还是半自动的?
Ist diese Waschmaschine vollautomatisch oder halbautomatisch?
谐音 一思特 弟责 袜使 妈使一呢 佛饿凹头妈替使 殴德 哈博 凹头妈替使
yisite dize washi mashine foe aotoumatishi oude habo aotoumatishi

海尔品牌的产品怎么样?
Wie sind die Produkte von der Marke Haier?
谐音 伪 资义特 弟 坡度可特 佛恩 德耳 妈可 海耳
wei ziyite di podukete foen deer make haier

这床垫很结实。

Die Martratze ist strapazierfähig.

谐音 弟 麻特哈册 一思特 <u>使</u>特哈把次一饿 佛爱一西

di matehace yisite shiteha bacie faiyixi

我要买套客厅家具。

Ich möchte Möbel für das Wohnzimmer kaufen.

谐音 一西 摸约西特 摸约博 佛约 打思 窝恩 次一么 靠奋

yixi moyuexite moyuebo foyue dasi woen ciyime kaofen

宜家的家具贵吗?

Sind Möbel von IKEA teuer?

谐音 资义特 摸约博 佛恩 一克一阿 掏一饿

zinte moyuebo foen yikeyia taoyie

这个书架太狭小了,而且形状也太奇怪了。

Das Bücherregal ist zu klein und seine Form ist auch komisch.

谐音 大思 <u>博淤舍黑噶</u> 一思特 粗 克来 <u>屋恩</u>特 <u>在呢</u> 佛母 一思特 凹喝 靠米师

dasi boyushe heige yisite cu kelai wente zaien fomu yisite aohe kaomishi

---

送货上门

我们对此区域提供免费送货服务。

Wir bieten kostenlose Lieferung von Dienstleistungen in diesem Bereich.

谐音 伪耳 比<u>特恩</u> 扣思<u>特恩</u>漏色 里佛轰 佛恩 德因思特来思痛 恩因 弟责母 博害西

weier biten kousiten lousi lifohong foen dinsite laisitong en yin dizemu bohaixi

我们只针对大宗购物送货。

Wir liefern nur bei hochpreisigem Shopping.

谐音 伪耳 里芬 怒耳 摆 <u>好喝普害贼哥母</u> 少平

weier lifen nuer bai haohepuhaizeigem shaoping

配件送货上门。
Zubenhörteile werden ins Haus geliefert.
谐音 粗博喝约泰乐 外德恩 因思 号思 革里佛饿特
cubo heyuetaile waiden yinsi haosi gelifoete

保证送货时间。
Die Lieferzeit ist garantiert.
谐音 弟 里佛菜特 一思特 嘎汗替饿特
di lifocaite yisite gahantiete

我们可以把它送到您府上。
Wir können es ins Haus liefern.
谐音 伪耳 克约嫩 爱思 因思 号思 里佛恩
weier keyuenen aisi yinsi haosi lifon

请填一下这张送货单好吗？
Bitte füllen Sie diesen Schein der Lieferung aus.
谐音 比特 佛淤 乐恩 资义 弟怎 晒恩 得耳 里佛轰 傲思
bite fvlen ziyi dizen shaien deier lifohong aosi

你们能在 2 天之内送到吗？
Könnt ihr es innerhalb von zwei Tagen ins Haus liefern?
谐音 克约恩特 一耳 爱思 因呢哈普 佛恩 次外 他革恩 因思 号思
里佛恩
keyueente yier aisi yinne hapu foen ciwai tagen yinsi haosi lifon

闲 逛 超 市

商品位置

冷冻食品在哪里？
Wo ist das Gefreirgut?
谐音 窝 一思特 打思 革夫喝一饿姑特
wo yisite dasi gefu hi e gute

你知道哪儿能买到做中国饭菜的配料吗？

Weiß du, wo es Zutaten für chinesisches Essen gibt?

谐音 外思特 读 窝 爱思 醋谈特恩 <u>佛约</u> 西内贼舍思 爱森 给不特

waisite du wo aisi cuteten foyue xineizeishesi aisen geibute

乳制品在哪儿？

Wo gibt es Milchprodukte?

谐音 窝 给不特 爱思 <u>米饿西</u> 坡度克特

wo geibute aisi miexi podukete

就在右边的货架上。

Es ist im rechten Regal.

谐音 爱思 一思特 <u>因母</u> 嗨西特恩 黑嘎

aisi yisite yinmu haixiten heiga

三 购物篮／车

还有多余的购物车吗？

Gibt es noch einen Einkaufswagen?

谐音 给不特 爱思 闹喝 爱嫩 爱恩考夫思挖根

geibute aisi naohe ainen aienkaofusiwagen

我需要一个购物篮。

Ich brauche einen Einkaufskorb.

谐音 一西 博号喝 爱嫩 爱恩 <u>靠夫思</u> <u>口普</u>

yixi bohaohe ainen aienkaofusi koupu

购物车在入口处。

Die Einkaufswagen sind neben dem Eingang.

谐音 弟 爱恩考夫思挖根 资因特 内本 <u>呆母</u> 爱恩杠

di aienkaofusiwagen zinte neiben daimu aiengang

标价存货

一磅香蕉多少钱？

Wie viel kostet ein Pfund Bananen?

谐音 伪 飞饿 扣思泰特 爱恩 饭特 把那嫩

wei feie kousitaite aien fante bananen

包装袋上有价钱。

Der Preis ist auf der Packung.

谐音 得耳 普嗨思 一思特 凹夫 得耳 趴空

deier puhaisi yisite aofu deier pakong

一打鸡蛋多少钱？

Wie viel kostet ein Dutzend Eier?

谐音 伪 飞饿 扣思泰特 爱恩 度参特 爱饿

wei feie koutaisite aien ducente aie

这里边还有货吗？

Gibt es davon noch Waren?

谐音 给布特 爱思 打佛恩 闹喝 袜恨

gebute aisi dafon nahe wahen

已经脱销了。

Es ist schon ausverkauft.

谐音 爱思 一思特 受恩 傲思 费耳靠夫特

aisi yisite shouen aosi feier kaofute

这没有标价。

Es gibt kein Preisschild.

谐音 爱思 给不特 开恩 普嗨思使一饿特

aisi geibute kaien puhaisi shi e te

食物称重

请来三磅。
Bitte drei Pfund.
谐音　比特 德嗨 饭特
bite dehai fante

你能称一下这个吗？
Kannst du es wiegen?
谐音　看思特 度 爱思 威跟
kansite du aisi weigen

一公斤 2 欧元。
Jedes Kilo 2 Euro.
谐音　耶德思 克一漏 次外 殴一厚
yedesi kilou ciwai ouyihou

称两公斤西红柿。
Bitte wiegen Sie zwei Kilo Tomaten auf der Waage.
谐音　比特 威跟 资义 次外 克义漏 头妈特恩 傲夫 得耳 袜革
bite weigen ziyi ciwai kilou toumaten aofu deier wage

售后服务

您提供售后服务吗？
Haben Sie einen Kundendienst?
谐音　哈笨 资义 爱嫩 克温 德恩 德因思特
haben ziyi ainen kunden dinsite

售后服务是免费的吗？
Ist der Kundendienst kostenlos?
谐音　一思特 得耳 克温 德恩 扣思特漏思
yisite deier kunden kousitelousi

我们提供全面的售后服务。

Wir bieten einen umfassenden Kundendienst.

谐音 伪耳 比特恩 爱嫩 屋母发森德恩 克温 德恩 德因思特

weier biten ainen wumufasenden kunden dinsite

过了保修期的产品维修要收多少钱？

Wie viel kostet es, wenn ich ein Produkt, das nicht mehr auf Garantie geht, reparieren möchte?

谐音 伪 飞饿 扣思泰特 爱思，温 一西 爱恩 坡度克特，大思 腻西特 每耳 傲夫 嘎汗替 给特，黑趴喝一恨 摸约西特

wei feie koutaisite aisi, wen yixi aien podukete, dasi nixite meier aofu gahanti geite, heipahayihen moyuexite

美 容 美 发

三 做做头发

我想染头发。

Ich möchte meine Haare gefärbt bekommen.

谐音 一西 摸约西特 麦呢 哈喝 革佛爱布特 博康门

yixi moyuexite maine hahe gefaibute bokangmen

请给我一个颜色表看看。

Bitte geben Sie mir eine Liste der Farben.

谐音 比特 给笨 资义 米耳 爱呢 李思特 得耳 发笨

bite geiben ziyi mier aine lisite deier faben

我想染成棕色。

Ich mag die Farbe braun.

谐音 一西 骂克 弟 发博 布号恩

yixi make di fabo buhaoen

染后需要注意些什么？

Gibt es Tipps bezüglich der Farbung?

谐音 给布特 爱思 替普思 博租哥李细 得耳 发博轰

geibute aisi tipusi bozugelixi deier fabohong

你想剪什么发型？

Welche Frisur magst du gerne?

谐音 外舍 佛喝一组饿 骂克思特 度 该呢

waishe foheyizuer makesite du gaine

我想换个新发型。

Ich möchte eine neue Frisur haben.

谐音 一西 摸约西特 爱呢 闹一饿 佛喝一组饿 哈笨

yixi moyuexite áine naoyie fohizue haben

你的吹风机太热了，能调一下吗？

Dein Fön ist zu heiß, kannst du es verstellen?

谐音 呆恩 佛约恩 一思特 粗 嗨思，看思特 度 爱思 费耳使呆乐恩

daien foyuen yisite cu haisi, kansite du aisi feiershidailen

请按这张照片上的发型做。

Bitte machen Sie meine Frisur wie auf diesem Foto.

谐音 比特 吗恨 资义 麦呢 佛喝一组饿 伪 傲夫 弟则母 佛头

bite mahen ziyi maine fohizue wei aofu dizamu fotou

你想烫小卷还是中卷？

Möchtest du eine kleine Dauerwelle oder eine mittlere Dauerwelle machen?

谐音　摸约西泰思特 度 爱呢 克来呢 到饿外乐 殴德 爱呢 密特乐喝 到饿外乐 吗恨

moyuexitaisite du aine kelaine daoewaile oude aine mitelehe daoewaile mahen

我想先剪一下，再烫一下。

Gerne zuerst schneiden, danach Dauerwelle machen.

谐音　该呢 粗爱思特 使耐 德恩 大那喝 到饿外乐 妈恨

gaine cuaisite shinaiden danahe daoewaile mahen

做做美容

我想做面部护理。

Ich möchte ein Facelift.

谐音　一西 摸约西特 爱恩 里夫特

yixi moyuexite aien feisilifute

包括面膜和按摩吗？

Mit Gesichtsmaske und Massage?

谐音　米特 革贼思次妈思克 屋恩特 妈撒者

mite gezeisicimasike wente mashzhe

请帮我按摩头皮！

Kopfmassage, bitte!

谐音　靠普夫 马撒者 比特

kaopufu masazhe bite

有去角质的吗？

Gibt es Peeling?

谐音　给布特 爱思 皮凌

geibute aisi piling

🗣 **我想蒸桑拿。**
Ich mag gerne Saunas.
谐音 一西 妈克 该呢 早那思
yixi make gaine zaonasi

🗣 **能帮我推荐一位经验丰富的化妆师吗？**
Kannst du mir einen erfahrenen Masken bildner empfehlen?
谐音 看思特 度 密耳 爱嫩 诶耳发恨嫩 妈思肯比饿德呢 按母费乐恩
kansite du mier ainen eierfahennen masikenbiedene anmufeilen

🗣 **可以免费做皮肤护理。**
Sie können einmal ein kostenloses Facelift machen.
谐音 资义 克约嫩 爱妈 爱恩 扣思特恩漏责思 费思 里夫特 妈恨
ziyi keyunen aima aien kousitenlouzesi feisilifute mahen

📋 **美甲护甲**

🗣 **你要修指甲吗？**
Möchtest du deine Fingernägel maniküren?
谐音 摸约西泰思特 度 呆呢 佛因饿 耐革 妈腻克淤恨
moyuexitaisite du daine fingenaige manikeyuehen

🗣 **我想修修指甲。**
Ich möchte meine Fingernägel maniküren.
谐音 一西 摸约西特 麦呢 佛因饿耐革 妈腻克淤恨
yixi moyuexite maine fingenaige manikeyuehen

🗣 **我想成为一个女美甲师。**
Ich möchte eine Maniküre haben.
谐音 一西 摸约西特 爱呢 妈腻克淤喝 哈笨
yixi moyuexite aine manikeyuhen haben

爱意萌生

她真是可爱。
Sie ist sehr süß.
谐音 资义 一思特 贼耳 资淤思
ziyi yisite zeier zvsi

我想我爱上他了。
Ich glaube schon, dass ich ihn schon geliebt habe.
谐音 一西 革捞博 顺，大思 一西 一恩 受恩 革里布特 哈博
yixi gelaobo shun, dasi yixi yien shouen gelibute habo

我感觉很强烈。
Ich habe starke Gefühle.
谐音 一西 哈博 使大克 革佛淤乐
yixi habo shidake gefvle

你是我喜欢的类型。
Du bist mein Typ.
谐音 度 比思特 买恩 特淤普
du bisite meien teyupu

我深深地爱上了她。
Ich habe mich Hals über Kopf in sie verliebt.
谐音 一西 哈博 密西 哈思 淤博 靠普夫 因 资义 费耳里布特
yixi habo mixi asi yubo kaopufu yin ziyi feierlibute

他爱上了一个时尚的中国女人。
Er hat sich in eine hübsche chinesische Frau verliebt.
谐音 埃耳 哈特 贼西 因 爱呢 喝瘀伯舍 西内贼舍 佛号 费尔里布特
eier hate zeixi yin aine heyu boshe xineizeishe fohao feierlibute

深情表白

请给我一个爱你的机会。
Bitte gib mir eine Chance mir geben.
谐音　比特 给布 米尔 爱呢 商色 密耳 给笨
bite gib mier aine shangse mier geiben

我爱你。
Ich liebe dich.
谐音　一西 里博 弟西
yixi libo dixi

我爱你都爱疯了。
Ich bin verrückt nach dir.
谐音　一西 鬃 费耳 喝淤可特 那喝 弟耳
yixi bin feierhukete nahe dier

我只爱你一个人。
Ich liebe nur dich.
谐音　一西 里博 怒耳 弟西
yixi libo nuer dixi

约会交往

可以邀请你去吃一顿便饭吗？
Kann ich dich zu einem gemütlichen Abendessen einladen?
谐音　看 一西 弟西 粗 爱呢母 革摸淤特里婶 阿笨特 爱森 爱
恩拉德恩
kan yixi dixi cu ainemu gemoyutelishen abenteaisen aienladen

出去吃个饭好吗？
Gehen wir zum Essen?
谐音　给恩 伪耳 粗母 爱森
geien weier cumu aisen

我能和你约会吗?

Kann ich eine Verabredung mit dir haben?

谐音 看 一西 爱呢 费耳阿布黑动 米特 弟耳 哈笨

kan yixi aine feierabuheidong mite dier haben

我很高兴和你约会。

Ich freue mich, eine Verabredung mit dir zu haben.

谐音 一西 佛号一饿 密西，爱呢 费耳 阿布黑动 米特 弟耳 粗 哈笨

yixi fohaoyie mixi, aine feierabuheidong mite dier cu haben

我和汤姆交往很密切。

Ich habe ein enges Verhältnis zu Tom.

谐音 一西 哈博 爱恩 应饿思 费耳还特尼斯 醋 汤母

yixi habo aien yingesi feierhatenisi cu Tangmu

甜言蜜语

没有你我活不下去。

Ich kann nicht ohne dich leben.

谐音 一西 看 腻西特 殴呢 弟西 雷笨

yixi kan nixite oune dixi leiben

你是我生活的很大希望。

Du bist die große Hoffnung meines Lebens.

谐音 度 比思特 弟 革厚色 厚夫弄 麦呢思 雷笨思

du bisite di gehousi houfunong mainesi leibensi

你是我生命的意义。

Du bist der Sinn meines Lebens.

谐音 度 比思特 得耳 资义 恩 麦呢思 雷笨思

du bisite deier zin mainesi leibensi

我爱你直到地老天荒。

Ich liebe dich bis in alle Ewigkeit.

谐音 一西 里博 弟西 比思 因 阿拉 爱威一西凯特

yixi libo dixi bisi yin ala aiweiyixikaite

你令我神魂颠倒。

Du hast mir den Kopf verdreht.

谐音 度 哈思特 密耳 德恩 靠普夫 费耳 德黑特

du hasite mier den kaopufu feierdeheite

如果你需要我，我一直会在。

Ich bin immer da, wenn du mich brauchst.

谐音 一西 鬓 一摸 大，问 度 密西 博号喝思特

yixi bin yimo da, wem du mixi bohaohesite

对我而言你是无法代替的。

Du bist durch niemanden zu ersetzen.

谐音 度 比思特 度一西 腻慢德恩 粗 诶耳在次恩

du bisite duyixi nimanden cu eierzaicen

你变得更漂亮了。

Du siehst schöner als zuvor aus.

谐音 度 贼思特 顺呢 阿思 粗佛 傲思

du zeisite shunne asi cufo aosi

争吵分手

你还在生气吗?

Bist du noch verärgert?

谐音 比思特 度 闹喝 费耳 安革特

bisite du naohe feierangete

你不妥协让我很生气。

Mit deiner Unnachgiebigkeit hast du mich verärgert.

谐音 米特 呆呢 屋恩那喝给比西凯特 哈思特 度 密西 费耳 爱革特

mite daine wennahegeibixikaite hasite du mixi feieraigete

和你分手是我最大的痛苦。

Es macht mich ganz traurig, als wir uns verabschiedet haben.

谐音 爱思 马赫特 密西 干次 特号喝一西，阿思 伪耳 屋恩思 费耳阿布使一德特 哈笨

aisi mahete mixi ganci tehaohixi, asi weier wensi feierabushidete haben

他偷偷和别人约会。

Er verabredet sich heimlich mit anderen.

谐音 埃饿 费耳阿布黑德特 贼西 嗨母里西 米特 安德恨

eie feierabuheidete zeixi haimulixi mite andehen

我想和你分手。

Ich möchte mich von dir trennen.

谐音 一西 摸约西特 米西 佛恩 弟尔 特憨嫩

yixi moyuexite mixi foen dier tehannen

和你在一起没意思。

Es ist langweilig mit dir zusammen.

谐音 爱思 一思特 浪外饿里西 米特 弟耳 粗杂门

aisi yisite langwaielixi mite dier cuzamen

我们在一起已经没有意思了。

Es ist sinnlos, dass wir beide zusammen sind.

谐音 爱思 一思特 资因漏思，大思 伪耳 摆得 粗杂门 资义特

aisi yisite zinlousi, dasi weier baide cuzamen zinte

我发誓我再也不欺骗你了。

Ich schwöre dir, dass ich dich nie betrügen werde.

谐音 一西 使窝约喝 弟耳，大思 一西 弟西 腻 被特喝淤跟 外饿德

yixi shiwoyuehe dier, dasi yixi dixi ni beitehvgen waiede

亲爱的，求你再给我一次机会吧。

Schatz, bitte gib mir noch eine Chance.

谐音 刹次，比特 给布 米尔 闹喝 爱呢 商色

shaci, bite gib mier naohe aine shangse

浪漫求婚

无论以后发生什么，我都会像现在这样爱你。
So wie jetzt werde ich dich immer lieben.
谐音 奏 为 也次特 外德 一西 弟西 一摸 里本
zou wie yecite waide yixi dixi yimo liben

你愿意嫁给我吗？
Willst du mich heiraten?
谐音 伪饿思特 度 咪西 嗨哈特恩
weiesite du mixi haihaten

你就是我的世界。
Du bist meine Welt.
谐音 度 比思特 麦呢 外饿特
du bisite maine waiete

你是我的公主。
Du bist meine Prinzessin.
谐音 度 比思特 麦呢 普喝因 菜思因
du bisite maine puhin caisin

答应我，让我们相互照顾。
Versprich mir, dass wir immer aufeinander aufpassen werden.
谐音 费尔使普喝一西 米耳，打思 为耳 一摸 傲夫爱楠德 奥夫怕森 外德
feiershipuheyixi mier dasi weier yimo aofuainande aofupasen waide

我想和你分享我以后的生活。
Ich möchte das Glück des zukünftigen Lebens mit dir teilen.
谐音 一西 摸约西特 大思 革绿克 得思 粗克晕夫替跟思 雷笨思 米特 弟耳 泰勒恩
yixi moyuexite dasi gelvke deisi cukvnfutigensi leibensi mite dier tailen

你在我心里是唯一。

Du bist der Einzige in meinem Herz.

谐音 度 比思特 得耳 爱恩次革 因 爱呢母 嗨次

du bisite deier aiencige yin mainemu haici

接受求婚

我愿意。

Ich will.

谐音 一西 伪饿

yixi weie

我愿意。

Ja, ich will.

谐音 压，一西 伪饿

ya, yixi weie

这一夜晚我期待已久。

Ich freue mich lange schon auf diesen Abend.

谐音 一西 佛号一饿 密西 浪 受恩 傲夫 弟怎 阿笨特

yixi fohaoyie mixi lang shouen aofu dizen abente

我愿意与你一起变老。

Ich will mit dir zusammen alt werden.

谐音 一西 伪饿 米特 弟耳 粗杂门 阿特 外饿 德恩

yixi weie mite dier cuzamen ate waieden

我愿意和你结婚。

Ich will mich mit dir verheiraten.

谐音 一西 伪饿 密西 米特 弟耳 费耳嗨哈特恩

yixi weie mixi mite dier feierhaihaten

三 拒绝求婚

对不起，我还没准备好。
Tut mir leid, ich bin noch nicht bereit.
谐音 兔特 米耳 来特，一西 鬓 闹喝 腻西特 博嗨特
tute mier laite, yixi bin naohe nixite bohaite

我还没准备好结婚。
Ich bin noch nicht bereit zu heiraten.
谐音 一西 鬓 闹喝 腻西特 博嗨特 粗 嗨哈特恩
yixi bin naohe nixite bohaite cu haihaten

我配不上你。
Ich bin nicht so gut für dich.
谐音 一西 鬓 腻西特 揍 姑特 佛淤饿 弟西
yixi bin nixite zou gute fv dixi

我们不般配。
Wir passen nicht gut zueinander.
谐音 伪耳 趴森 腻西特 姑特 粗爱男德
weier pasen nixite gute cuainande

我还不想结婚。
Ich möchte jetzt nicht heiraten.
谐音 一西 摸约西特 耶次特 腻西特 嗨哈特恩
yixi moyuexite yecite nixite haihaten

我不想受到束缚。
Ich möchte davon nicht eingeengt sein.
谐音 一西 摸约西特 大佛恩 腻西特 爱恩哥恩特 在恩
yixi moyuexite dafoen nixite aiengeente zaien

212

婚礼现场

婚礼十分隆重吗?

Ist die Feier sehr feierlich?

谐音 一思特 弟 佛爱饿 贼耳 佛爱饿里西

yisite di faie zeier faielixi

婚礼在教堂举行。

Die Trauung findet im Dom statt.

谐音 弟 特号弄 佛因德特 因母 豆母 使大特

di tehaonong findete yinmu doumu shidate

我参加了 Cindy 的婚礼。

Ich besuche die Hochzeitsfeier von Cindy.

谐音 一西 博组喝 弟 号喝 菜次 佛爱饿 佛恩 辛迪

xiyi bozuhe di haohecaici faie foen xindi

我收到了来自 Cindy 婚礼的邀请函。

Ich habe eine Einladung zur Hochzeit von Cindy.

谐音 一西 哈博 爱呢 爱恩 拉动 粗耳 号喝 菜特 佛恩 辛迪

yixi habo aine aienladong cuer haohecaite foen xindi

牧师主持他们的婚礼。

Der Pfarrer traut das Brautpaar.

谐音 得耳 发喝 特号特 大思 布号特 怕

deier fahe tehaote dasi buhaotepa

我需要一个名单以便确认,哪些亲朋好友受邀参加这场婚礼。

Ich brauche eine tabellarische Aufstellung, um festzulegen, welche Verwandten und Freunde zu dieser Hochzeit eingeladen werden.

谐音 一西 布号喝 爱呢 他摆拉喝一舍 傲夫使呆龙, 屋母 佛爱思特 粗 雷跟, 外舍 费耳碗特恩 屋恩特 佛号一得 粗 弟 责 号喝 菜特 爱恩革拉德恩 外德恩

yixi buhaohe aine tabailaheyishe aofushidailong, wumu faisiteculeigen, waishe feierwanteen wente fohaoyide cu dize haohecaite aiengeladen waiden

幸福婚姻

你婚后的生活怎么样?
Wie ist dein Leben nach der Hochzeit?
谐音 伪 一思特 呆恩 雷笨 那喝 得耳 好喝菜特
wei yisite daien leiben nahe deier haohecaite

和你结婚后我一直很幸福。
Ich bin so glücklich nach der Hochzeit mit dir.
谐音 一西 鬓 揍 革绿克里西 那喝 得耳 好喝菜特 米特 弟耳
yixi bin zou gelvkelixi nahe deier haohecaite mite dier

我觉得我是世界上最幸福的男人。
Ich finde, ich bin der glücklichste Mann auf der Welt.
谐音 一西 佛因德，一西 鬓 得耳 革绿克里西思特 慢 傲夫 得耳 外特
yixi finde, yixi bin deier gelvkelixisite man aofu deier waite

结婚我一点儿都不后悔。
Ich bereue gar nicht geheiratet zu haben.
谐音 一西 被号一饿 嘎 腻西特 哥嗨哈特 粗 哈本
yixi beihaoyie ga nixite gehaihate zu haben

嫁给你是我一生中最正确的选择。
Es ist die beste Entscheidung, dass ich dich geheiratet habe.
谐音 爱思 一思特 弟 拜思特 按特 晒动，大思 一西 密西 弟西 哥嗨哈特 哈博
aisi yisite di baisite anteshaidong, dasi yixi dixi gehaihate habo

为幸福的婚姻干杯。
Prost! Auf eine glückliche Heirat.
谐音 普厚思特！傲夫 爱呢 革绿克里西 嗨哈特
puhousite! Aofu aine gelvkelixi haihate

214

不幸婚姻

我们俩合不来了。

Wir beide haben nie recht zueinander gepasst.

谐音 伪饿 摆德 哈笨 腻 嗨西特 粗爱男德 革怕思特

weie baide haben ni haixite cuainande gepasite

我和我妻子分居了。

Ich und meine Frau haben voneinander getrennt gelebt.

谐音 一西 屋恩特 麦呢 佛号 哈笨 佛恩爱男德 革特汗特 革雷布特

yixi wente maine fohao haben fonainande getehante geleibute

他与妻子离异了。

Er hat sich von seiner Frau getrennt.

谐音 诶耳 哈特 贼西 佛恩 在呢 佛号 革特汗特

eier hate zeixi foen zaine fohao getehante

越来越糟。

Es wird schlechter und schlechter.

谐音 爱思 伪饿特 使来西特 屋恩特 使来西特

aisi weiete shilaixite wente shilaoxite

我们常吵架。

Wir haben oft Streit.

谐音 伪耳 哈笨 殴夫特 使特嗨特

weier haben oufute shitehaite

我老婆有外遇。

Meine Frau machte einen Seitensprung.

谐音 麦呢 佛号 骂喝特 爱嫩 在特恩 使普轰

maine fohao mahete ainen zaitenshipuhong

我们离婚吧。

Lassen wir uns scheiden.

谐音 拉森 伪耳 屋恩思 晒德恩

lasen weier wensi shaiden

我真后悔跟你结婚。

Ich bereue es , dich geheiratet zu haben.

谐音 一西 博号饿 爱思，弟西 哥嗨哈泰特 醋 哈笨

yixi bohaoe aisi, dixi gehaihataite zu haben

三 结婚纪念

周年纪念快乐！

Frohen Jahrestag!

谐音 佛厚恩 压喝思踏克

fohouen yahesitake

明天是我们结婚 40 周年的纪念日。

Morgen ist unser 40. Hochzeitstag.

谐音 猫跟 一思特 屋恩责 费耳 次一西思特恩 号喝 菜次 踏克

maogen yisite wenze feierciyixi siten haohecaici take

谢谢你在我身边。

Danke, dass du bei mir bist.

谐音 当可，打思 杜 摆 米耳 比斯特

dangke dasi du bai mier bisite

这是我们结婚 10 周年纪念日。

Das ist unser zehnjähriger Jahrestag.

谐音 爱思 一思特 屋恩责 次一恩 耶喝一革 压喝思踏克

aisi yisite wenze cinyehige yahesitake

血浓于水

我们是一家人。
Wir sind eine Familie.
谐音 伪耳 资义特 爱呢 发米里
weier zite aine famili

你简直是你父亲的翻版。
Du bist einfach eine Kopie deines Vaters.
谐音 度 比思特 爱恩发喝 爱呢 拷屁 呆呢思 发特思
du bisite aienfahe aine kaopi dainesi fatesi

您像您父亲。
Sie ählich Ihrem Vater.
谐音 资义 安李西 一喝母 发特
ziyi anlixi yihemu fate

真挚友谊

那两个人友谊很深。
Die beiden haben eine enge Freundschaft.
谐音 弟 摆德恩 哈笨 爱呢 因饿 佛号一特煞服特
di baiden haben aine yin e fo haoyi te shafute

他们好得不得了，已经成为兄弟了。
Sie waren so gute Freunde, dass sie quasi Brüder
geworden sind.
谐音 资义 袜恨 揍 姑特 佛号一德，大思 资义 克袜资义博喝
淤德 革窝德恩 资义特
ziyi wahen zou gute fo haoyi de, dasi ziyi kewaziyibo heyu de
gewoden ziyite

患难见真情。

Ein Freund in Not ist ein echter Freund.

谐音 爱恩 佛号一特 因 闹特 一思特 爱恩 爱西特 佛号一特

aien fo haoyi te yin noute yisite aien aixite fo haoyi te

我们从童年起就一直是好朋友。

Wir sind seit der Kindheit gute Freunde.

谐音 伪耳 资义特 在特 得耳 克因特嗨特 姑特 佛号一德 革威怎

weier zite zaite deier kintehaite gute fo haoyi de geweizen

他是一位真正的朋友。

Er ist ein echter Freund.

谐音 诶耳 一思特 爱恩 爱西特 佛号一特

eier yisite aien aixite fo haoyite

他一直是一位同甘共苦的好朋友。

Wir sind gute Freunde, die miteinander durch dick
und dünn gehen.

谐音 伪耳 资义特 姑特 佛号一德，弟 米特爱男德 度一西 弟克
屋恩特 度淤恩 给恩

weier zite gute fo haoyi de, di mite ainande duyixi dike wente
duyun geien

旅游咨询

有到大峡谷的旅游团吗?

Gibt es eine Reisegruppe, zum Grand Canyon?

谐音 给不特 爱思 爱呢 嗨责革呼破 粗母 革汗特 看眼

geibute aisi aine haizegehupo zumu gehante kanyan

请问旅游咨询中心在哪儿?

Wo ist das Informationszentrum für Touristen?

谐音 窝 一思特 大思 因佛马穷思参特护母 佛淤耳 头喝一思特恩

wo yisite dasi yinfomaqiongsi can tehu mu fv touhisiten

你能介绍一下英国有什么名胜古迹吗?

Würden Sie bitte einige Sehenswürdigkeiten in England vorstellen?

谐音 窝淤德恩 资义 比特 爱尼哥 贼恩思窝淤弟西凯特恩 因英格兰 佛使呆勒恩

woyuden ziyi bite ainige zeien si woyudixi kaiten yin yinggelan foshidailen

你能帮我安排个 10 天的旅游行程吗?

Können Sie eine 10-Tage-Tour für mich arrangieren?

谐音 克约嫩 资义 爱呢 参 踏克 兔饿 佛淤耳 密西 阿汗哥一恨

ke yue nen ziyi ai ne cen ta ge tu e foyue mi xi a han gi ren

能帮我安排个旅行团吗?

Können Sie eine Reisegruppe für mich arrangieren?

谐音 克约嫩 资义 爱呢 嗨责革呼破 佛淤耳 密西 阿汗哥一恨

keyuenen ziyi aine haizegehupo fv mixi ahangiren

跟团的话要多少钱？

Wie viel kostet es in einer Gruppe.

谐音 伪 飞饿 扣死泰特 爱思 因 爱呢 革呼破

wei feie kousitaite aisi yin aine gehupo

你推荐哪个旅游项目？

Welche Tour würden Sie empfehlen?

谐音 外舍 兔饿 窝淤德恩 资义 按母飞勒恩

waishe tu e woyuden ziyi anmufeilen

机票和住宿包括在内吗？

Ist das Flugticket und die Unterkunftsgebühr enthalten?

谐音 衣思特 打思 佛路克替克诶特 温特 弟 温特困服次哥博淤 按特哈特恩

yisite dasi foluke tikeaite wente di wentekunfucigeboyue antehaten

---

我能看一下旅游合同吗？

Kann ich den Reisevertrag sehen?

谐音 看 一西 但 嗨责费耳踏克 贼恩

kan yixi dan heizefeiertake zin

你们有自助游吗？

Haben Sie Reisen ohne Gruppen?

谐音 哈笨 资义 嗨怎 欧呢 革呼喷

haben ziyi haizen oune gehupen

出行计划

我想制订一个旅行计划。

Ich möchte einen Reiseplan machen.

谐音 一西 摸约西特 爱嫩 嗨责普烂 妈恨

yixi moyuexite ainen haizepulan mahen

我希望这次放假能出国玩。

Ich wünsche, im Urlaub ins Ausland zu fahren.

谐音　一西　温舍，因母　无饿老普　因思　奥思烂特　醋　发恨

yixi wenshe, yinmu wuelaopu yinsi aosilante cu fahen

你这次假期打算去哪儿玩呢?

Wohin willst du im Urlaub fahren?

谐音　窝喝因　伪饿思特　度　因母　无饿老普　发恨

wohin weiesite du yinmu wuelaopu fahen

他准备去英国。

Er bereitet sich vor, nach England zu fahren.

谐音　诶耳　博嗨泰特　贼西　佛，那喝　英格兰　醋　发狠

eier bohaitaite zixi fo, nahe yinggelan cu fahen

你放多久的假?

Wie lange ist dein Urlaub?

谐音　伪　浪饿　一思特　呆恩　无饿老普

wei lang e yisite daien wuelaopu

你这次旅行的预算有多少?

Wie hoch ist dein Reisebudget ?

谐音　伪　号喝　一思特　呆恩　嗨责摆芝一

wei haohe yisite daien haizebaizhi

我想自己一个人旅行。

Ich reise gerne allein.

谐音　一西　嗨责　该呢　阿来恩

yixi haize gaine elaien

三　办理护照

去哪儿能申请护照?

Wo kann ich einen Pass beantragen?

谐音　窝　看　一西　爱嫩　怕思　被按特哈根

wo kan yixi ainen pasi beantehagen

你有护照吗？

Hast du einen Pass?

谐音 哈思特 度 爱嫩 怕死

hasite du ainen pasi

办理护照一般需要多长时间？

Wie lange dauert es, einen Pass zu beantragen?

谐音 伪 浪饿 到饿特 爱思，爱嫩 怕思 醋 被按特哈根

wei lang e daoete aisi, ainen pasi cu beantehagen

请填写这张申请表。

Bitte füllen Sie das Antragsformular aus.

谐音 比特 佛淤勒恩 资义 大思 按特哈克思佛母辣 傲思

bite fvlen ziyi dasi antehakesi fomula aosi

时间不超过十四个工作日。

Die Bearbeitungszeit beträgt weniger als 14 Arbeitstage.

谐音 弟 博阿摆痛思莱特 博特害特 威尼革 阿思 费饿次因 阿摆次踏革

di boabaitongsi caite botehaite weinige asi feiecin abaici tage

你需要提供个人身份证和两张证件照。

Du musst deinen Personalausweis und zwei Passfotos vorbeibringen.

谐音 杜 木思特 呆嫩 破森拿傲思外思 屋恩特 次外 怕思佛头思 佛摆布喝应跟

du musite dainen posennaaosiwaisi wenente ciwai pasifotousi fobaibuheying

请问如何办理护照加急？

Wie kann ich einen Express-Reisepass beantragen?

谐音 伪 看 一西 爱嫩 衣克思普害思 嗨责怕思 博按特哈根

wei kan yixi ainen yikesipuhaisi haizepasi boantehagen

办护照麻烦吗？

Ist es lästig, einen Pass zu beantragen?

谐音 一思特 爱思 来思踢西，爱嫩 怕思 醋 博按特哈根

yisite aisi laisitixi, ainen basi cu boantehagen

护照的有效期是多久？

Wie lange ist die Gültigkeit für einen Pass?

谐音 伪 浪饿 一思特 弟 哥约替一西凯特 佛淤耳 爱嫩 怕思

wei lang e yisite di geyuetiyixikaite fver ainen pasi

我们这能拍证件照。

Wir können das Lichtbild hier machen.

谐音 伪耳 克约嫩 打思 里西特比饿特 喝一耳 妈恨

weier keyuenen dasi lixite bi e te hier mahen

申请签证

您想申请哪一类的签证？

Auf welche Art von Visum werden Sie sich bewerben?

谐音 傲夫 外舍 阿特 佛恩 威租母 外德恩 资义 贼西 博外笨

aofu waishe ate foen weizumu waiden ziyi zixi bowaiben

我想申请旅行签证。

Ich möchte ein Reisevisum beantragen.

谐音 一西 摸约西特 爱恩 嗨责威租母 被按特哈根

yixi moyuexite aien haizeweizumu beiantehagen

我有旅游签证。

Ich habe ein Reisevisum.

谐音 一西 哈博 爱恩 嗨责威租母

yixi habo aien haizeweizumu

我什么时候能拿到签证？

Wann kann ich mein Visum bekommen?

谐音 碗 看 一西 买恩 威租母 博康门

wan kan yixi maien weizumu bokangmen

👉 **你的申请资料是否正确属实**？

Sind deine Beantragsdokumente richtig und echt?

谐音 资义特　呆呢　博按特哈克思刀哭门特　喝一西替西　屋恩特爱西特

zite daine boantehakesi daokumente hixitixi wente aixite

👉 **我想申请商务签证。**

Ich möchte ein Geschäftsvisum beantragen.

谐音 一西　摸约西特　爱恩　革晒服次威租母　博按特哈根

yixi moyuexite aien geshaifuci weizumu boantehagen

👉 **你知道怎么申请去英国的签证吗**？

Wissen Sie, wie ich ein Visum nach England beantragen kann?

谐音 威森　资义，伪　一西　爱恩　威祖母　那喝　英格兰特　背安特哈根　看

weisen ziyi wei yixi aien weizumu nahe yingelante beiantehagen kan

---

👉 **你为什么想去英国**？

Warum willst du nach England fahren?

谐音 袜护母　伪饿思特　度　那喝　英格兰　发恨

wahumu weiesite du nahe yinggelan fahen

👉 **你需要电话预约签证面试。**

Sie müssen sich telefonisch einen Termin für das Gespräch besorgen.

谐音 资义　摸淤森　贼西　泰利凤泥什　爱嫩　铁闵　佛淤耳　大思　革使普嗨西　伯遭根

ziyi moyusen zixi tailifonnishi ainen tiemin fv dasi geshipuhaixi bozaogen

---

👉 **请告诉我你的护照号。**

Sage mir deine Passnummer, bitte.

谐音 咋个　密耳　呆呢　怕思努么，比特

zage mier daine pasinume, bite.

224

你知道怎么延期吗？

Wissen Sie, wie ich mein Visum verlängern kann?

谐音 威森 资义，伪 一西 麦恩 威租母 费耳蓝跟 看

weisen ziyi, wei yixi maien weizumu feier lang en kan.

这是普通的旅游签证。

Das ist ein allgemeines Reisevisum.

谐音 大思 一思特 爱恩 阿哥麦呢思 嗨责威租母

dasi yisite aien agemainese haize weizumu

我可以申请留学签证吗？

Kann ich mich für ein Studentenvisum bewerben?

谐音 看 一西 密西 佛淤耳 爱恩 使度德恩特恩威租母 博外笨

kan yixi mixi fv aien shidudenten weizumu bowaiben

机票事宜

有没有明天去曼谷的航班？

Gibt es einen Flug, der morgen nach Bangkok geht?

谐音 给布特 爱嫩 爱恩 佛路克，得耳 猫跟 那喝 办克口克 给特

geibute aisi ainen foluke, deier maogen nahe bankekoke foligen geite

---

请问您帮我预定两张 10 点的机票吗？

Können Sie bitte zwei Flugtickets für mich um 10.00 Uhr buchen?

谐音 克约嫩 资义 比特 次外 佛路克踢克诶次 佛淤耳 密西 无 母 次恩 无饿 布恨

keyuenen ziyi bite ciwai foluketikeici fv mixi wumu cin wue buhen

---

还有没有商务舱的机票？

Gibt es noch ein Flugticket in der Businessklasse?

谐音 给布特 爱思 闹喝 爱恩 佛路克踢克诶特 因得耳 比思腻思 克拉色

geibute aisi naohe aien foluketikeite yin deier bisinisikelase

我想把我的航班改到晚上。

Ich möchte meinen Flug auf den Abend legen.

谐音 一西 摸约西特 买嫩 佛路克 傲夫 呆恩 阿笨特 累跟

yixi moyuexite mainen foluke aofu daien abente leigen

我什么时候能取机票？

Wann kann ich mein Ticket erhalten?

谐音 碗 看 一西 买恩 替克诶特 诶耳哈特恩

wan kan yixi main tikeite eierhaten

您要头等舱还是经济舱？

Möchten Sie Ersteklasse oder Touristenklasse fliegen?

谐音 摸约西特恩 资义 诶耳思特克拉色 欧德 兔喝一思特恩克拉色 伏利跟

moyuexiten ziyi eiersite kelase oude tuheyisiten kelase fuligen

我查查看还有没有空位。

Ich möchte wissen, ob es einen freien Platz gibt.

谐音 一西 摸约西特, 威森欧布 爱思 爱嫩 佛害恩 普拉次 给布特

yixi moyuexite, weisenoubu aisi ainen fohaien pulaci geibute

有回程时直飞的班机吗？

Gibt es Direktflüge für den Rückflug?

谐音 给布特 爱思 弟嗨克特佛绿哥 佛约 得恩 喝约佛陆克

geibute aisi dihaikete folvge foyue den heyuefoluke

飞机票价是多少？

Wie viel kostet das Flugticket?

谐音 伪 飞 勒 扣思泰特 打思 佛路克踢克诶特

wei feile kousitaite dasi foluketikeite

往返票要多少钱？

Wie viel kostet das Hin- und Rückflugticket?

谐音 伪 飞饿 扣思泰特 打思 喝因 尾恩特 喝淤克佛路克 替克诶特

wei feie kousitaite di dasi heyin wente heyueke fowke tikeite

我要退这张票。

Ich möchte diese Karte zurückgeben

谐音 一西 摸约西特 弟责 卡特 醋喝约克给本

yixi moyuexite dize kate ante cuheyuekegeiben

我上星期预订了机票，现在我想要确认一下。

Letzte Woche habe, Ich ein Flugticket reserviert und will es jetzt bestätigen.

谐音 来次特 窝喝 哈博 一西 爱恩 佛路克踢克诶特 嗨责威饿特 无恩特 伪耳 爱思 耶次特 博使呆替根

laicite wohe habo yixi aien foluke tikeite haizeweiete wente weier aisi yecite boshidaitigen

有学生折扣吗？

Gibt es einen Studentabatt?

谐音 给布特 爱思 爱嫩 使度德恩 哈吧特

geibute aisi ainen shidudent habate

办理登机

什么时候开始登机？

Wann ist die Einstiegszeit?

谐音 碗 一思特 弟 爱恩使德一克思菜特

wan yisite di aienshideyikesicaite

您有什么东西要托运吗？

Haben Sie etwas zu transportieren?

谐音 哈笨 资义 爱特袜思 醋 特汗思泡踢恨

haben ziyi aitewasi cu tehansipaotihen

我有两件行李要托运。

Ich habe zwei Stücke Gepäck zu transporieren.

谐音 一西 哈博 次外 使德淤克 革拍克 醋 特汗思泡踢恨

yixi habo ciwai shidvke gepaike cu tehansipaotihen

我行李里有一瓶酒。

Es gibt eine Flasche Wein in meinem Gepäck.

谐音 爱思 给布特 爱呢 佛拉舍 外恩 因 买呢母 革拍克。

aisi geibute aine folashe waien yin mainemu gepaike

这个超重吗?

Hat das (Gepäck) übergewicht?

谐音 哈特 打思（哥派克）淤博哥微西特

hate dasi (gepaike) yuebogeweixite

您对座位有什么偏好吗?

Welchen Platz bevorzugen Sie?

谐音 外舍恩 普拉次 博佛醋跟 资义

waishen pulaci bofocugen ziyi

请把行李放在磅秤上。

Bitte legen Sie Ihr Gepäck auf die Waage.

谐音 比特 累跟 资义 一耳 革拍克 傲服 弟 袜哥

bite leigen ziyi yier gepaike aofu di wage

请出示您的机票和护照好吗?

Bitte zeigen Sie ihr Ticket und ihren Pass vor?

谐音 比特 猜跟 资义 一耳 踢克诶特 屋恩特 衣恨 怕思 佛

bite caigen ziyi yier tikeite wente yihen pasi fo

这是航班登机处吗?

Ist hier das Check-in?

谐音 一思特 喝一耳 打思 拆克 因

yisite heyier dasi chaike yin

有登机行李吗?

Haben Sie Gepäck anzumelden?

谐音　哈笨 资衣 哥派克 安醋麦德恩

haben ziyi gepaike anzumaiden

这是您的行李回执，您凭这个条取行李。

Das ist Ihr Schein und Sie können Ihr Gepäck damit abholen.

谐音　大思 一思特 一耳 晒恩 屋恩特 资义 克约嫩 一耳 革拍 克 大米特 阿布后乐恩

dasi yisite yier shaien wente ziyi keyuenen yier gepaike damite cuhvke abuhoulen

---

飞机起飞前三十分钟开始登机。

Die Einstiegszeit beginnt 30 Minuten vor Abflug.

谐音　弟 爱恩使底克思菜特 博革因特 德嗨次西 米努特恩 佛 阿布服路克

di aienshidikesicaite caite boginte dehaicixi minuten fo abu fuluke

---

请尽快换好登机牌。

Bitte nehmen Sie Ihre Bordkarte so schnell wie möglich.

谐音　比特 内门 资义 一喝 抱特卡特 揍 使耐饿 伪 摸约克里西

bite neimen ziyi yihe baotekate zou shinaie wei moyue kelixi

从 H 到 G 柜台都可以办理。

Sie können eine Bordkarte bei jedem Schalter von H bis G erhalten

谐音　资义 克约嫩 爱呢 抱特卡特 摆 耶呆母 沙饿特 佛恩 哈 比思 给 埃耳哈特恩

ziyi keyuenen aine baotekate bai yedem sha ete fon ha bisi gei eierhaten

安全检查

安全检查在前面。
Die Sicherheitskontrolle ist vorne.

谐音 弟 贼舍嗨次康偷乐 一思特 佛呢
di zeishehaoci kangtoule yisite fone

请出示您的证件。
Zeigen Sie mir Ihren Ausweis, bitte.

谐音 菜根 资义 密耳 一恨 凹思外思，比特
caigen ziyi mier yihen aosiwaisi, bite.

请您赶快过安检。
Bitte beeilen Sie sich die Sicherheitskontrolle zu passieren.

谐音 比特 博爱乐恩 资义 贼西 弟 贼舍嗨次康头乐 醋 怕思诶恨
bite boailen ziyi zeixi di zeishehaici kangtoule cu paseihen

你的行李里有液体物品吗？
Gibt es etwas Flüssiges in Ihrem Gepäck?

谐音 给布特 爱思 爱特袜思 佛绿思革思 因 一喝母 革拍克
geibute aisi aitewasi folvsigesi yin yihemu gepaike

请把您的行李放在安检设备上。
Bitte legen Sie Ihr Gepäck auf die Sicherheitskontrolle.

谐音 比特 累跟 资义 一耳 革拍克 凹服 弟 贼舍嗨次康偷乐
bite leigen ziyi yier gepaike aofu di zeishehaici kangtoule

请将您的随身物品放在这个篮子里。
Bitte legen Sie Ihre Sachen in diesen Korb.

谐音 比特 累跟 资义 一喝 咋恨 因 弟怎 扣普
bite leigen ziyi yihe zahen yin dizen koupu

请举起双手并转一圈。

Hand hoch und umdrehen.

谐音 汗特 后喝 屋恩特 <u>无母</u>德黑恩

hante houhe wente wumu deheien

请解下腰带。

Bitte nehmen Sie Ihren Gürtel ab.

谐音 比特 内门 资义 一恨 革淤特 阿普

bite neimen ziyi yihen geyute apu

请把电脑拿出来。

Bitte schalten Sie Ihren Computer aus.

谐音 比特 沙<u>特恩</u> 资义 一恨 康姆普<u>优</u>特 凹思

bite shaten ziyi yihen kangmu piu te aosi

所有超过 100 毫升的液状化妆品都是禁止的。

Alle flüssigen Kosmetika, die mehr als 100ml beinhalten sind verboten.

谐音 阿乐 服绿思根 扣思美替卡, 弟 妹饿 阿思 昏德特 米特 里特 摆恩哈<u>特恩</u>, 资因特费耳<u>博欧</u>特恩

ale fulvsigen kousimeitika, di meie asi hundete mitelite baienhaten, zinte feier bouten

---

请出示您的登机牌。

Zeigen Sie mir bitte Ihre Bordkarte.

谐音 菜根 资义 密耳 比特 一喝 <u>博欧</u>特卡特

caigen ziyi mier bite yihe boutekate

三 机场候机

飞机会准时起飞吗?

Wird das Flugzeug pünktlich abfliegen?

谐音 伪饿特 大思 服路克糟依克 <u>破淤</u>恩克里西 阿布服里跟

weiete dasi fuluke caoyike poyunkelixi abu fuligen

由于技术问题，航班晚点了。

Der Flug verzögert sich aus technischen Gründen.

谐音 呆耳 佛路克 费尔次约哥特 贼西 傲思 泰西尼舍神 哥混 德恩

daier foluke feierciyuegete zeixi aosi taixinishen gehunden

因为下起了倾盆大雨，航班延误了。

Der Flug verzögert sich aufgrund des strömenden Regens.

谐音 得耳 服路克 费尔次约哥特 贼西 傲服革喝昏德 呆思 使 特喝淤门德恩 黑跟思

deier fuluke feier ciyuegete zeixi aofugehunde daisi shite heyumenden heigensi

---

飞往夏威夷的乘客请准备好登机。

Die Fluggäste, die nach Hawaii fliegen, bereiten Sie bitte sich vor.

谐音 弟 服路克该思特，弟 那喝 哈威姨 服里跟，博嗨特恩 资 义 比特 贼西 佛

di fuluke gaisite, di nahe haweiyi fuligen, bohaiten ziyi bite zeixi fo

---

祝您旅途愉快！

Gute Reise!

谐音 姑特 嗨责

gute haize

旅客请前往 25 号门。

Die Passagiere bitte zum Gate 25.

谐音 弟 怕杂芝一喝 比特 醋母 给特 佛淤恩服 屋恩特 次忘 次西

di pazazhihe bite cumu geite foyunfu wente ciwangcixi

飞往悉尼的 123 次航班，请在五号门登机。

Die Fluggäste von Flug 123, der nach Sydney fliegen wird, bitte steigen Sie jetzt beim Gate 5 ein.

谐音 弟 佛路克该思特 佛恩 服路克 爱思 次外 德嗨，得耳 那 喝 资淤特耐 服里跟 伪饿特，比特 使呆跟 资义 耶次特 摆母 给特 服淤恩服 爱恩

di folukegaisite foen fuluke aisi ciwai dehai, deier nahe ziyutenai fuligen weiete, bite shidaigen ziyi yecite baimu geite foyunfu aien

在飞机上

欢迎您乘坐本次航班。

Willkommen an Bord dieses Flugzeuges.

谐音 伪饿康门 安 抱特 弟责思 服路克糟一革思

weie kangmen an baote dizesi fuluke caoyigesi

我的座位在哪儿?

Wo ist mein Platz?

谐音 窝 一思特 买恩 普拉次

wo yisite maien pulaci

我们能换个座位吗?

Können wir die Plätze tauschen?

谐音 克约嫩 伪耳 弟 普来次 套婶

keyuenen weier di pulaici taoshen

抱歉，你好像坐在我的座位上了。

Entschuldigung. Ich glaube, dass du auf meinem Platz sitzt.

谐音 按特舒地滚。一西 革捞博，大思 度 傲服 买嫩母 普拉次 贼次特

anteshudigun. Yixi gelaobo, dasi du aofu mainenmu pulaci zeicite

卫生间现在可以使用吗？

Ist die Toilette jetzt frei?

谐音 一思特 弟 偷一来特 耶次特 佛害

yisite di toiyilaite yecite fohai

您需要枕头吗？

Brauchen Sie ein Kopfkissen?

谐音 布号恨 资义 爱恩 靠普服克一森

buhaohen ziyi aien kaopugu kisen

请确保带好您所有的物品。

Bitte achten Sie darauf, alle ihre Sachen mit zunehmen.

谐音 比特 阿喝特恩 资义 达傲服，阿拉 一喝 杂恨 米特 醋 内门

bite aheten ziyi da aofu, ala yihe sahen mite cu neimen

请把它放在您的座位下面。

Bitte legen Sie es unter Ihren Sitz.

谐音 比特 累跟 资义 爱思 无恩特 一恨 贼次

bite leigen ziyi aisi wente yihen zeici

我想要苹果汁。

Ich möchte gerne Apfelsaft.

谐音 一西 摸约西特 该呢 阿普服杂服特

yixi moyuexite gaine apufu zafute

能给我一个袋吗？

Können Sie mir eine Tüte geben?

谐音 克约嫩 资义 密耳 爱呢 特淤特 给笨

keyuenen ziyi mier aine teyuete geiben

鸡肉和牛肉您喜欢哪个？

Was darf es sein, Hähnchen oder Rindfleisch?

谐音 挖思 打夫 爱思 在恩，汗神 欧德 喝应特佛来使

wasi dafu aisi zaien hanshen oude heyingtefolaishi

请系上安全带，调直座椅靠背。

Bitte anschnallen und die Rückenlehne gerade stellen.

谐音 比特 安使那乐恩 屋恩特 弟 喝约肯累呢 哥哈得 使呆乐恩

bite anshinalen wunte di heyuekenleine gehade shidailen

换乘航班

我们有多长时间去转机？

Wie viel Zeit haben wir für das Umsteigen?

谐音 为 费饿 菜特 哈笨 为耳 佛约 打思 无母使带根

wie feie caite haben weier foyue dasi wumushidaigen

我应该在香港转机。

Ich soll in Hongkong umsteigen.

谐音 一西 揍 因 轰空 无母使呆跟

yixi zou yin hongkong wumu shidaigen

转机时间多长？

Wie lange dauert der Umstieg?

谐音 为 浪饿 到额特 呆耳 无母使弟克

wei lange daoete daier wumushidike

麻烦问一下，哪里是转机柜台？

Entschuldigung,wo ist der Transfer-Schalter?

谐音 安特舒地供，窝 一思特 呆耳 特汗思佛 莎饿特

anteshudigong, wo yisite daier tehansifo shaete

我找不到转机柜台。

Ich kann den Transfer-Schalter nicht finden.

谐音 一西 看 <u>德恩</u> 特喝安思佛 莎特 尼西特 佛应德恩

yixi kan den teheansifo shate nixite foyingden

转乘候机室在哪儿？

Wo ist die Wartehalle?

谐音 窝 一思特 弟 挖特哈乐

wo yisite di watehale

我要转乘 10 点去纽约的航班。

Ich steige um 10 Uhr nach NewYork um.

谐音 一西 使呆革 <u>无母</u> 次恩 无饿 那喝 牛药克 <u>无母</u>

yixi shidaige wumu cin wue nahe niuyaoke wumu

我还赶得上吗？

Kann ich den Flug erreichen?

谐音 看 一西 但 服路克 <u>埃耳嗨婶</u>

Kan yixi dan fuluke eierhaishen

领取行李

这趟航班的行李都在这儿了吗？

Sind alle Gepäcke dieses Fluges hier?

谐音 资因特 阿乐 革派克 弟责思 服路哥思 <u>喝一耳</u>

zinte ale gepaike dizesi fulukesi hier

我托运的行李都在这儿了吗？

Sind meine aufgegebenen Gepäckstücke vollzählig?

谐音 资因特 买呢 傲夫哥给本嫩 哥派克使德约克 佛才里西

ziyinte maine aofugegeibennen gepaikeshideyueke focailixi

您能告诉我在哪儿取行李吗?

Können Sie mir sagen, wo die Gepäckausgabe ist?

谐音 克约嫩 资义 密耳 杂跟，窝 弟 革派克傲思噶博 一思特

keyuenen ziyi mier zagen, wo di gepaike aosigabo yisite

哪儿有行李推车?

Wo gibt es den Wagen?

谐音 窝 给布特 爱思 德思 袜根

wo geibute aisi den wagen

这是我的行李提取单。

Hier ist mein Gepäckgutschein.

谐音 喝一耳 一思特 买恩 革派克姑特晒恩

hier yisite maien gepaike guteshaien

能帮我把行李拿下来吗?

Können Sie mir helfen, das Gepäck herunterzunehmen?

谐音 克约嫩 资义 密耳 嗨奋，大思 革派克 黑耳昏特醋内门

keyuenen ziyi mier haifen, dasi gepaike heierhunte cu neimen

我找不到我的行李。

Ich kann mein Gepäck nicht finden.

谐音 一西 看 买恩 革派克 腻西特 佛因 德恩

yixi kan maien gepaike nixite finden

还有一些没出来。

Einige Gepäckstücke sind noch nicht da.

谐音 爱尼哥 哥派克使德约克 资因特 闹喝 尼西特 打

ainige gepaikeshideyueke ziyinte naohe nixite da

你的行李是什么样的?

Wie sieht dein Gepäck aus?

谐音 伪 贼特 呆恩 革派克 傲思

wei zeite daien gepaike aosi

7

出国旅游

237

📋 办理入境

你首先应该去过海关。

Du solllst zuerst zum Zoll gehen.

谐音　度　揍思特　醋诶思特　醋母　次殴　给恩

du zousite cueisite cumu cou geien

请问您此行的目的是什么？

Was ist das Ziel Ihres Besuchs?

谐音　袜思　一思特　大思　次一饿　一喝思　博组喝思

wasi yisite dasi cie yihesi bozuhesi

我想查看您的护照。

Ich möchte Ihren Ausweis anschauen.

谐音　一西　摸约西特　一恨　傲思外思　安少恩

yixi moyuexite yihen haosiwaisi anshaoen

外国人是在这里排队吗？

Sollen Ausländer sich hier anstellen?

谐音　揍乐恩　傲思蓝德　贼西　喝一耳　安使呆乐恩

zoulen aosilande zeici hier anshidailen

可以看一下你的机票吗？

Darf ich dein Ticket an schauen?

谐音　打夫　一西　呆恩　替克诶特　安　少恩

dafu yixi daien tikeite an shaoen

好了，你的手续办好了。

OK, dein Verfahren ist schon fertig.

谐音　殴克诶，呆恩　费耳发恨　一思特　受恩　费饿替西

oukei, daien feierfahen yisite shouen foetixi

这几天你打算住在哪里？

Wo wollen Sie während dieser Tage wohnen?

谐音　窝　窝乐恩　资义　外恨特　弟则　他哥　窝嫩

wo wolen ziyi waihente dize tage wonen

海关申报

请出示护照和海关申报单。
Bitte zeigen Sie Ihren Pass und die Zollanmeldung.
谐音 比特 莱跟 资义 一恨 怕思 屋恩特 弟 次殴安买饿动
bite caigen ziyi yihen pasi wente di cou anmaiedong

您有什么东西要申报吗？
Haben Sie etwas zu deklarieren?
谐音 哈笨 资义 爱特袜思 醋 呆克拉喝一恨
haben ziyi aitewasi cu daikelahihen

我可以现在重新填一份海关申报单吗？
Kann ich jetzt eine neue Zollanmeldung ausfüllen?
谐音 看 一西 耶次特 爱呢 闹一饿 次殴安买饿动 傲思佛淤乐恩
kan yixi yecite aine naoyie cou anmaiedong aosi fvlen

请保管好你的护照和收据。
Bewahren Sie ihren Pass und Ihre Quittung bitte auf.
谐音 博袜恨 资义 一恨 怕思 屋恩特 一喝 克威痛，比特 傲夫
bewahen ziyi yihen pasi wente yihe keweitong, bite aofu

这是我给朋友带的纪念品。
Die Souvenirs sind für meine Freunde.
谐音 弟 组威腻耳 资因特 佛淤耳 买呢 服蒿一德
di zuweniers zinte fv maine fohaoyide

请打开一下那个行李箱。
Bitte öffnen Sie den Koffer.
谐音 比特 约服嫩 资义 但 靠佛
bite yuefunen ziyi dan kaofo

有需要缴税的物品吗？
Gibt es zollpflichtige Waren?
谐音 给布特 爱思 凑服里西替革 袜恨
geibute aisi cou fulixitege wahen

239

交 通 出 行

乘出租车

能在十字路口那儿停一下吗?

Können Sie an der Kreuzung stoppen?

谐音 克约嫩 资义 安 得耳 克蒿一囱 使道喷

kayuenen ziyi an deier kehaoyicong shidaopen

杭州火车站。

Hangzhou Hauptbahnhof, bitte.

谐音 杭州号布特班厚夫，比特

hangzhou haobute banhoufu, bite

十分钟以后，我要一辆出租车。

Ich möchte ein Taxi in zehn Minuten.

谐音 一西 摸约西特 爱恩 太克思一 因 次因 米怒特恩

yixi moyuexite aien taikesi yin cin minuten

您要到哪里去?

Wohin fahren Sie?

谐音 窝喝因 发恨 资义

wohin fahen ziyi

我和你分摊计程车费吧。

Wir beteiligen uns an den Taxikosten.

谐音 伪耳 博太里跟 无恩思 安 但 太克思一扣思特恩

weier botailigen wensi an dan taikesi kousiten

240

哪儿能打到车？

Wo kann ich ein Taxi nehmen?

谐音 窝 看 一西 爱恩 太克思一 内门

wo kan yixi aien taikesi neimen

出租车站台就在左边转角处。

Der Taxsteig befindet sich direkt links in der Ecke.

谐音 得耳 太克西使呆克 博佛因德特 贼西 弟嗨克特 乐因克思
因 得耳 爱克

deier taikexishidaike bofindete zeixi dihaikete linkesi yin deier aike

可以在附近停一下吗？

Können Sie in der Nähe parken?

谐音 克约嫩 资义 因 得耳 耐饿 怕肯

keyuenen ziyi yin deier naie paken.

能麻烦你帮我把行李放到后备箱吗？

Können Sie mir helfen, diesen Koffer in den Kofferraum
zu legen?

谐音 克约嫩 资义 密耳 嗨奋，弟怎 靠佛 因 但 靠佛号母 醋
累跟

keyuenen ziyi mier haifen, dizen kaofo yin dan kaofohaomu cu
leigen

能开快点儿吗？

Kannst du schneller fahren?

谐音 看思特 度 使耐乐 发恨

kansite du shinaile fahen

多少钱？

Wie viel kostet die Fahrt?

谐音 伪 飞饿 扣思太特 弟 发饿特

wei feie kousitaite di faete

7

出国旅游

241

三 乘公交车

还有几站到终点站?
Wie viele Haltestellen gibt es noch bis zur Endstation?

谐音 伪 飞乐 哈特使呆乐恩 给布特 爱思 闹喝 比思 醋饿 按 特使大穷
wei feile hateshidailen geibute aisi naohe bisi cue ante shidaqiong

乘公共汽车是否很慢?
Ist die Busverbindung sehr langsam?

谐音 一思特 弟 布思费耳宾动 贼耳 浪杂母
yisite di busifeierbindong zeier langzam

请问这个位子有人坐吗?
Entschuldigung, ist der Platz frei?

谐音 按特舒地供，一思特 得耳 普拉次 佛嗨
anteshudigong, yisite deier pulaci fohai

1 路是无人售票车。
Die Linie 1 hat keinen Kontrolleur.

谐音 弟 里尼 爱思 哈特 开嫩 康投楼一饿
di lini aisi hate kainen kangtoulouyie

坐这辆车可以直接到商场吗?
Fährt dieser Bus direkt zum Kaufhaus?

谐音 佛爱饿特 弟责 布思 弟嗨克特 醋母 靠夫号思
foaiete dize busi dihaikete cumu kaofuhaosi

这路公交车多久会有一班?
Wie oft kommt der Bus?

谐音 伪 殴夫特 靠母特 得耳 布思
wei oufute kaomute deier busi

我该坐哪路车?
Welchen Bus soll ich nehmen?

谐音 外神 布思 揍 一西 内门
waishen busi zou yixi neimen

公交车站在哪里?

Wo ist die Bushaltestelle?

谐音 窝 一思特 弟 布思哈特使呆乐

wo yisite di busi hateshidaile

你下站该下车了。

Du sollest bei der nächsten Haltestelle aussteigen.

谐音 度 揍思特 摆 得耳 耐西思特恩 哈特使呆乐 傲思使呆跟

du zousite bai deier naixisiten hateshidaile aosi shidaigen

行程包含几站?

Wie viele Haltestellen hat die Fahrt?

谐音 伪 飞乐 哈特使呆乐恩 哈特 弟 发饿特

wei feile hateshidailen hate di faete

我需要换乘吗?

Muss ich umsteigen?

谐音 木思 一西 无母使呆跟

musi yixi wumu shidaigen

📖 **乘坐地铁**

附近有地铁站?

Gibt es eine U-Bahnhaltstelle in der Nähe?

谐音 给布特 爱思 爱呢 无办哈特使呆乐 因 得耳 耐饿

geibute aisi aine wuben hateshidaile yin deier naie

我找不到地铁口。

Ich kann den Eingang der U-Bahnhaltstelle nicht finden.

谐音 一西 看 但 爱恩刚 得耳 无办哈特使呆乐 腻西特 佛因德恩

yixi kan dan aiengang deier wuban hateshidaile nixite finden

车票是多少钱?

Wie viel kostet das Fahrticket?

谐音 伪 飞饿 扣思太特 大思 发饿特替克诶特

wei feie kousitaite dasi faete tikeite

你可以用那边的自动售票机。

Sie können die Ticketautomaten dort verwenden.

谐音 资义 克约嫩 弟 替克诶特傲头妈特恩 到特 费耳问德恩

ziyi keyuenen di tikeite aotoumaten daote feier wenden

建国门是换乘站。

Die Jian guo men Station ist eine Umstiegsstation.

谐音 弟 建国门 使大穷 一思特 爱呢 无母使底克思使大穷

di jian guo men shidaqiong yisite aine wumushidikesi shidaqiong

---

到西单还有几站?

Wie viele Haltestellen sind es noch bis zur Xidan-Station?

谐音 伪 飞乐 哈特使呆乐恩 资一特 爱思 闹喝 比思 醋 西单 使大穷

wei feile hate shidailen ziyite aisi naohe bisi zu xidan shidaqiong

---

慢点儿,让他们先下来。

Keine Eile, lassen Sie sie zuerst herunterkommen.

谐音 开呢 爱乐,拉森 资一 醋爱思特 还耳混特康门

kaine aile lasen ziyi cuaisite haieruntekangmen

你坐反了。

Du bist in der falschen Richtung.

谐音 度 比思特 因 得耳 发舍 喝一西痛

du bisite yin deier fashe hixitong

高峰时间,地铁快一些。

Die U-Bahn ist schneller, besonders in der Stosszeit.

谐音 弟 无 办 一思特 使耐乐,博藏德思 因 得耳 使道思菜特

di wu ban yisite shinaile, bosangdesi yin deier shidaosicaite

哪里可以换零钱？

Wo kann ich Kleingeld wechseln?

谐音 窝 看 一西 克来 给饿特 外克森

wo kan yixi kelai gei e te waikesen

搭乘火车

车票三日内有效。

Das Ticket gilt drei Tage lang.

谐音 大思 替克诶特 革一饿特 德嗨 他革 浪

dasi tikeite gi e te dehai tage lang

我要一张往返的票。

Ich brauche eine Hin und Rückfahrtkarte.

谐音 一西 布号喝 爱呢 喝因 屋恩特 喝淤克发饿特卡饿特

yixi buhaohe aine hin wente heyuke faete kate

我去北京要乘哪一列火车？

Mit welchem Zug kann ich nach Peking fahren?

谐音 米特 外舍母 醋克 看 一西 那喝 皮克因 发恨

mite waishemu cuke kan yixi nahe peiking fahen

我想买一张软卧票。

Ich möchte ein Erste-Klasse-Ticket kaufen.

谐音 一西 摸约西特 爱恩 诶耳思特 克拉色 替克诶特 靠奋

yixi moyuexite aien eiersite kelase tikeite kaofen

每天只有一趟车。

Nur ein Zug fährt jedenTag.

谐音 怒耳 爱恩 醋克 佛爱饿特 耶德恩 他克

nuer aien cuke fai e te yeden take

245

您要下铺、中铺，还是上铺？

Unteres, mittleres oder oberes Bett?

谐音 无恩特喝思，米特乐喝思 殴德 殴博喝思 摆特

wentehesi, mitelehesi oude oubohesi baite

请问您那是快车还是慢车啊？

Können Sie mir bitte sagen, ob es ein schneller oder langsamer Zug ist?

谐音 克约嫩 资义 密耳 比特 杂跟，欧布 爱思 爱恩 使耐乐 殴德 浪藏么 醋克 一思特

keyuenen ziyi mier bite zagen, obu aisi aien shinaile oude langzangme cuke yisite

---

我要查询火车时间表。

Ich möchte mich nach dem Zugfahrplan erkundigen.

谐音 一西 摸约西特 密西 那喝 呆母 醋克发普烂 诶耳捆弟跟

xiyi moyuexite mixi nahe daimu cukefa pulan eierkundigen

火车因大雪误点了。

Der Zug wird wegen starken Schnees verzögert.

谐音 呆耳 醋克 为耳特 为根 使大肯 使尼思 费耳次约哥特

daier cike weierte weigen shidaken shinisi feierciyuegete

你拿到火车票了吗？

Hast du deine Zugfahrkarte bekommen?

谐音 哈思特 度 呆呢 醋克发卡特 博康门

hasite du dainemu cuke fakate bokangmen

有一等票吗？

Haben Sie ein Erste-Klasse-Ticket?

谐音 哈笨 资义 爱恩 诶耳思特 克拉色 替克诶特

haben ziyi aien eiersite kelase tikeite

只有学生才享有折扣。

Nur Studenten haben einen Rabatt.

谐音 怒耳 使度德恩特恩 哈笨 爱嫩 哈吧特

nuer shidudenten haben ainen habate

餐车在哪里？

Wo ist der Speisewagen?

谐音 窝 一思特 得耳 使摆责袜跟

wo yisite deier shibaize wagen

它在五号车厢。

Es ist in dem fünften Abteil.

谐音 爱思 一思特 因 呆母 佛淤恩夫特恩 阿布太饿

aisi yisite yin daimu foyun futen abutaie

租车自驾

这里能租车吗？

Kann ich ein Auto hier mieten?

谐音 看 一西 爱恩 傲头 喝一耳 米特恩

kan yixi aien aotou hier mitten

你倾向于什么样的车？

Welches Auto bevorzugen Sie?

谐音 外舍思 傲头 博佛醋跟 资义

waishesi aotou bofozugen ziyi

我去哪里还车？

Wo soll ich das Auto zurückgeben?

谐音 窝 揍 一西 大思 傲头 醋喝淤克给笨

wo zou yixi dasi autou cuhvke geiben

要手动档还是自动档？

Welches Auto möchten Sie gerne, manuell oder automatisch?

谐音 外舍思 傲头 摸约西特恩 资义 该呢，满怒诶 殴德 傲头妈替使

waishesi aotou moyuexiten ziyi gaine, mannuei oude aotoumatishi

你得付费加油。

Du musst das Benzin bezahlen.

谐音 度 母思特 大思 笨次因 博擦乐恩

du musite dasi bencin becalen

你有驾照吗?

Hast du einen Führerschein?

谐音 哈思特 度 爱嫩 佛淤喝晒恩

hasite du ainen fvheshaien

酒 店 住 宿

预约入住

能为您效劳吗?

Kann ich etwas für Sie tun?

谐音 看 一西 爱特袜思 佛淤耳 资义 囤

kan yixi aitewasi fv ziyi tun

我想在你们宾馆预订一个房间。

Ich möchte ein Zimmer in ihrem Hotel reservieren.

谐音 一西 摸约西特 爱恩 次一么 因 一喝母 厚太饿 嗨责威恨

yixi moyuexite aien cime yin yihemu houtaie haizeweihen.

下周二我想订一个双人房间。

Ich möchte ein Doppelzimmer für nächsten Dienstag reservieren.

谐音 一西 摸约西特 爱恩 都破次一么 佛淤 耐西思特恩 弟因思踏克 嗨责威恨

yixi moyuexite aien doupocime foyue naixisiten diyinsitake haizeweihen

价格有什么不同?

Was ist der Unterschied des Preises?

谐音 袜思 一思特 得耳 温特使一特 呆思 破嗨思诶思

wasi yisite deier wenteshite daisi pohaizesi

您这还有空房吗?

Haben Sie noch Zimmer frei?

谐音 哈笨 资义 闹喝 次一么 佛嗨

haben ziyi naohe cime fohai

您准备住多久?

Wie lange wollen Sie bleiben?

谐音 为 浪饿 窝乐恩 资一 布来本

wei lange wolen ziyi bulaiben

我们将在星期天上午离开。

Wir wollen am Sonntagmorgen auschecken.

谐音 伪耳 窝勒恩 阿母 棕他克猫跟 傲思拆肯

weier wolen amu zongtake maogen aisichaiken

我们有一个单间,在这段时间可以用。

Wir haben ein freies Einzelzimmer in diesem Zeitraum.

谐音 伪耳 哈笨 爱恩佛嗨饿思 爱次饿次么 佛嗨 因 弟责母 菜特号母

weier haben aien aience cime fohaoesi yin dizemu caitehaomu

可以把您的名字告诉我吗?

Können Sie mir Ihren Namen sagen?

谐音 克约嫩 资义 密耳 一恨 那门 杂跟

keyuenen ziyi mier yihen namen zagen

我要一间有浴室的标准间。

Ich möchte ein Standardzimmer mit einem Badezimmer.

谐音 一西 摸约西特 爱恩 使但大特次一么 密特 爱呢母 吧特次一么

yixi moyuexite aien shidandate cime mite ainemu bate ciyime

如有可能，我想要一个不临街的安静房间。

Ich möchte ein ruhiges Zimmer, das weit von der Straße entfernt liegt.

谐音 一西 摸约西特 爱恩 护一革思 次一么，大思 外特 佛恩 得耳 使特哈色 安特饭特 李克特

yixi moyuexite aien huyigesi cime, dasi waite fon deier shitehase antefante likete

请稍等，我为您查一下。

Einen Moment bitte. Ich überprüfe es für Sie.

谐音 爱嫩 某门特 比特，一西 淤博普喝淤佛 爱思 佛淤耳 资义

ainen moumente bite, yixi yubo puhvfo aisi fv ziyi

前台登记

您有预订吗？

Haben Sie eine Reservierung?

谐音 哈笨 资义 爱呢 嗨责威轰

haben ziyi aine haize weihong

是的，我是李先生，电话预订的。

Ja, ich habe ein Zimmer telefonisch unter dem Namen Herr Li reserviert.

谐音 压，一西 哈伯 爱恩 次一么 泰勒佛泥使 温特 得母 那们 嗨恨 里 嗨责威饿特

ya, yixi habo aien ciyime tailefonishi wente deimu namen haihen li haizeweiete

我有预订，名字是 Cindy。

Ich habe eine Reservierung unter dem Namen Cindy.

谐音 一西 哈博 爱呢 嗨责威轰 温特 得母 那门 辛迪

yixi habo aine haizeweihong wente deimu namen xindi

您是明天退房吗?

Checken Sie morgen aus?

谐音 拆肯 资义 猫跟 傲思

chaiken ziyi maogen aosi

旅馆里有空余的房间吗?

Haben Sie ein freies Zimmer im Hotel?

谐音 哈笨 资义 爱恩 佛嗨饿思 次一么 因母 厚太饿

haben ziyi aien fohaiesi cime yinmu houtaie

请付人民币 1000 元做押金。

Bitte zahlen Sie 1000 RMB als Kaution.

谐音 比特 擦勒恩 资义 套怎特 耳 爱母 杯 阿思 靠穷

bite calen ziyi taozente er aimu bei aisi kaoqiong

我们需要用您的护照做一下登记。

Wir brauchen Ihren Pass für die Registrierung.

谐音 伪耳 布号恨 一恨 怕思 佛淤耳 弟 黑革一思特喝一轰

weier buhaohen yihen pasi fv di heigi site hihong

让我帮您检查一下，姓名、住址、国籍、护照号码、签名。

Lassen Sie mich ihren Name, Adresse, Nationalität, Passnummer und Unterschrift nachprüfen.

谐音 拉森 资义 米西 一恨 那么，阿德嗨色，那穷那里泰特，怕思怒么 屋恩特 温特使喝一夫特 那喝普喝淤奋

lasen ziyi mixi yihen name, adehaise, naqiong nalitaite, pasinume wente wente shihifute nahe puhvfen

---

这是您的房卡，请保管好。

Hier ist Ihre Schlüsselkarte. Bitte bewahren Sie die Karte gut auf.

谐音 喝一耳 一思特 一喝 使绿色卡特。比特 博袜恨 资义 弟 卡特 姑特 傲夫

hier yisite yihe shilvse kate. Bite bewahen ziyi di kate gute aofu

在度假旺季，旅馆经常客满。

Hotels sind oft voll in der Hauptsaison.

谐音 厚泰饿思 资因特 殴夫特 佛饿 因 得耳 号普特在森

houtaiesi zinte oufute foe yin deier haopute zaisen

很抱歉，今天客房全部预订满了。

Unsere Zimmer sind heute leider ausgebucht.

谐音 温责喝 次一么 资义特 蒿一特 来得 傲思革布喝特

wenzehe ciyime ziyite haoyite laide aosi gebuhete

酒店服务

您需要唤醒服务吗？

Brauchen Sie einen Weckrufservice?

谐音 布号恨 资义 爱嫩 外克护夫色威思

buhaohen ziyi ainen waikehufu seweisi

我可以进来吗？

Darf ich rein kommen?

谐音 大夫 一西 嗨恩 靠门

dafu yixi haien kaomen

请整理一下浴室。

Bitte bringen Sie das Badezimmer in Ordnung.

谐音 比特 布喝因按 资义 大思 吧特次一么 因 傲德弄

bite buhin an ziyi dasi bate cime yin aode nong

现在可以收拾房间了吗？

Darf ich jetzt das Zimmer aufräumen?

谐音 大夫 一西 耶次特 大思 次一么 傲夫号一门

dafu yixi yecite dasi cime aofu haoyimen

乐意效劳。

Gerne

谐音 该呢

gaine

我能帮您吗？

Kann ich Ihnen helfen?

谐音 看 一西 一嫩 嗨奋

kan yixi yinen haifen

客房服务。

Zimmerservice.

谐音 次一么色威思

cime seweisi

请帮我转接前台。

Verbinden Sie mich mit der Rezeption.

谐音 费耳宾德恩 资义 密西 米特 得耳 黑菜普穷

feier binden ziyi mixi mite deier haicaipuqiong

我们每间客房都有吹风机。

In jeden Zimmer gibt es einen Haartrockner.

谐音 因 耶德恩 次一么 给布特 爱思 爱嫩 哈饿特厚克呢

yin yeden cime geibute aisi ainen hae tehoukene

你们有洗衣服务吗？

Haben Sie einen Wäscherei-Service?

谐音 哈笨 资义 爱嫩 外舍嗨 色威思

haben ziyi ainen waishihai seweisi

我明早需要晨呼服务。

Ich brauche einen Weckrufservice morgen früh.

谐音 一西 布号喝 爱嫩 外克护夫色威思 猫跟 服喝淤

yixi buhaohe ainen waikehufu seweisi maogen fuhv

🗣 **请把我们的床单枕套换一下。**

Bitte wechseln Sie unsere Bettwäsche und Kissenbezüge .

谐音 比特 外克森 <u>资义</u> 温色喝 摆特外舍 屋恩特 <u>克一森博次淤革</u>

bite waikesen ziyi wensehe baitewaishe wente kisen bocvge

📋 **结账退房**

🗣 **您选择什么付账方式呢?**

Wie bezahlen Sie gerne?

谐音 伪 博擦<u>勒</u>恩 <u>资义</u> 该呢

wei becalen ziyi gaine

🗣 **这是您的账单。**

Hier ist Ihre Rechnung.

谐音 喝<u>一</u>耳 一思特 一喝 嗨西弄

hier yisite yihe haixinong

🗣 **根据酒店的规定,要赔偿损坏物品。**

Nach den Regeln des Hotels werden die beschädigten Sachen bezahlt.

谐音 那喝 但 黑跟 呆思 厚泰饿思 外<u>德恩</u> 弟 博晒弟革<u>特</u>恩 杂恨 博擦饿特

nahe dan heigen daisi houtaiesi waiden di boshidigeten zahen becaete

---

🗣 **退房时间最晚中午 I2 点。**

Die Auscheckzeit ist 12:00 Uhr.

谐音 弟 傲思拆肯莱特 一思特 次窝约服 无耳

di aosi chaikencaite yisite ciwoyuefu wuer

🗣 **我想用信用卡结账。**

Ich möchte mit Kreditkarte bezahlen.

谐音 一西 摸约西特 米特 克黑弟特卡特 博擦<u>勒</u>恩

yixi moyuexite mite keheidite kate becalen

请稍等，我计算一下。

Einen Moment, bitte. Ich erstelle die Rechnung.

谐音 爱嫩 某门特，比特 一西 爱耳使呆乐 弟 嗨西弄

ainen moumente, bite. Yixi aiershidaile di haixinong

如果您逗留到下午两点以后，我们会额外收费。

Es gibt eine zusätzliche Gebühr, wenn Sie bis nach 14.00 Uhr bleiben.

谐音 爱思 给布特 爱呢 醋在次里舍 革博淤耳，温 资义 比思 那喝 费耳次一恩 无耳 布来笨

aisi geibute aine cuzaicilishe gebver, wen ziyi bisi nahe feier cin wuer bulaiben

请告诉我您的房间号码。

Sagen Sie mir Ihre Zimmernummer, bitte.

谐音 杂跟 资义 密耳 一喝 次一么怒么，比特

zagen ziyi mier yihe cime nume, bite

抱怨投诉

服务很不好。

Der Service gefällt mir nicht.

谐音 得耳 色威思 革佛爱饿特 密耳 腻西特

deier seweisi gefo ai e te mier nixite

这房间里的灯光太暗了。

Das Licht im Raum ist zu dunkel.

谐音 大思 里西特 因母 号母 一思特 醋 蹲克

dasi lixite yinmu haomu yisite cu dunke

您有什么意见要提出吗？

Möchten Sie Vorschläge machen?

谐音　摸<u>约</u>西<u>特</u>恩 资义 佛使来革 妈恨

moyuexiten ziyi foshilaige mahen

客房服务太慢了。

Der Zimmerservice ist zu langsam.

谐音　得耳 <u>次一</u>么色威思 一思特 醋 浪藏母

deier cime seweisi yisite cu langzangmu

我房里的吹风机不能用了。

Der Fön im Zimmer funktioniert nicht.

谐音　得耳 佛<u>约恩</u> 因母 <u>次一</u>么 凤克穷腻耳特 腻西特

deier foyun yinmu cime fengkeqiong nierte nixite

很抱歉造成这些困扰。

Ich entschuldige mich dafür.

谐音　一西 按特舒弟革 密西 大佛淤耳

yixi anteshudige mixi dafv

你们今天清扫房间了吗？太脏了。

Haben Sie den Raum geputzt? Er ist schmutzig.

谐音　哈笨 资义 但 号母 哥普次特？诶耳 一思特 使母<u>次一</u>西

haben ziyi dan haomu gepucite eier yisite cu shimu ciyixi

我房间里的电视机坏了。

Der Fernseher im Raum ist kaputt.

谐音　得耳 饭贼 因母 号母 一思特 卡普特

daier fanzei yinmu haomu yisite kapute

我希望你们能提高一下工作效率。

Ich hoffe, Sie können ihre Arbeitseffizienz verbessern.

谐音　一西 厚佛，资义 克<u>约</u>嫩 一喝 阿摆次一飞<u>次</u>因次 费耳摆森

yixi houfo, ziyikeyuenen yihe abaici yifeicinci feier baisen

关注天气

北京的天气怎么样?

Wie ist das Wetter in Peking?

谐音　伪 一思特 大思 外特 因 <u>皮克因</u>

wei yisite dasi waite yin peiking

下午可能会转晴。

Heute Nachmittag wird es vielleicht sonnig.

谐音　蒿一特 那喝米他克 伪饿特 爱思 飞饿来西特 资殴腻西

haoyite nahemitake wei e te aisi feie laixite zounixi

这里现在是雨季吗?

Ist hier jetzt Regenzeit?

谐音　一思特 喝一耳 耶次特 黑跟菜特

yisite hier yecite hengencaite

伦敦经常下雨吗?

Regnet es häufig in London?

谐音　黑革特 爱思 蒿一飞西 因 伦蹲

heigete aisi haoyifeixi yin lundun

外面在下毛毛雨。

Es nieselt draußen.

谐音　爱思 腻责特 德号森

aisi nizete dehaosen

我听说伦敦总是烟雾弥漫。

Ich habe gehört, dass es in London häufig neblig ist.

谐音 一西 哈博 革喝约特，大思 爱思 因 伦蹲 嵩一飞西 内布里西 一思特

yixi habo geheyuete, dasi aisi yin lundun haoyifeixi neibulixi yisite

天气预报怎么说？

Was hat die Wettervorhersage gesagt?

谐音 袜思 哈特 弟 外特佛喝一耳杂雷 革杂克特

wasi hate di waite fohier zage gezakete

著名景点

黑森林自然公园在德国巴符州。

Der Naturpark Schwarzwald liegt in Baden-Württemberg.

谐音 呆耳 那兔怕克 使袜次袜饿特 里克特 因 吧德恩 窝淤特恩母摆克

daier natupake shiwaci waete likete yin baden woyutenmu baike

柏林墙是德国的著名建筑。

Die Berliner Mauer ist ein berühmtes Bauwerk in Deutschland.

谐音 弟 摆林呢 猫饿 一思 特爱恩 博喝淤母特思 包外克 因 到一吃蓝特

di bailinne maoe yisite aien behvmutesi baowaike yin daoyichilante

柏林勃兰登堡门位于德国的首都柏林。

Das Brandenburger Tor ist in der Hauptstadt Berlin.

谐音 打思 布航德恩布革 兔饿 一思特 因 得耳 号布特使大特 摆林

dasi buhangdenbuge tue yisite yin deier haobute shidate bailin

科隆大教堂是北威州最大的教堂。

Der Kölner Dom ist der größte Dom in Nordrhein-Westfalen.

谐音 得耳 克约呢 都母 一思特 得耳 革喝约思特 都母 因 呢 殴特嗨恩 外思特发乐恩

deier keyuene doumu yisite deier geheyuesite doumu yin naotehaien waisite falen

欧洲公园是一个主题公园。

Der Europa-Park Rust ist ein Freizeitpark.

谐音 得耳 殴有厚怕 怕克 护思特 一思特 爱恩 佛嗨菜特怕克

deier ouyouhoupa pake husite yisite aien fohaicaite pake

位于富森镇旁的新天鹅堡简直美如童话。

Das Schloss Neuschwanstein bei Füssen ist einfach märchenhaft.

谐音 大思 使漏思 闹一使碗使带 摆 服淤森 一思特 爱恩发喝 买 婶哈服特

dasi shilousi naoyi shiwanshidai bai fvsen yisite aienfahe maishenhafute

他们把德国最受欢迎的景点投给了拜仁州这座知名的城堡。

Sie wählen dieses bayerische Schloss zur beliebtesten Sehenswürdigkeit in Deutschland.

谐音 资义 外乐恩 弟责思 八压喝一射 使漏思 醋而 薄里薄太死 特恩 贼恩思窝约地西开特 因 到一吃蓝特

ziyi waileen dizesi bayaheyishe shilousi cier bolibotaisiten zeiensiwoyuedixikaite yin daoyichilante

购买门票

门票多少钱?

Wie viel kostet eine Eintrittskarte?

谐音 伪 飞饿 扣思泰特 爱呢 爱恩特喝一次卡特

wei feie kousitaite aine aientehisikate

一张成人票。

Eine Karte für Erwachsene.

谐音 爱呢 卡特 佛淤耳 诶耳袜克森呢

aine kate fv eier wakesenne

有团体优惠吗？

Haben Sie einen Rabatt für eine Gruppe?

谐音 哈笨 资义 爱嫩 哈吧特 佛淤耳 爱呢 革护坡

haben ziyi ainen habate fv aine gehupo

有免费开放时间吗？

Gibt es eine Öffnungszeit mit kostenlosem Eintritt?

谐音 给布特 爱思 爱呢 约服弄思莱特 米特 扣思特恩漏森 爱恩特喝一特

geibute aisi aine yuefunongsi caite mite kousitenlousen aientehite

---

学生票 10 元。

10 Yuan für Studenten.

谐音 次恩 元 佛淤耳 使度德恩 特恩

cin yuan fv shidudenten

麻烦出示一下学生证。

Bitte zeigen Sie mir Ihren Studentenausweis .

谐音 比特 菜跟 资义 米耳 一喝恩 使度德恩 特恩傲思外思

bite caigen ziyi mier yihen shidudenten aosiwaisi

---

60 岁以上的老人免费进去。

Die Menschen, die älter als 60 sind, können kostenlos hineingehen.

谐音 弟 门神，弟 诶饿特 阿思 在克次一西 资因特，克约嫩 扣思特恩漏思 喝因爱恩给恩

di menshen, di ei e te asi zaikecixi zinte, keyuenen kousitenlousi hin aien geien

1.2 米以下的小孩免费进去。

Die Kinder, die unter 1,2 Meter sind, können kostenlos hineingehen.

谐音 弟 克因德，弟 温特 爱思 靠么 次外 米特 资因特，克约嫩 扣思特恩漏思 喝因爱恩给恩

di kinde, di wente aisi kaome ciwai mite zinte, keyuenen kousitenlousi hin aien geien

---

拍照留念

您能帮我拍照吗?

Können Sie mir helfen, ein Foto zu machen?

谐音 克约嫩 资义 密耳 嗨奋，爱恩 佛头 醋 妈恨

keyuenen ziyi mier haifen, aien fotou cu mahen

他们用特定的姿势一起拍照。

Sie fotografieren sich mit eines bestimmten Geste.

谐音 资一 佛头哥哈飞恨 贼西 米特 爱呢思 博使弟母特恩 盖思特

ziyi fotougehafeihen zeixi mite ainesi boshidimuten gaisite

我们一起照张相吧。

Lass uns zusammen ein Foto machen.

谐音 拉思 屋恩斯 醋咋门 爱恩 佛头 马恨

lasi wuensi cuzamen aien fotou mahen

我可以和你合张影吗?

Kann ich mit dir ein Foto machen?

谐音 看 一西 米特 弟而 爱恩 佛头 吗很

kan yixi mite dier aien fotou mahen

请把瀑布当作背景。

Bitte fotografieren Sie den Wasserfall als Hintergrund.

谐音 比特 佛头革哈飞一恨 资义 但 袜色发 阿思 喝因特革昏特

bite fotou geha fihen ziyi dan wasefa asi hinte gehunte

微笑一下。
Lächeln, bitte.

谐音 来婶，比特
laishen, bite.

保持好姿势。
Halten Sie diese Geste.

谐音 哈特恩 资义 弟则 该思特
haten ziyi dize gaisite

我不会用你的相机。
Ich weiß nicht, wie deine Kamera funktioniert.

谐音 一西 外思 腻西特，伪 带呢 卡妈哈 佛温克穷腻饿特
yixi waisi nixite, wei daine kamahe fengkeqiong ni e te

按快门就好。
Drücken Sie einfach auf den Auslöser.

谐音 德喝淤肯 资义 爱恩发喝 傲夫 但 傲思勒约色
dehvken ziyi aienfahe aofu dan aosi leyuese

在游乐场

我们有半天票和全天票。
Wir haben Halbtageskarten und Tageskarten.

谐音 伪耳 哈笨 哈博他革思卡特恩 屋恩特 他革思卡特恩
weier haben habotagesi katen wente tagesi katen.

鬼屋今天开放吗？
Öffnet das Spukhaus heute?

谐音 约夫耐特 大思 使普克号思 蒿一特
yuefunaite dasi shipuke haosi haoyite

纪念品商店在哪儿？
Wo ist der Souvenirladen?

谐音 窝 一思特 呆耳 组威腻耳拉德恩
wo yisite daier zuweinier laden

入口在哪里?

Wo ist der Eingang?

谐音 窝 一思特 呆耳 爱恩刚

wo yisite daier aiengang

游乐园什么时候关门?

Wann wird der Vergnügungspark geschlossen?

谐音 碗 <u>伪饿特</u> 得耳 <u>费耳革女拱思怕克</u> 革使漏森

wan wei e te deier feier genvgongsi pake geshilousen

请排队。

Stellen Sie sich bitte an.

谐音 使带<u>勒恩</u> <u>资义</u> 贼西 比特 安

shidailen ziyi zeixi bite an

你怕玩海盗船吗?

Hast du Angst vor dem Piratenschiff?

谐音 哈思特 度 安思特 佛 呆母 皮哈<u>特恩</u> <u>使一</u>夫

hasite du ansite fo daimu pihaten shifu

我们去坐摩天轮吧。

Lass uns Riesenrad fahren.

谐音 拉思 温思 黑森哈特 发很

lasi wensi heisenhate fahen

逛博物馆

博物馆每周一闭馆。

Das Museum schließt jeden Montag.

谐音 大思 母贼<u>一</u>母 使里思特 耶<u>德恩</u> 某恩他克

dasi muzeiyimu shilisite yeden mouentake

这是谁的作品？

Wessen Werk ist das?

谐音 威森 外克 一思特 大思

weisen waike yisite dasi

这是原作还是仿制品？

Ist das ein Original oder eine Kopie?

谐音 一思特 大思 爱恩 殴喝一革一那 殴德 爱呢 扣皮

yisite dasi aien ouhigina oude aine koupi

这个展览是免费吗？

Ist die Ausstellung kostenlos?

谐音 一思特 弟 傲思使呆龙 扣思特恩漏思

yisite di aosishidailong kousitenlousi

我去参观了大英博物馆。

Ich habe das British Museum besucht.

谐音 一西 哈博 打思 布喝一替舍 母贼一母 博组喝特

yixi habo dasi buhitishe muzeiyimu bozuhete

旅 游 购 物

大淘特产

你可以给我推荐一些特产吗？

Kannst du mir einige Spezialitäten empfehlen?

谐音 看思特 度 密耳 爱腻革 使吧次一阿里泰特恩 按母费勒恩

kansite du mier ainige shibacialitaiten anmu feilen

哪里可以买到地方特产?

Wo kann ich einige lokale Spezialitäten kaufen?

谐音　窝 看 一西 爱腻革 漏卡勒 使吧次一阿里泰特恩 靠奋

wo kan yixi ainige loukele shibacia litaiten kaofen

啤酒是德国的特产。

Bier ist die Spezialität in Deutschland.

谐音　比耳 一思特 弟 使吧次一阿里泰特 因 到一吃蓝特

bier yisite di shibacialitaite yin daoyichilante

北京的特产是什么?

Was ist die Spezialität in Peking?

谐音　袜思 一思特 弟 使吧次一阿里泰特 因 皮克因

wasi yisite di shibacia litaite yin peiking

附近的专卖店就有售。

Es gibt ein Fachgeschäft in der Nähe.

谐音　爱思 给布特 爱恩 发喝革晒夫特 因 得耳 耐耳

aisi geibute aien fahe geshaifute yin deier naier

北京烤鸭是北京的特产。

Peking Ente ist eine Spezialität in Peking.

谐音　皮克因 按特 一思特 爱呢 使吧次一阿里泰特 因 皮克因

peiking ante yisite aine shibacialitaite yin peiking

三　免税商品

请问免税店在哪儿?

Entschuldigung, wo ist der Dutyfree-Shop?

谐音　按特舒弟供，窝 一思特 得耳 丢替佛瑞 少普

anteshudigong, wo yisite deier diutiforui shaopu

这是免税的吗?

Ist es zollfrei?

谐音　一思特 爱思 凑佛嗨

yisite aisi coufohai

在免税商店买酒便宜很多。

Es ist billiger, Alkohol im Dutyfree-Shop zu kaufen.

谐音 爱思 一思特 比里革，阿克厚 义母 丢替佛瑞 少普 醋 靠奋

aisi yisite bilige, akehou yim diutiforui shaopu cu kaofen

在免税商店，您的消费不能超过 300 欧元。

Die maximale Ausgabe im Dutyfree-Shop ist 300 Euro.

谐音 弟 妈克思诶妈勒 傲思噶博 义母 丢替佛瑞 少普 一思特
得嗨昏得特 哦一厚

di makesimale aosigabo yim diutiforui shaopu yisite dehai hundete ouyihou

免税商店有化妆品吗？

Gibt es Kosmetika im Dutyfree-Shop?

谐音 给布特 爱思 扣思每替卡 义母 丢替佛瑞 少普

geibute aisi kousimeitika yim diutiforui shaopu

首先你必须出示你的护照和签证。

Zuerst musst du deinen Pass und dein Visum zeigen.

谐音 醋爱思特 木思特 度 呆嫩 怕思 屋恩特 呆恩 威组母 菜跟

cuaisite musite du dainen pasi wente daien weizumu caigen

问路迷路

我现在这是在哪儿？

Wo bin ich jetzt?

谐音 窝 髟 一西 耶次特

wo bin yixi yecite

我迷路了。

Ich habe mich verlaufen.

谐音 一西 哈博 密西 费耳捞奋

yixi habo mixi feierlaofen

你能带我去市中心吗？

Können Sie mich in die Innenstadt bringen?

谐音 克约嫩 资义 密西 因 弟 一嫩使大特 布喝因按

keyuenen ziyi mixi yin di yinenshidate buhinan

能搭个便车吗？

Kann ich trampen?

谐音 看 一西 特哈母喷

kan yixi tehamupen

我在森林里了。

Ich habe mich im Wald verlaufen.

谐音 一西 哈博 密西 因母 袜饿特 费耳捞奋

yixi habo mixi yinmu waete feierlaofen

对不起，我也是刚来这儿的。

Entschuldigung, ich bin auch neu hier.

谐音 按特舒弟供，一西 鬓 傲喝 闹一饿 喝一耳

anteshudigong, yixi bin aohe aine naoyie hier

您能帮我画张简易地图吗？

Können Sie mir bitte eine einfache Landkarte malen?

谐音 克约嫩 资一 密耳 比特 爱呢 爱恩发喝 蓝特卡特 妈勒恩

keyuenen ziyi mier bite aine aienfahe lantekate malen

那我现在该往哪儿走？

In welche Richtung soll ich jetzt gehen?

谐音 因 外舍 喝一西痛 揍 一西 耶次特 给恩

yin weishe hixitong zou yixi yecite geien

三 物品遗失

失物招领处在哪儿？

Wo ist das Fundbüro?

谐音　窝 一思特 打思 佛温特博淤厚

wo yisite dasi fowente bvhou

我的钱包不见了。

Ich kann meine Tasche nicht finden.

谐音　一西 看 买呢 他舍 腻西特 佛因 德恩

yixi kan maine tashe nixite finden

如果您找到了，请给我打电话。

Rufen Sie mich bitte an, wenn Sie meine Tasche gefunden haben.

谐音　护奋 资义 密西 比特 按，问 资义 买呢 他舍 革佛温德恩 哈笨

hufen ziyi mixi bite an, wen zi maine tashe gefowenden haben

你包里都有什么？

Was gibt es in deiner Tasche?

谐音　袜思 给布特 爱思 因 呆呢 他舍

wasi geibute aisi yin daine tashe

我的护照、钱包、相机都在里面。

Drinnen befinden sich mein Pass, meine Handtasche und meine Kamera.

谐音　德喝因嫩 博佛应 德恩 贼西 买恩 怕思，买呢 汗特他舍 屋恩特 买呢 卡么哈

dehinnen bofoyingden zeixi mai pasi, maine hantetashe wente maine kameha

我不记得放哪儿了。

Ich kann mich nicht daran erinnern, wo ich es hingetan habe.

谐音 一西 看 密西 腻西特 打汗 <u>诶耳</u> 喝因嫩，窝一西 爱思 喝应 哥探 哈笨

yixi kan mixi nixite dahan eierhinnen, wo yixi aisi heyinggetan haben.

有人看见一部苹果手机吗？

Hat jemand ein iPhone gesehen?

谐音 哈特 耶满特 爱恩 爱佛恩 革贼恩

hate yemante aien aifoen gezeien

我把包落在计程车上了。

Ich habe meine Tasche im Taxi verloren.

谐音 一西 哈博 买呢 他舍 因母 泰克思一 费耳漏恨

yixi habo maine tashe yinmu taikesi feierlouhen

遭窃报案

我的钱包被偷了。

Meine Geldbörse wurde gestohlen.

谐音 买呢 该饿特薄约责 捂德 革使都勒恩

maine gaieteboyueze wude geshidoulen

小偷！抓住他！

Dieb! Halt ihn!

谐音 弟普！哈饿特 一恩

dipu! Haete yien

这附近有警局吗？

Gibt es eine Polizeistation in der Nähe?

谐音 给布特 爱思 爱呢 剖里莱使大穷 因 得耳 耐饿

geibute aisi aine poulicai shidaqiong yin deier naie

🗣 我们应该尽快去警察局报案。

Wir Sollten so schnell wie möglich zur Polizei gehen.

谐音 伪耳 揍特恩 揍 使耐饿 伪 <u>摸约克里西</u> 醋耳 剖里莱 <u>给恩</u>

weier zouten so shinaie wei moyuekelixi cuer poulicai geien

🗣 你可以向那个警察寻求帮助。

Du kannst die Polizei noch Hilfe fragen.

谐音 度 看思特 弟 剖里莱 闹喝 黑饿佛 佛哈根

du kansite di poulicai naohe heiefo fohagen

🗣 麻烦填一下这张单子。

Bitte füllen Sie diese Liste aus.

谐音 比特 佛淤 <u>勒恩</u> <u>资义</u> 弟责 里思特 傲思

bite fvlen ziyi dize lisite aosi

🗣 您什么时候发现他不见的？

Wann haben Sie es wahrgenommen, dass es nicht mehr da ist?

谐音 碗 哈笨 <u>资义</u> 爱思 袜革呢殴门，大思 爱思 腻西特 每饿 大 一思特

wan haben ziyi aisi wagenoumen, dasi aisi nixite meie da yisite

🗣 什么东西被偷了？

Was wurde gestohlen?

谐音 袜思 屋德 革使都<u>勒恩</u>

wasi wude geshidoulen

🗣 你看到小偷了吗？

Hast du den Dieb gesehen?

谐音 哈思特 度 但 弟普 革贼恩

hasite du dan dipu gezeien

我们会尽力帮你找回你的包的。

Wir werden unser Bestes tun, deine Tasche zu finden.

谐音 伪耳 外饿 德恩 无恩色 摆思泰思 兔恩，呆呢 他舍 醋 佛因 德恩

weier waiden wense beisitaise tuen, daine tashe cu finden

意外生病

我先给你做紧急处理。

Zuerst werde ich Notfallbehandlungen für dich machen.

谐音 醋诶思特 外德 一西 呢殴特发 博汗德龙恩 佛淤耳 弟 西 妈恨

cueisite waide yixi noutefa behandelong en fv dixi mahen

我食物中毒了。

Ich habe eine Lebensmittelvergiftung.

谐音 一西 哈博 爱呢 累笨思密特 费耳 革一 夫痛

yixi habo aine leibensimite feier gi futong

我拉肚子。

Ich habe Durchfall.

谐音 一西 哈博 度一西发

yixi habo duyixifa

我不小心被蛇咬了。

Eine Schlange hat mich gebissen.

谐音 爱呢 使浪革 哈特 密西 革比森

aine shilangge hate mixi gebisen

我崴到脚了。

Ich habe meinen Knöchel verrenkt.

谐音 一西 哈博 买嫩 克呢约舍 费耳汗克特

yixi habo mainen kenveshe feier hankete

三 寄存服务

我可以把行李寄存在这里吗?

Kann ich hier mein Gepäck aufbewahren?

谐音　看　一西　喝一耳　买恩　革拍克　傲夫博袜恨

kan yixi hier maien gepaike aofubowahen

我们这里有寄存处。

Wir haben eine Gepäckaufbewahrung.

谐音　伪耳　哈笨　爱呢　革拍克傲夫博袜轰

weier haben aine gepaike aofubewahong

进去需要先存包。

Bevor du hineingehst, musst du deine Tasche aufgeben.

谐音　被佛　度　喝因　爱恩　给思特，母思特　度　呆呢　它舍　傲夫给笨

beifo du hin aien geisite, musite du daine tashe aofugeiben

贵重物品请随身带好。

Nehmen Sie ihre Wertsachen mit, bitte.

谐音　内门　资义　一喝　外特杂恨　米特，比特

neinem ziyi yihe waitezahen mite, bite.

我的东西能存多久?

Wie lange kann ich meine Sachen aufbewahren?

谐音　伪　浪饿　看　一西　买呢　杂恨　傲夫博袜恨

wei lang e kan yixi maine zahen aofubewahen

我想要租一个保险箱。

Ich möchte einen Safe mieten.

谐音　一西　摸约西特　爱嫩　思诶夫　米特恩

yixi moyuexite ainen seifu miten

您什么时候过来取?

Wann wollen Sie es abholen?

谐音 碗 窝勒恩 资义 爱思 阿布厚勒恩

wan wolen ziyi aisi abu houlen

我是过来取东西的。

Ich komme, um meine Sachen zu holen.

谐音 一西 靠么，无母 买呢 杂恨 醋 厚勒恩

yixi kaome, wumu maine zahen cu houlen

你可以凭收据来取。

Mit dieser Quittung holen Sie es ab.

谐音 米特 弟责 克威痛 厚勒恩 资义 爱思 阿普

mite dize keweitong houlen ziyi aisi apu

您想要一份全职的工作还是兼职的工作？

Möchten Sie gerne einen Vollzeitjob oder Teilzeitjob?

谐音 摸约西特恩 资义 该呢 爱嫩 佛 菜特 照普 殴德 泰饿 菜特 照普

moyuexiten ziyi gaine ainen focaite zhaopu oude taiecaite zhaopu

---

我想找一份兼职的工作。

Ich möchte eine Nebentätigkeit.

谐音 一西 摸约西特 爱呢 内笨 泰替西 凯特

yixi moyuexite aine neiben taitixi kaite

我想知道工作条件。

Ich möchte mich über die Arbeitsbedingungen informieren.

谐音 一西 摸约西特 密西 淤博 弟 阿摆次 博订翁恩 因佛咪恨

yixi moyuexite mixi yubo di abaici bo ding weng en yinfomihen

---

晋升的机会怎么样？

Wie ist die Chance für den Aufstieg?

谐音 伪 一思特 弟 商色 夫淤耳 德恩 傲夫使弟克

wei yisite di shangse puyuer den aofushidike

请问这个工作还招人吗？

Ist diese Stelle noch frei?

谐音 一思特 弟责 使呆勒 闹喝 佛嗨

yisite dize shidaile naohe fohai

请把你的简历发给我们。

Bitte schicken Sie Ihren Lebenslauf an uns.

谐音 比特 使一 肯恩 资义 一恨 累笨思捞夫 安 无恩思

bite shaken ziyi yihen leibensilaofu an wensi

我们的招聘广告上有具体信息。

In unseren Stellenanzeigen gibt es konkrete Informationen.

谐音 因 无恩责恨 使呆勒恩 安莱跟 给布特 爱思 康克黑特 因佛妈穷嫩

yin wenzehen shidailen ancaigen geibute aisi kangkeheite yinfomaqiongnen

我们公司有很多空缺岗位。

Es gibt viele freie Stellen in unserer Firma.

谐音 爱思 给布特 飞乐 佛嗨饿 使呆乐恩 因 无恩责喝 飞饿马

aisi geibute feile fohaie shidailen yin wenzehe feiema

我应该怎样申请这项工作?

Wie kann ich mich für diese Arbeit bewerben?

谐音 伪 看 一西 密西 佛淤耳 弟责 阿摆特 博外笨

wei kan yixi mixi fv dize abaite bowaiben

个人技能

你会使用日常办公设备吗?

Kannst du die Apparate bedienen?

谐音 看思特 度 弟 阿怕嗨特 博滴嫩

kansite du di apahaite bodinen

她很善于和顾客交往

Sie ist sehr gewandt im Umgang mit Kunden.

谐音 资义 一思特 贼耳 革碗特 因母 无母刚 米特 困德恩

ziyi yisite zeier gewante yinmu wumugang mite kunden

我有驾照。

Ich habe einen Führerschein.

谐音 一西 哈博 爱嫩 佛淤喝晒恩

yixi habo ainen fvhe shaien

🔊 **我打字速度是每分钟 100 字。**
Ich kann 100 Wörter pro Minute tippen.

谐音 一西 看 昏德特 窝约特 普厚 米怒特 替喷

yixi kan hundete woyuete puhou minute tipen

🔊 **我们要测试一下你的英语水平。**
Wir werden deine Englischkenntnisse testen.

谐音 伪耳 外德恩 呆呢 鹰革里使 看特腻思 泰思特恩

weier waiden daine yinggelishi kantenisi taisiten

🔊 **你认为自己英语口语如何？**
Wie schätzt du deine mündliche Sprachfähigkeit
im Englischen ein?

谐音 为 晒次特 杜 呆呢 摸约特里西 使普哈喝佛爱一西凯特 因母
因哥里神 爱恩

wei shaicite du daine moyuetelixi shipihahefoaixiyikaite yinmu

yingelishen aien

🔊 **您还会讲什么外语吗？**
Welche Fremdsprache können Sie sprechen?

谐音 外舍 佛嗨母特 使普哈喝 克约嫩 资义 使普嗨婶

waishi fohaimute shipuhahe keyuenen ziyi shipuhaishen

🔊 **我能用英语熟练地会话和写作。**
Ich kann Englisch fließend sprechen und schreiben.

谐音 一西 看 鹰革里使 服里森特 使普嗨婶 屋恩特 使嗨笨

yixi kan yinggelishi fulisente shipuhaishen wente shihaiben

🔊 **我过了英语六级考试。**
Ich habe die Prüfung CET-6 bestanden.

谐音 一西 哈博 弟 普喝淤凤 次一 诶特诶 在克思 博使但德恩

yixi habo di pohvfeng ci eitei zaikesi boshidanden

🔊 **我获得了会计师资格证书。**
Ich habe eine Revisorqualifikation erhalten.

谐音 一西 哈博 爱呢 黑威走饿 可袜里飞卡穷 诶耳哈特恩

yixi habo aine reiweizoue kewalifeikaqiong eierhaten

性格爱好

我欣赏诚实且易相处的人。

Ich bewundere die Personen, die ehrlich und umgänglich sind.

谐音 一西 博无恩德喝 弟 坡埃 资云嫩，弟 诶耳里西 屋恩特 无母干里西 资义 特

yixi bowendehe di poei zunnen, di eierlixi wente wumu gan lixi zite

---

您如何评价自己？

Wie schätzen Sie sich ein?

谐音 伪 晒次恩 资义 贼西 爱恩

wei shaicen ziyi zeixi aien

我工作刻苦。

Ich arbeite sehr fleißig.

谐音 一西 阿摆特 贼耳 服来思一西

yixi abaite zeier fulaisiyixi

你有什么爱好吗？

Welches Hobby hast du?

谐音 外舍思 号比 哈思特 度

waishesi haobi hasite du

我喜欢与人一起工作。

Ich arbeite gerne zusammen mit anderen.

谐音 一西 阿摆特 该呢 醋杂门 米特 安德恨

yixi abaite gaine cuzanmen mite andehen

我总是精力充沛。

Ich strotze vor Energie.

谐音 一西 使特厚 次饿 佛 安呢革一

yixi shitehou cie fo annegi

你的性格是怎么样的？
Wie ist dein Charakter?

谐音 伪 一思特 呆恩 卡哈克特
wei yisite daien kahakete

我很喜欢打篮球。
Ich spiele gerne Basketball.

谐音 一西 使比乐 该呢 把思克诶特 罢饿
yixi shibilo gaine basikeite bae

教育背景

让我们谈论一下你的学历。
Lass uns über deinen Bildungsgang diskutieren.

谐音 拉思 无恩思 淤博 呆嫩 比饿东思刚 弟思苦替恨
lasi wensi yubo dainen bi e dong si gang disikutihen

你是什么学位？
Welchen akademischen Titel hast du?

谐音 外舍恩 阿卡呆米舍恩 替特 哈思特 度
waishen akadaimishen tite hasite du

在大学主修什么？
Worauf hast du dich in der Universität spezialisiert?

谐音 窝号服 哈思特 度 弟西 因 得耳 无你外贼泰特 使摆
次一阿贼饿特
wohaofu hasite du dixi yin deier wuniwaizeitaite shibai cia li zei e te

在大学主修什么？
Was war dein Hauptfach in der Universität?

谐音 袜思 袜 呆恩 号普特发喝 因 得耳 无你外贼泰特
wasi wa daien haopute fahe yin deier wuni waizeitaite

2000 年我在吉林大学获得工商管理学硕士学位。

Im Jahr 2000 habe ich das MBA-Diplom in der Universität Jilin erhalten.

谐音 因母 压 次外 套怎特 哈博 一西 大思 爱母 被 阿 弟普 漏母 因 得耳 无你外贼泰特 吉林 诶耳哈特恩

yinmu ya ciwai taozente habo yixi dasi aimu bei a dipuloumu yin deier wuni waizeitaite jilin eierhaten

我主修经济。

Ich habe mich auf Ökonomie spezialisiert.

谐音 一西 哈伯 密西 傲服 约口呢殴密 使摆 次一 阿 里喝

yixi habo mixi aofu yuekounoumi shibai cia lihe

你大学时获得过什么荣誉和奖励吗?

Hast du Auszeichnungen und Preis in der Universität bekommen?

谐音 哈思特 度 傲思莱西弄 屋恩特 普害则 因 得耳 无腻外贼泰 特 博康门

hasite du aosicaixinong wuente puhaize yin deier wuni waizeitaite bokangmen

我的辅修专业是金融。

Mein Nebenfach ist Ökonomie.

谐音 买恩 内笨发喝 一思特 约口呢殴密

maien neibenfahe yisite yuekounoumi

每年我都获得奖学金。

Jedes Jahr bekomme ich ein Stipendium.

谐音 耶德思 压 博康么 一西 爱恩 使弟喷弟无母

yedesi ya bekangme yixi aien shidipen diumu

我可以将这些经验运用到工作上。

Ich kann diese Erfahrungen auf die Arbeit anwenden.

谐音 一西 看 弟责 诶耳发轰恩 傲夫 地 阿摆特 安 温 德恩

yixi kan dize eier fahong aofu di abaite anwenden

8

职场达人

279

工作经验

我有相关的工作经验。

Ich habe relevante Arbeitserfahrung.

谐音 一西 哈博 黑乐碗特 阿摆次诶耳发轰

yixi habo heilewante abaici eierfahong

我已经做这工作三年了。

Ich bin an diesem Arbeitsplatz schon 3 Jahre.

谐音 一西 鬓 安 弟责母 阿摆特 普拉次 受恩 得嗨 压恨

yixi bin an dizemu abaici pulaci shouen dehai yah

说下工作经历吧

Bitte teilen Sie Ihre Arbeitserfahrungen mit.

谐音 比特 泰乐恩 资义 一喝 阿摆次诶耳发轰恩 米特

bite tailen ziyi yihe abaici eier fahong en mite

我三年前在工厂工作

Vor 3 Jahren arbeitete ich in der Fabrik.

谐音 佛 德嗨 压恨 阿摆泰特 一西 因 得耳 发布喝一克

fo dehai yahen abaitaite yixi yin deier fabuhike

我当了 10 年电工

Ich habe schon 10 Jahre als Elektriker gearbeitet.

谐音 一西 哈博 受恩 次因 压喝 阿思 一来克 特喝一克 革阿摆泰特

yixi habo shouen cin yahe asi yilaike tehike geabaitaite

您有销售方面的工作经验吗？

Haben Sie Arbeitserfahrung im Vertrieb?

谐音 哈笨 资义 阿摆次诶耳发轰 因母 费耳特喝一普

haben ziyi abaici eierfahong yinmu feier tehipu

你从之前的工作中学到了什么？

Was hast du aus dem vorherigen Job gelernt?

谐音 袜思 哈思特 度 傲思 呆母 佛黑喝一跟 找普 革乐恩特

wasi hasite du aosi daimu fohei higen zhaopu gelente

工作目标

8

职场达人

你的事业目标是什么？

Was ist dein Berufsziel?

谐音 袜思 一思特 呆恩 博护服思次一饿

wasi yisite daien bohufusi cie

你的理想工作是什么样的？

Was ist dein idealer Job?

谐音 袜思 一思特 呆恩 一弟阿乐 找普

wasi yisite daien yidiale zhaopu

我希望成为一支有活力及高生产率的销售队伍的主管。

Ich möchte ein Führer in einem energetischen und produktiven Vertriebsteam werden.

谐音 一西 摸约西特 爱恩 佛淤喝 因 爱呢母 安呢给替姍 无恩特 坡度克替温 费耳特喝一布思 替母 外德恩

yixi moyuexite aien fvhe yin ainemu annegeitishen wente

poduketiwen feier tehibusi timu waiden

你的职业规划是什么？

Was ist dein Berufsplan?

谐音 袜思 一思特 呆恩 博护服思普蓝

wasi yisite daien bohufusi pulan

你近期的目标是什么？

Was ist dein Ziel in naher Zukunft?

谐音 袜思 一思特 呆恩 次一饿 因 那饿 醋困服特

waisi yisite daien cie yin nae cukunfute

我希望能展示我在这个行业的能力。

Ich hoffe, dass ich meine Fähigkeit in dieser Branche zeigen kann.

谐音 一西 厚佛，大思 一西 买呢 佛爱一西凯特 因 弟责 布航 舍 莱跟 看

yixi houfo, dasi yixi maine faiyixikaite yin dize buhangshe caigen kan

我还没有认真考虑过。

Ich habe das noch nicht überlegt.

谐音 一西 哈博 打思 闹喝 腻西特 淤博雷克特

yixi habo dasi naohe nixite yubo leikete

5 年内你希望做到什么位置？

Auf welcher Arbeitstelle sehen sie sich von 5 Jahren?

谐音 傲夫外舍 阿摆特使呆特 贼恩 资义 贼西 佛恩 佛因服 压喝

aofuwaishe abaite shidaite zeien ziyi zeixi foen foyinfu yahe

三 应聘原因

主要因素有哪些？

Welche Hauptfaktoren gibt es?

谐音 外舍 号普特发克兔恨 给布特 爱思

waishe haopute faketuhen geibute aisi

你为什么觉得你能胜任这个工作？

Warum findest du, dass du für diese Arbeit geeignet bist?

谐音 哇护母 佛应德思特 杜 打思 杜 佛约 弟则 阿摆特 哥爱哥 耐特 比思特

wahumu fozingdesite du dasi du fozue dize abaite geaigenaite bisite

我希望能在这样一家优秀的公司内尽最大努力。

Ich möchte mein Bestes in einer solchen tollen Firma geben.

谐音 一西 摸约西特 买恩 摆思特思 爱呢 奏神 透乐恩 费饿马 给笨

yixi moyuexite maien baisitesi yin aine zoushen toulen feiema geiben

🗨 您为何决定到此地来谋职?

Warum haben Sie sich entschieden, hier einen Job zu finden?

谐音 袜护母 哈笨 资义 贼西 按特使一 德恩, 喝一耳 爱嫩 找普 醋 佛因德恩

wahumu haben ziyi zeixi anteshiden, hier ainen zhaopu cu finden

🗨 我觉得这的工作环境很好。

Ich finde, die Arbeitsbedingungen sind sehr gut.

谐音 一西 佛因德恩, 弟 阿摆次 博订拱 资因特 贼耳 姑特

yixi finde, di abaici bodinggong zinte zeier gute

🗨 我认为我能胜任接待员一职。

Ich finde, ich bin für diese Position als Empfangschef geeignet.

谐音 一西 佛因德, 一西 鬃 佛约 弟责 剖贼穷 阿思 按母方思 晒夫 哥爱哥耐特

yixi finde, yixi bin foyue dize pouzeiqiong asi anmufangsi shaifu geaigenaite

🗨 我的专业使我能胜任这个职位。

Ich bin für diese Position wegen meinen Arbeitserfahrungen geeignet.

谐音 一西 鬃 佛约 弟责 剖贼穷 伪跟 买嫩 阿摆次 诶耳发轰恩 哥爱哥耐特

ixi bin foyue dize pouzeiqiong weigen mainen abaici eier fahong en geaigenaite

🗨 您为什么辞职?

Was ist der Grund Ihrer Entlassung?

谐音 袜思 一思特 得耳 革昏特 一喝 安特拉宋

wasi yisite deier gehunte yihe antelasong

面试结束。

什么时候方便上班？

Wann kannst du zur Arbeit gehen?

谐音　碗　看思特　度　醋饿　阿摆特　给恩

wan kansite dy cue abaite geien

我会电话通知您最终决定。

Ich will Sie telefonisch über unsere endgültige Entscheidung informieren.

谐音　一西　伪饿　资义　泰利佛恩尼师　淤博　无恩责喝　按特革淤饿替革　按特晒东　因佛米恨

yixi weie ziyi tailifoennishi yubo wenzehe ante gvtige anteshaidong yinfomihen

---

请通知下一个应聘者。

Bitte benachrichtigen Sie den nächsten Bewerber.

谐音　比特　博那喝一西替根　资义　但　耐西思特恩　博外博

bite bonaheyixitigen ziyi dan naixisiten bowaibo

谢谢您对我们公司有兴趣。

Vielen Dank für Ihr Interesse an unserer Firma.

谐音　飞勒恩　当克　佛淤耳　一喝　因特嗨色　安　无恩责喝　飞饿马

feilen dangke fv yihe yintehaise an wenzehe feiema

对此你有什么问题吗？

Hast du Fragen dazu?

谐音　哈思特　度　佛哈跟　打醋

hasite du fohagen dacu

一旦做出决定，我们就会立即通知您。

Wir werden Sie darüber so schnell wie möglich informieren.

谐音　伪耳　外德恩　资义　打喝淤博　揍　使耐饿　伪　摸约克里西　因佛米恨

weier waiden ziyi dahvbo zou shinaie wei moyuekelixi yinfomihen

我期待您的消息。

Ich erwarte Ihre Nachricht.

谐音 一西 诶耳袜特 一喝 那喝喝一西特

yixi eierwate yihe nahe hixite

我什么时候能得到结果?

Wann werde ich das Ergebnis erfahren?

谐音 碗 外德 一西 大思 诶耳给不腻思 爱尔发恨

wan waide yixi dasi eiergeibunisi aierfahen

日 常 事 物

入职办理

我想来报到。

Ich möchte mich für diese Arbeit melden.

谐音 一西 摸约西特 米西 佛淤耳 弟责 阿摆特 买饿德恩

yixi moyuexite mixi fv dize abaite maieden

我向你们介绍一位新同事。

Ich möchte ihnen einen neuen Kollegen vorstellen.

谐音 一西 摸约西特 一嫩 爱嫩 闹一恩 靠雷跟 佛 使呆勒恩

yixi moyuexite yinen naoyien kaoleigenfo shidailen

上交体检表后，可以准备在 5 月 10 日签约。

Sie können sich auf die Vertragsunterzeichnung vorbereiten, wenn die Gesundheitstests bestanden sind.

谐音 资义 克约嫩 贼西 傲夫 弟 费而特哈克斯温特才弄 佛博嗨特恩，温 弟 哥尊特嗨次泰思次 薄使单德恩 资因特

ziyi keyuenen zeixi aofu di feiertehakesiwentecainong fobohaiten

wen di gezuntehaicitaisici boshidanden ziyinte

我没有相关的工作经验。

Ich habe keine relevante Arbeitserfahrung.

谐音 一西 哈博 凯呢 黑勒碗特 阿摆次 诶耳发轰

yixi habo kaine heilewante abaici eierfahong

您之前在什么领域工作?

In welchem Bereich arbeiteten Sie zuvor?

谐音 因 外舍母 博嗨西 阿摆泰特恩 资义 醋佛

yin waishemu bohaixi abaitaiten ziyi zufo

人事部通知我过来报到。

Die Personalabteilung hat mich angewiesen, dass
ich mich hier anmelden soll.

谐音 弟 坡诶棕那阿普泰龙 哈特 密西 安革威森，大思 一西
密西 喝一耳 安买饿德恩 凑

di poeizongna aputailong hate mixi angeweisen, dasi yixi mixi hier
anmaieden zou

请问，我的办公桌在哪儿?

Entschuldigung, wo ist mein Schreibtisch?

谐音 按特殊弟供，窝 一思特 买恩 使嗨普替使

anteshudigong, wo yisite maien shihaipu tishi

首先你应该了解一下办公室的规章制度。

Zuerst sollst du die Regeln des Büros kennen lenen.

谐音 醋诶耳思特 揍思特 度 弟 黑跟 呆思 博淤厚思 看嫩 乐恩嫩

cueiersite sousite du di heigen daisi bvhousi kannen lenen

现在我向您介绍来自不同部门的同事们。

Jetzt werde ich Ihnen die Kollegen aus den
verschiedenen Abteilungen vorstellen.

谐音 耶次特 外德 一西 一嫩 弟 靠雷跟 傲思 德恩 费耳 使一
德嫩 阿普泰龙 佛使呆勒恩

yecite waide yixi yinen di kaoleigen aosi den feier shi de nen
aputailong foshidailen

办公设备

请问打印机在哪儿？
Entschuldigung, wo gibt es die Drucker?
谐音　按特殊弟供，窝 给不特 爱思 弟 得护克
anteshudigong, wo geibute aisi di dehuke

打印机不太好使。
Der Drucker ist schwer zu bedienen.
谐音　得耳 得护克 一思特 使外耳 醋 博订嫩
deier dehuke yisite shiwaier cu bodingnen

我的电脑坏了。
Mein Computer ist kaputt.
谐音　买恩 康母坡有特 一思特 卡普特
maien kaomupiute yisite kapute

打印机里没有纸了。
Es gibt kein Papier im Drucker.
谐音　爱思 给不特 开恩 怕癣耳 因母 德护克
aisi geibute kaien papier yinmu dehuke

您能帮我安装一下这个软件吗？
Können Sie mir helfen, diese Software zu
installieren?
谐音　克约嫩 资义 密耳 嗨饿奋，弟责 揍夫特袜喝 醋 因思大里恨
keyuenen ziyi mier haifen, dize zoufutewahe cu yinsidalihen

传真机好像没有墨粉了。
Es scheint, dass es keinen Toner im Faxgerät gibt.
谐音　爱思 晒恩特，大思 爱思 凯嫩 头呢 因母 发克思 革嗨特
给布特
aisi shaiente, dasi aisi kainen toune yinmu fakesi gehaite geibute

您能帮我复印一下这些文件吗？

Können Sie mir helfen, diese Dokumente zu kopieren?

谐音 克约嫩 资义 密耳 嗨饿奋，弟责 到苦门特 醋 扣劈恨

keyuenen ziyi mier haifen, dize daokemente cu koupihen

熟悉工作得花点儿时间。

Es braucht Zeit, die Arbeit gut zu kennen.

谐音 爱思 博号喝特 菜特，弟 阿摆特 姑特 醋 看嫩

aisi bohaohete caite, di abaite gute cu kannen

留言备忘

您要留言吗？

Wollen Sie eine Nachricht hinterlassen?

谐音 窝勒恩 资义 爱呢 那喝喝一西特 喝因特拉森

wolen ziyi aine nahe hixite hintelasen

您能在这份备忘录上签个字吗？

Können Sie bitte auf diesem Memo unterschreiben?

谐音 克约嫩 资义 比特 傲夫 弟责母 买某 无恩特使嗨笨

keyuenen ziyi bite aofu dizemu maimou wente shihaiben

有几个留言给你。

Es gibt einige Nachrichten für dich.

谐音 爱思 给布特 爱腻革 那喝喝一西特恩 佛约 弟西

aisi geibute ainige nahe hixiten foyue dixi

我会告诉他您的来电。

Ich werde ihm sagen, Sie haben angerufen.

谐音 一西 外德 一母 杂跟，资义 哈笨 安革护奋

yixi waide yimu zagen, ziyi haben angehufen.

李先生打电话过来想跟您约个时间见面。

Herr Li ruft an, um einen Termin für ein Treffen zu vereinbaren.

谐音　嗨耳 李 护夫特 安，无母 爱嫩 铁闽 佛约 爱思 特嗨分 醋 费尔爱思八恨

haier li hufute an, wumu ainen tiemin foyue aier tehaifen zu feieraienbahen

接待客户

您有预约吗?

Hast du einen Termin ausgemacht?

谐音　哈思特 度 爱嫩 铁闽 奥思哥马喝特

hasite du ainen tiemin aosigemahete

请您在会客室等一会儿。

Bitte warten Sie einen Moment im Empfangsraum.

谐音　比特 袜特恩 资义 爱嫩 某门特 因母 安母 方思 号母

bite waten ziyi ainen moumente yinmu anmu fangsi haomu

请问您喝点儿什么?

Was möchten Sie gerne trinken?

谐音　袜思 摸约西特恩 资义 该呢 特喝因肯

wasi moyuexiten ziyi gaine tehinken

他正在给供应商打电话，请稍等片刻。

Jetzt ruft er den Hersteller an. Einen Moment, bitte.

谐音　耶次特 护夫特 诶耳 但 嗨耳使呆勒 安。爱嫩 某门特，比特

yecite hufute eier dan haiershidaile an. Ainen moumente, bite.

早上好，史密斯先生。我叫杨样，是姚先生的秘书。

Guten Morgen, Herr Smith. Ich heiße Yang Yang, der Sekretär von Herrn Yao.

谐音　姑特恩 猫跟，嗨耳 使密思。一西 嗨色 杨样，得耳 在克 嗨泰饿 佛恩 嗨恩 姚

guten maogen, haier shimisi. Yixi haise yangyang, deier zaikehaitaie foen haien yao

姚先生在 26 楼总裁办公室等您。

Herr Yao wartet auf Sie im CEO-Büro in der 26. Etage.

谐音 嗨耳 姚 袜泰特 傲夫 <u>资义</u> <u>因母</u> 次诶殴 <u>博淤厚</u> 因 得耳 <u>在克思</u> <u>无恩特次忘次西</u> 思特恩 一他惹

haier yao wataite aofu ziyi yinmu ci ei ou bvhou yin deier zaikesi wente ciwangcixisiten yitare

请乘电梯上楼。

Bitte nehmen Sie den Aufzug.

谐音 比特 内门 <u>资义</u> 但 傲夫醋克

bite neimen ziyi dan aofucuke

三 召开会议

今天的会议主要是讨论一下广告文案。

Das Hauptziel der Besprechung heute ist, dass wir den Werbetext zusammen diskutieren.

谐音 大思 号普特<u>次饿</u> 得耳 博使普嗨<u>使无恩</u> 蒿一特 一思特，大思 伪耳 但 外博泰思特 醋杂门 弟思苦替恨

dasi haoputecie deier boshipuhaixiong haoyite haoyite yisite, dasi weier dan waibo taisite cuzamen disikutihen

人都到齐了吗？

Sind alle da?

谐音 <u>资因</u>特 阿勒 大

zinte ale da

我可以开始会议了吗？

Kann ich die Sitzung beginnen?

谐音 看 一西 弟 贼匆 比<u>哥</u>应嫩

kan yixi di zeicong biging nen

通知市场部的人下午两点开会。

Sag den Kollegen der Marktabteilung bitte Bescheid, dass eine Besprechung um 2.00 Uhr nachmittags stattgefunden wird.

谐音 杂克 但 靠雷跟 得耳 马克特阿普太龙 比特 博晒特，大思 爱呢 博使普嗨使无翁 无母 那喝米踏克斯 次外 无耳使大特革奋恩德恩伪耳特

zake dan kaoleigen deier makete aputailong bite boshaite,
dasi aine boshipuhaixiong wumu ciwai wuer nahemitakesi
shidategefenden weierte

会议将在周一召开。

Die Sitzung wird am Montag stattfinden.

谐音 弟 贼匆 伪饿特 阿母 某恩他克 使大特佛因德恩

di zeicong weiete amu mouentake shidate finden

所有员工都要参加会议。

Alle Mitarbeiter müssen an der Sitzung teilnehmen.

谐音 阿勒 米特阿摆特 摸淼森 安 得耳 贼匆 泰饿内门

ale miteabaite mvsen an deier zeicong taieneimen

外派公干

我认为你是最合适的人选。

Ich finde, dass du der beste Kandidat bist.

谐音 一西 佛因得，大思 度 得耳 摆思特 看弟大特 比思特

yixi finde, dasi du deier baisite candidate bisite

出差的事情确定了吗？

Ist die Geschäftsreise sicher?

谐音 一思特 弟 革晒夫思嗨责 贼舍

yisite di geshaifusi haize zeishe

我度假期间由李代替我的位置。

Während des Urlaubs wird Herr Lee meinen Platz einnehmen.

谐音 外恨特 呆思 无耳捞普思 <u>伪饿</u>特 嗨耳 李 买嫩 普拉次 爱恩内门

waihente daisi wuerlaopusi weiete haier li mainen pulaci aien neimen

如果有任何问题，请给我打电话。

Rufen Sie mich an, wenn irgendwelche Frage bestehen.

谐音 护奋 资义 密西 安，温 <u>一耳</u> 跟特 外舍 佛哈革 博士呆恩

hufen ziyi mixi an, wen yier gente waishe fohage boshidaien

手头的工作都安排好了吗？

Hast du deine vorhandene Arbeit geordnet?

谐音 哈思特 度 呆呢 佛汗德呢 阿摆特 革傲德耐特

haiste du daine fohandene abaite ge ao de ne te

我想安排一下我度假期间你们的工作。

Ich möchte ihre Arbeit während meines Urlaubs mit ihnen besprechen.

谐音 一西 <u>摸约西</u>特 一喝 阿摆特 外恨特 买呢思 无饿捞布思 米特 一嫩 博使布嗨神

yixi moyuexite yihe abaite waihente mainesi wuelaobusi mite yinen boshibuhaishen

我们出差主要是去拜访厂商。

Wir verreisen dienstlich, um den Hersteller zu besuchen.

谐音 伪耳 <u>费耳</u>嗨森 德因思特里西，无母 但 <u>嗨耳</u>使呆勒 醋 博租恨

weier feierhaisen dinsitelixi, wumu dan haiershidaile cu bozuhen

你要提前把代理商的资料准备好。

Du sollst im Voraus die Daten von den Agenturen vorbereiten.

谐音 度 搂思特 <u>因母</u> 佛号思 弟 大特恩 <u>佛恩</u> 但 阿跟兔恨 佛博嗨特恩

du sousite yinmu fohaosi di daten foen dan agentuhen fobohaiten

团队合作

我愿意跟诚实的人合作。
Ich will mit ehrlichen Menschen umgehen.

谐音　一西 伪饿 米特 埃耳里舍恩 闷婶 无母 给恩
yixi weie mite eierlishen menshen wumugeien

我不太喜欢和懒惰的人一起工作。
Ich mag nicht, mit untätigen Menschen zusammen zuarbeiten.

谐音　一西 马克 腻西特，米特 无恩泰替跟 闷婶 醋杂闷 醋 阿摆特恩
yixi make nixite, mite wentaitigen menshen cuzamen cu abaiten

你喜欢跟其他部门的人合作吗?
Gefällt es dir, mit den Kollegen aus unterschiedlichen Abteilungen zusammenzuarbeiten?

谐音　革佛爱饿特 爱思 弟耳，米特 但 口雷跟 傲思 无恩特使 一特里舍恩 阿普泰龙恩 醋杂闷 醋 阿摆特恩
gefaiete aisi dier, mite dan kouleigen aosi wente shitelishen a pu tai long en cuzamen cu abaiten

这家公司特别注重团队合作。
Diese Firma legt großen Wert auf die Gemeins chaftsarbeit.

谐音　弟责 飞饿马 雷克特 革厚森 外饿特 傲夫 弟 革买恩煞 夫次 阿摆特
dize feiema leikete gehousen waiete aofu di gemaien shafuci abaite

293

感觉自己是团队的一分子很重要。

Es ist sehr wichtig, dass jeder das Gefühl hat ein Mitglied im Team zu sein.

谐音 爱思 一思特 贼耳 威西替西，大思 耶德 大思 革佛 淤饿 哈特 爱恩 米特革里特 因母 替母 醋 在恩

aisi yisite zeier weixitixi, dasi yede dasi gefve hate aien mitegelite yinmu timu cu zaien

大多数的工作都是在团队里完成的。

Die meisten Arbeiten werden im Team geschafft.

谐音 弟 买思特恩 阿摆特恩 外德恩 因母 替母 革煞夫特

di maisiten abaiten waiden yinmu timu geshafute

工作交流

说话时要表现得再自信点儿！

Sprechen Sie selbstsicher!

谐音 使普嗨舍恩 资义 在布思特贼舍

shipuhaishen ziyi zaibusite zeishe

报告什么时候终止？

Wann hört das Referat auf?

谐音 碗 喝约饿特 大思 黑佛哈特 傲夫

wan he yue e te dasi heifohate aofu

你看过我给你的报告了吗？

Hast du mein Referat gelesen?

谐音 哈思特 度 买恩 黑佛哈特 革雷森

hasite du maien heifohate geleisen

如果我是你，我会考虑成本。

An deiner Stelle würde ich die Kosten überdenken.

谐音 安 呆呢 使呆勒 无淤德 一西 弟 口思特恩 淤博当肯

an daine shidaile wvde yixi kousiten yubodenken

这篇报告应该修改一下。
Dieser Vertrag soll korrigiert werden.
谐音 弟责 费耳特哈革 揍 口喝一 革一饿特 外德恩
dize feiertehage zou kouhi giete waiden

着装规范

女士喜欢穿长款的晚礼服。
Die Damen tragen gerne ein Abendkleid.
谐音 弟 大门 特哈跟 该呢 爱恩 阿笨特 克来特
di damen tehagen gaine aien abente kelaite

这是正式的宴会，所以你要表现得体。
Das ist ein offizielles Bankett. Du sollst dich schick machen.
谐音 大思 一思特 爱恩 殴飞次一诶勒思 办克诶特。度 揍思特 弟西 是唉克 吗很
dasi yisite aien oufeici eilesi bankeite. du zousite dixi shiaike mahen

我必须化妆吗？
Muss ich mich schminken?
谐音 木思 一西 密西 使民肯
musi yixi mixi shiminken

谈判时一定要穿正装。
Man muss offizielle Kleidung bei einer Verhandlung tragen.
谐音 慢 木思 殴飞次一诶勒 克来东 摆 爱呢 费耳汗德龙 特哈跟
man musi oufeicieile ke lai dong bai aine feierhandelong tehagen

请打领带。
Ziehen Sie bitte eine Krawatte an.
谐音 次一恩 资义 比特 爱呢 克哈袜特 安
cien zi bite aine kehawate an

公司不要求员工在星期五穿正规的职业装。

Formelle Geschäftskleidung wird nicht am Freitag gefordert.

谐音 佛买勒 革晒夫次 克来东 伪饿特 腻西特 阿母 佛嗨特克 革佛德特

fomaile geshaifuci kelaidong weiete nixite amu fohaitake gefodete

---

皮鞋和深色袜子是理想搭配。

Lederschuhe passen gut zu dunklen Socken.

谐音 雷德树饿 怕森 姑特 醋 蹲克勒恩 揍肯

leideshue pasen gute cu dunkelen zouken

你的裙子要及膝或到膝盖以下。

Dein Rock soll nicht höher als Knie sein.

谐音 呆恩 厚克 揍 腻西特 喝约喝 阿思 克腻 在恩

daien houke zou nixite heyuehe aisi keni zaien

三 矛盾摩擦

我和他在工作中发生了些矛盾。

Wir haben Meinungsunterschiede in der Arbeit.

谐音 伪耳 哈笨 买弄思无恩特使一德 因 得耳 阿摆特

weier haben mainongsi wente shide yin deier abaite

问题是你没有意识到错误。

Der Grund ist, dass du nicht für deine Fehler einstehst.

谐音 得耳 革昏特 一思特, 大思 度 腻西特 佛约 但呢 费勒 爱恩使得思特

deier gehunte yisite, dasi du nixite foyue danne feile aienshideisite

你为什么把我们的成果占为己有？

Warum beanspruchst du unseren Erfolg für dich?

谐音　袜护母 薄按是破呼喝思特 度 无恩责恨 诶耳佛克 佛约 弟西

wahumu boanshipohuhesite du wenzehen eierfoke foyue dixi

8

职场达人

他从来没有为他人着想过。

Er hat keine Rücksicht auf andere genommen.

谐音　诶耳 哈特 凯呢 喝淤克贼西特 傲夫 安得喝 革呢殴闷

eier hate kaine hvke zeixite aofu andehe genoumen

要不是你打扰我的话，我现在早已完成了我的工作。

Ohne dein Stören hätte ich meine Arbeit jetzt
schon fertig.

谐音　欧呢 呆恩 使德约恨 海特 一西 买呢 阿摆特 也次特 顺 佛爱
饿替西

oune daien shideyuehen haite yixi maine abaite yecite shun foaietixi

你有性别歧视问题。

Du bist sexistisch.

谐音　度 比思特 塞克西替使

du bisite saikexitishi

他有点儿专横。

Er ist ein bisschen herrisch.

谐音　诶耳 一思特 爱恩 比思舍恩 嗨喝一使

eier yisite aien bisishen haihishi

出勤请假

我们周五休息。

Wir machen eine Pause am Freitag.

谐音　伪耳 妈恨 爱呢 抛则 阿母 佛嗨他克

weier mahen aine paoze amu fohaitake

297

你要休假多久?

Wie lange willst du dir Urlaub nehmen?

谐音 伪 浪饿 伪饿思特 度 弟尔 无饿捞普 内闷

wei lang e weiesite du dier wuelaopu neimen

你什么时候能回来上班?

Wann gehst du wieder zur Arbeit?

谐音 碗 给恩思特 度 伪德 醋耳 阿摆特

wan geiensite du weide cuer abaite

今天你又迟到了。

Heute bist du wieder zu spät.

谐音 蒿一特 比思特 度 威德 醋 使摆特

haoyite biste du dewei cu shibaite

不要再迟到了。

Komm nicht mehr zu spät.

谐音 康母 腻西特 每耳 醋 使摆特

kangmu nixite meier zu shibaite

这样会扣你工资的。

Es führt dazu, dass dein Lohn reduziert wird.

谐音 爱思 佛约饿特 大醋, 大思 呆恩 漏恩 黑杜次一饿特 伪饿特

aisi fvete dacu, dasi daien louen heiduziete weiete

我想提前一个小时走。

Ich möchte gerne eine Stunde früher Feierabend machen.

谐音 一西 摸约西特 该呢 爱呢 使蹲德 佛喝淤耳 佛爱耳 阿笨
特 妈恨

yixi moyuexite gaine aine shidunde fvyue foaier abente mahen

我想请产假。

Ich möchte meinen Mutterschaftsurlaub nehmen.

谐音 一西 摸约西特 买嫩 母特 煞夫次 无饿捞普 内闷

yixi moyuexite mainen mute shafuci wuelaopu neimen

工作汇报

董事会已经批准了我们的计划。

Der Vorstand hat unseren Plan genehmigt.

谐音　得耳 佛使但特 哈特 <u>无恩责恨</u> 普蓝 革内密克特

deier foshidante hate wenzehen pulan geneimikete

对于这一点您有没有特别的指示？

Haben Sie spezielle Anweisungen dafür?

谐音　哈笨 资义 使把<u>次一</u>诶乐 安外粽恩 打佛淤耳

haben ziyi shibacieile an wai zong en dafv

今天早上我已经把计划书放您桌上了。

Heute Morgen habe Ich meinen Plan auf Ihren Schreibtisch gelegt.

谐音　蒿一特 猫跟 哈博 一西 买嫩 普蓝 傲夫 一恨 使嗨普替使 革雷克特

haoyite maogen habo yixi mainen pulan aofu yihen shihaipu tishi geleikete

---

我想情况进展得很不错。

Ich finde, es geht gut voran.

谐音　一西 <u>佛因德</u>，爱思 给特 姑特 <u>佛汗</u>

yixi finde, aisi geite gute fohan

我们今天要和他们销售部主管见面。

Heute treffen wir uns mit ihrem Vertriebsleiter.

谐音　蒿一特 <u>特嗨奋</u> 伪耳 无恩思 米特 一喝母 <u>费耳特喝一布思</u> 来特

haoyite tehaifen weier wensi mite yihemu feierte hibusi laite

---

我要打电话跟总部说一下。

Ich werde die Hauptgeschäftsstelle anrufen und darüber sprechen.

谐音　一西 外德 弟 号布特 革晒夫次 使呆乐 安护奋 <u>乌恩德</u> 大喝淤博 使普嗨舍恩

yixi waide di haobute geshaifucu shidaile anhufen wunde dahvbo shipuhaishen

职场达人

299

我们在工作中遇到了一些棘手的问题。

Es gibt einige heikle Probleme auf der Arbeit.

谐音 爱思 给布特 爱腻革 嗨克乐 <u>普号</u>布勒么 奥夫 得耳 阿摆特

aisi geibute ainige haikele puhaobuleime aofu deier abaite

同事闲聊

我是从事市场调研的。你呢?

Ich beschäftige mich mit der Marktforschung, und du?

谐音 一西 博晒夫替革 密西 米特 得耳 骂克特 佛使无翁, 无
恩特 度

yixi boshaifutige mixi mite deier makete foshiwuweng, wente du

我刚来 IBM 工作,在销售部。

Ich arbeite gerade bei IBM in der Absatzabteilung.

谐音 一西 阿摆特 革哈得 摆 <u>爱比爱母</u> 因 得耳 阿布杂次阿布泰龙

yixi abaite gehate bai aibiaimu yin deier abuzaci abutailong

你听说他退休后打算干什么吗?

Hast du gehört, was er nach seiner Pensionierung
machen möchte?

谐音 哈思特 度 革喝约饿特, 袜思 <u>诶耳</u> 那喝 在呢 喷<u>恩次一</u>
用腻轰 骂恨 摸约西特

hasite du ge he yue e te, wasi eier nahe zaine penenyongnihong
mahen moyuexite

你需要休息一下吗?

Möchtest du dich ausruhen?

谐音 摸约西泰思特 度 弟西 傲思护恩

moyuexi taisite du dixi aosihuen

下班后一起去喝杯咖啡吧?

Wollen wir nach der Arbeit einen Kaffee trinken?

谐音 窝乐恩 为而 那喝 带而 阿白特 爱嫩 卡费 特喝因肯

wolen weier nahe daier abaite ainen kafei teheken

工作加薪

你每月的工资会涨 200 元。
Dein Lohn wird um 200 Yuan jeden Monat erhöht.

谐音 呆呢 漏恩 伪饿特 无母 次外 昏德特 元 耶德恩 某那特 诶耳 喝约饿特

daine louen weiete wumu ciwai hundete yuan yeden mounate eier he yue e te

你曾答应试用期期满后给更多钱的。
Du hast versprochen, nach der Probezeit mehr Geld zu zahlen.

谐音 度 哈思特 费耳使普后恨，那喝 得耳 普后博莱特 每耳 该饿特 醋 擦勒恩

du haiste feier shipuhouhen, nahe deier puhoubo caite meier gaiete cu zalen

工作勤奋，你就会得到加薪。
Durch fleißige Arbeit wird dein Gehalt erhöht.

谐音 度饿西 佛来思一革 阿摆特 伪饿特 呆恩 革哈特 诶耳 喝约饿特

duexi folaisige abaite weiete daien gehate eier he yue e te

我们决定给你加薪。
Wir haben uns entschieden, dein Gehalt zu erhöhen.

谐音 伪耳 哈笨 无恩思 安特使一 德恩，呆恩 革哈特 醋 诶耳 喝约恨

weier haben wensi anteshiden, daien gehate cu eier he yue e hen

我想知道是否有加薪的机会。
Ich möchte gerne wissen, ob ich eine Chance auf Gehaltserhöhung habe.

谐音 一西 摸约西特 该呢 威森，殴布 一西 爱呢 商色 傲夫 革哈特 诶耳 喝约轰 哈博

yixi moyuexite gaine weisen, oubu yixi aine shangse aofu gehate eier heyuehong habo

试用期后将根据你的工作业绩加薪。

Nach der Probezeit wird dein Gehalt entsprechend der Leistung erhöht.

谐音 那喝 得耳 普后博莱特 伪饿特 呆恩 革哈特 安特使普嗨 神特 得耳 来思通 埃耳 喝约饿特

nahe deier puhoubo caite weiete daien gehate anteshipuhaishente deier laisitong eier heyue e te

三 员工升职

这是我们的晋升制度。

Das ist unser Beförderungssystem.

谐音 大思 一思特 无恩责 博佛约得轰思 资淤思特恩母

dasi yisite wenze bo foyue dehongsi zvsi tenmu

每个员工都有升职的机会。

Jeder Mitarbeiter hat die Chance der Beförderung.

谐音 耶得 米特阿摆特 哈特 弟 商色 得耳 博佛约得轰

yede miteabaite hate di shangse deier bo foyue dehong

我们决定提升你。

Wir haben uns entschieden, dich zu befördern.

谐音 伪耳 哈笨 无恩思 按特使一 德恩，弟西 醋 博佛约德恩

weier haben wensi anteshiden, dixi cu bo foyue den

这是你应得的。

Du verdienst es.

谐音 度 费耳德因思特 爱思

du feier dinsite aisi

我推荐你当经理。

Ich empfehle dich als Manager.

谐音 一西 按母费勒 弟西 阿思 买你者

yixi anmufeile dixi asi mainizhe

热烈欢迎。

Herzlich willkommen.

谐音 嗨耳次里西 伪耳靠门

haierci lixi weier kaomen

根据今年的评估，我们决定提升你为工程师。

Basierend auf den jährlichen Bewertungen haben wir uns entschieden, dich als Ingenieur zu befördern.

谐音 把贼哼特 傲夫 但 耶里舍恩 博外通恩 哈笨 伪耳 无恩思 按特使一德恩，弟西 阿思 因者女耳 醋 博佛约德恩

bazeihengte aofu dan yelishen bowaitong en haben weier wensi anteshiden, dixi asi yinzhenver cy bo foyue den

升职决定公布了吗？

Sind die Beförderungsentscheidungen bekannt gemacht geworden?

谐音 资因特 弟 博佛约德轰思安特晒东恩 博康特 革骂喝特 革窝德恩

zinte di fo foyue dehongsi ante shaidong en bokangte gemahete gewoden

我认为他可以胜任这个职位。

Nach meiner Meinung ist er fähig zu dieser Position.

谐音 那喝 买呢 买弄 一思特 诶耳 佛爱一西 醋 弟责 剖贼穷

nahe maine mainong yisite eier faiyixi cu dize pouzeiqiong

领导谈话

你给我留下了很好的印象。

Du hast auf mich einen guten Eindruck gemacht.

谐音 度 哈思特 傲夫 密西 爱嫩 姑特恩 爱恩德护克 革骂喝特

du haiste aofu mixi ainen guten aiendehuke gemahete

👉 **你的工作业绩很好。**

Du zeigst ausnehmend gute Arbeitsleistungen.

谐音 度 才思特 熬思内门德 顾特 阿白次来思痛恩

du caisite aosineimende gute abaicilaisitongen

👉 **你的项目为公司做了很大贡献。**

Dein Projekt hat einen Beitrag für unsere Firma geleistet.

谐音 呆恩 坡殴耶克特 哈特 爱嫩 摆特哈克 佛淤耳 无恩责喝 费饿马 革来思泰特

daien pohouyekete hate ainen baitehake fv wenzehe feiema gelaisitaite

---

👉 **你喜欢你的工作吗？**

Gefällt dir dein Job?

谐音 革佛爱饿特 弟耳 呆恩 找普

geaiete dier daien zhaopu

👉 **我一直在关注你。**

Ich habe dich aufmerksam verfolgt.

谐音 一西 哈博 弟西 傲夫买克藏母 费耳佛克特

yixi habo dixi aofumaikezangmu feierfokete

👉 **并不是每个人都适合这份工作。**

Nicht jeder ist geeignet für diese Arbeit.

谐音 腻西特 耶德 一思特 革爱革耐特 佛淤耳 弟责 阿摆特

nixite yede yisite geaige naite fv dize abaite

👉 **跟我来一下。我需要跟你谈谈。**

Komm mit mir.Ich möchte mit dir reden.

谐音 康母 米特 密耳。一西 摸约西特 米特 弟耳 黑德恩

kangmu mite mier. Yixi moyuexite mite dier heiden

👉 **您对我们公司有建议吗？**

Haben Sie Vorschläge für unsere Firma?

谐音 哈笨 资义 佛使来革 佛淤耳 无恩责喝 费饿马

haben ziyi foshilaige fv wenzehe feiema

我希望今年的销售业绩能提高 10%。

Ich hoffe, dass die Absatzmenge dieses Jahr um 10% gestiegen werden kann.

谐音 一西 后佛，大思 弟 阿布杂次 慢饿 弟责思 压 无母 次 因 普后次恩特 革使底革恩 伪耳德恩 看

yixi houfo, dasi di abuzaci man e dizesi ya wumu cin puhoucante geshidigen weierden kan

我希望看到一个充满干劲的团队。

Ich erwarte ein aktives Team.

谐音 一西 诶耳袜特 爱恩 阿克替无思 替母

yixi eierwate aien akatiwusi timu

工作调动

我们想把他调到另一个部门去。

Wir wollen ihn in eine andere Abteilung versetzen.

谐音 伪耳 窝勒恩 一恩 因 爱呢 安德喝 阿普泰龙 费耳在次恩。

weier wolen yien yin aine adehe abutailong feier zicen

我会努力适应新的工作。

Ich will mich meiner neuen Arbeit anpassen.

谐音 一西 伪饿 密西 买呢 闹一恩 阿摆特 安怕森

yixi weie mixi maine naoyien abaite anpasen

我想把你调到销售部。

Ich möchte dich in die Absatzabteilung versetzen.

谐音 一西 摸约西特 弟西 因 弟 阿布杂次 阿布泰龙 费耳在次恩

yixi moyuexite dixi yin di abuzaci abutailong feierzaicen

人事部门有调动了。

Es gibt Versetzungen bei der Personalabteilung.

谐音 爱思 给布特 费耳在从恩 摆 得耳 陪穷那 阿布泰龙

aisi geibute feier zaicong en bai deier perqiongna abutailong

我申请调到别的部门。

Ich möchte dich in eine anderer Abteilung versetzen.

谐音 一西 摸约西特 弟西 因 爱呢 安德喝 阿布泰龙 费耳在次恩

yixi moyuexite dixi yin aine andehen abutailong feierzaicen

你想调到哪个部门?

In welche Abteilung möchtest du versetzt werden?

谐音 因 外舍 阿布泰龙 摸约西泰思特 度 费耳在次特 外德恩

yin waishe abutailong moyuexi taisite du feierzaicite waiden

三 辞职交接

我想辞职。

Ich möchte kündigen.

谐音 一西 摸约西特 克淤恩弟跟

yixi moyuexite kvndigen

我在这个公司没有成长空间了。

In diesem Unternehmen gibt es keine Chance sich zu verbessern.

谐音 因 弟责母 无恩特内门 给布特 爱思 凯呢 商色 贼西 醋 费耳 摆森

yin dizemu wente neimen geibute aisi kaine shangse zeixi cu feier baisen

我已经昨天提出了辞职。

Gestern habe ich meinen Rücktritt angeboten.

谐音 该思特恩 哈博 一西 买嫩 喝淤克特喝一特 安革博殴 特恩

gaisiten habo habo yixi mainen hvke tehite ange bouten

我已经向她发出解约通知了。

Ich habe ihr schon die Kündigung ausgesprochen.

谐音 一西 哈博 一耳 受恩 弟 克淤恩弟拱 傲思革使普后恨

yixi habo yier shouen di kvndigong aosi geshipuhouhen

违约金是多少？

Wie hoch ist die Abstandssumme?

> 谐音 伪 好喝 一思特 弟 阿布使但次 租么
>
> wei haohe yisite di abushidanci zume

我需要一个礼拜来交接我的工作。

Ich brauche eine Woche, meine Arbeit zu übergeben.

> 谐音 一西 博号喝 爱呢 窝喝，买呢 阿摆特 醋 淤博给笨
>
> yixi buhaohe aine wohe, maine abaite cu yubogeiben

这是所有需要你跟进的订单。

Hier sind alle Aufträge, darüber sollst du weiter wachen.

> 谐音 喝一耳 资因特 阿拉 傲夫特嗨革，大喝淤博 揍思特 度 外特 袜恨
>
> hier zinte ala aofutehaige, dahvbo zousite du waite wahen

不要删除任何与工作相关的文件。

Löschen Sie nicht die arbeitsbezogenen Dokumente, bitte.

> 谐音 绿婶 资义 腻西特 弟 阿摆次博凑跟嫩 刀哭门特，比特
>
> lvshen ziyi nixite di abaici bozougennen daokumente, bite.

通知客户你离职的消息。

Sag den Kunden bitte Bescheid, dass Sie den Arbeitsplatz verlassen.

> 谐音 杂克 但 昆德恩 比特 博晒特，大思 资义 但 阿摆次 普拉次 费耳拉森
>
> zake dan kunden bite boshaite, dasi ziyi dan abaici pulaci feierlasen

所有与工作相关的文件都交给我了吗？

Haben Sie mir alle arbeitsbezogenen Dokumente gegeben?

> 谐音 哈笨 资义 密耳 阿勒 阿摆次博凑跟嫩 刀哭门特 革给笨
>
> haben ziyi mier ale abaici bozougennen daokumente gegeiben

一定要注意，这前十个是我们的重点客户。

Bitte beachten Sie, dass die vorderen zehn Kunden unsere wichtigsten Kunden sind.

谐音 比特 博阿喝特恩 资义，大思 弟 佛得很 次因 昆德恩 无恩责喝 威西替革思特恩 昆德恩 资因特

bite boaheten ziyi, dasi di fodeihen cin kunden wenzehe weixitigesiten kenden zinte

解雇失业

抱歉，我们不得不解雇所有的新员工。

Es tut mir leid, dass wir allen neuen Mitarbeitern kündigen müssen.

谐音 爱思 兔特 密耳 来特，大思 伪耳 阿勒恩 闹一恩 米特阿摆特恩 克淤弟跟 摸淤森

aisi tute mier laite, dasi weier alen naoyien miteabaiten kvndigen mvsen

我只能辞退你。

Ich habe keine andere Wahl, als dich zu entlassen.

谐音 一西 哈博 开呢 安德喝 袜，阿思 弟西 醋 按特拉森

yixi habo kaine andehe wa, asi dixi cu antelasen

我现在失业了。

Jetzt bin ich arbeitslos.

谐音 耶次特 鬓 一西 阿摆次 漏思

yecite bin yixi abaici lousi

我被炒鱿鱼了。

Ich wurde entlassen.

谐音 一西 捂德 按特拉森

yixi wude antelasen

我能得到赔偿吗?

Kann ich einen Ausgleich bekommen?

谐音 看 一西 爱嫩 傲思革来西 博靠门

kan yixi ainen aosigelaixi bokaomen

您为什么要解雇我?

Warum kündigen Sie mir?

谐音 袜护母 克淤恩弟跟 资义 米耳

wahumu kvndigen ziyi mier

职场达人

预约客户

我打电话给你是想确认一下明天见面的事。

Ich rufe dich an, um unser Treffen morgen zu bestätigen.

谐音 一西 护佛 弟西 按，无母 无恩责 特嗨奋 猫跟 醋 博是 呆替跟

yixi hufu dixi an, wumu wenze tehaifen maogen cu boshi daitigen

抱歉，我明天已经有安排了。

Entschuldigung, morgen habe ich schon andere Pläne.

谐音 按特舒弟供，猫跟 哈博 一西 受恩 安德喝 普来呢

anteshudigong, maogen habo yixi shouen andehe pulaine

下午 5 点合适吗?

Um fünf Uhr am Nachmittag, geht das?

谐音 无母 佛淤恩夫 无饿 阿母 那喝米他克，给特 打思

wumu fvnfu wue amu nahemitake, geite dasi

您能抽出时间来和我们谈话吗?

Können Sie sich Zeit für ein Gespräch nehmen?

谐音 克约嫩 资义 贼西 菜特 佛淤耳 爱恩 哥使普嗨西 内门

keyuenen ziyi zeixi caite fv aien geshipuhaixi neimen

我们约定一个见面的时间吧?

Vereinbaren wir einen Treffpunkt?

谐音 费耳爱恩吧很 伪耳 爱嫩 特嗨夫 坡翁克特

feier aien bahen weier ainen tehaifu powengkete

我明天有时间。

Ich habe morgen Zeit.

谐音 一西 哈薄 毛跟 才特

yixi habo maogen caite

---

10 点在你的办公室见。

Lass uns in deinem Büro um 10:00 Uhr treffen.

谐音 拉思 无恩思 因 呆呢母 博淤厚 无母 次因 无耳 特嗨 佛恩

lasi wensi yin dainemu bvhou wumu cin wuer tehaifen

您预约了吗?

Haben Sie einen Termin vereinbart?

谐音 哈笨 资义 爱嫩 铁闵 费耳爱恩八特

haben ziyi ainen tiemin feier aienbate

我们决定 10 点见面。

Wir haben uns entschieden, uns um 10 Uhr zu treffen.

谐音 伪耳 哈笨 无恩思 按特使一 德恩,无恩思 无母 次因 无耳 醋 特嗨奋

weier haben wensi anteshiden, unsi wumu cin wuer zu tehaifen

他最近忙于考试,这周都预约满了。

Er ist beschäftigt mit einer Prüfung in diesen Tagen. In dieser Woche gibt es keine anderen Termine.

谐音 诶耳 一思特 博晒夫替克特 米特 爱呢 普喝淤凤 因 弟责 恩 他跟。因 弟责 窝喝 给比特 爱思 开呢 安德很 铁闵

eier yisite boshaifu tikete mite aine pohvfeng yin dizen tagen. Yin dize wohe geibute aisi kaine andehen tiemin

---

机场接待

您是来自美国的布莱恩先生吧?

Sind Sie Herr Brian aus Amerika?

谐音 资因特 资义 嗨耳 布喝一安 傲思 阿买喝一卡

zinte ziyi haier buhian aosi amaihike

欢迎来到上海。

Herzlich willkommen in Shanghai.

谐音 嗨耳次里西 伪饿康门 因 上海

haiercilixi weiekangmen yin shanghai

我们公司派我来接您。

Unsere Firma hat mich entsandt, Sie abzuholen.

谐音 无恩责喝 飞饿马 哈特 密西 按特暂特，资义 阿布 醋 厚勒恩

wenzehe feiema hate mixi antezante, ziyi abu cu houlen

我已经恭候多时了。

Ich habe schon lange gewartet.

谐音 一西 哈博 受恩 浪饿 革袜泰特

yixi habo shouen lang e gewataite

您的旅途还顺利吧？

Alles Gut bei Ihrer Reise?

谐音 阿拉思 姑特 摆 一喝 嗨色

alasi gute bai yihe haise

坐了这么久的飞机您一定累了吧？

Nach diese langen Reise müssten Sie müde sein?

谐音 那喝 弟则 浪嗯 嗨色 摸淤思特恩 资义 摸淤德 在恩

nahe dize lang en haise moyuesiten ziyi mvde zaien

这是您第一次来上海吗？

Sind Sie zum ersten Mal in Shanghai?

谐音 资因特 资义 醋母 诶耳思特恩 骂 因 上海

zinte ziyi cumu eiersiten ma yin shanghai

不，我还有一个行李是托运过来的。

Nein, ein Gepäckstück kommt noch.

谐音 耐恩，爱恩 哥派克使瘀克 康母特 闹和

naien, aien gepaikeshiyuke kangmute naohe

我来帮您提行李吧。

Lassen Sie mich Ihr Gepäckstück tragen.

谐音　拉森 资义 米西 一耳 哥派克使淤克 特哈根

lasen ziyi mixi yier gepaikeshiyuke tehagen

这边请，我们的车就停在外边。

Hier entlang bitte. Unser Auto steht draußen.

谐音　喝一耳 按特浪 比特。无责 傲头 史得特 德号森

hier antelang, bite. Wenze aotou shideite dehaosen

我们动身吧！

Machen wir uns auf den Weg!

谐音　妈恨 伪耳 无恩思 傲夫 但 威克

mahen weier wensi aofu dan weike

希望您在此过得愉快。

Wir wünschen Ihnen einen angenehmen Aufenthalt .

谐音　伪耳 无淤恩婵 一嫩 爱嫩 安革内门 傲奋特 哈饿特

weier wvnshen yinen ainen ageneimen aofente haete

三　日程安排

您在上海期间将由我陪同。

Ich werde Sie begleiten während des Aufenthalts in Shanghai.

谐音　一西 伪饿 资义 博革来特嗯 外喝恩特 呆思 傲奋特哈次 因 上海

yixi weie ziyi bogelaiten waihente daisi aofutehaci yin shanghai

您要看一下日程表吗?

Möchten Sie den Zeitplan anschauen?

谐音　摸约西特恩 资义 但 菜特普蓝 安少恩

miyuexiten ziyi dan caitepulan anshaoen

🔊 **我们为您安排了紧凑的行程。**
Wir haben enge Pläne für Sie gemacht.

谐音 伪耳 哈笨 因饿 普来呢 <u>佛淤耳</u> <u>资义</u> 革骂喝特

weier haben yin e pulaine fver ziyi gemahete

🔊 **如果您希望有什么要改动的，尽管告诉我。**
Wenn Sie eine Änderung vornehmen möchten, sagen Sie bitte einfach Bescheid.

谐音 温 资义 爱呢 按德轰 佛内门 <u>摸约西特恩</u>，杂跟 <u>资义</u> 比特 爱恩发喝 博晒特

wen ziyi aine andehong foneimen moyuexiten, zagen ziyi bite aienfahe boshaite

---

🔊 **我们专门为您留了供您自由支配的时间。**
Wir haben freie Zeit für Sie eingeplant.

谐音 <u>伪耳</u> 哈笨 佛嗨 菜特 <u>佛淤耳</u> <u>资义</u> 爱恩哥普兰特

weier haben fohai caite fver ziyi aiengepulante

🔊 **明天上午 10 点我们将参观工厂。**
Wir wollen um 10 Uhr morgen Vormittag die Fabrik besuchen.

谐音 <u>伪耳</u> 窝<u>勒恩</u> 无母 次因 无耳 猫跟 佛米他克 弟 发布喝一克 博组恨

weier wolen wumu cin wuer maogen fomitake di fabuhike bozuhen

---

🔊 **明天中午 12 点您将和布莱恩先生共进午餐。**
Um 12:00 morgen sollen Sie mit Herrn Brian zum Mittagessen gehen.

谐音 无母 次窝约夫 无耳 猫跟 揍<u>勒恩</u> <u>资义</u> 米特 <u>嗨耳</u> 布喝一安 醋母 <u>米他克</u> 爱森 给恩

wumu ciwoyuefu wuer maogen zoulen ziyi mite haier buhian cumu miteke aisen geien

介绍公司

我们从 1998 年就开始从事这一行业。
1998 haben wir dieses Gesdäft eröffnet.

谐音 闹一次因 昏德特 阿喝特 无恩特 闹一次西 哈笨 伪耳 弟 责思 哥带服特 爱而瘀服耐特

naoyicin hundete ahete wente naoyicixi haben weier dizesi gedaifute aieryufunaite

---

你们公司在哪里？
Wo ist ihre Firma?

谐音 窝 一思特 一喝 飞饿马

wo yisite yihe feiema

去年我们的纯利润是一千万元。
Unser Nettogewinn letztes Jahr betrug 10 Millionen Yuan.

谐音 温责 耐头哥温 来次特思 牙 啵特呼可 次恩 米里欧嫩 元

wenze naitougewen laicitesi ya botehuke cien miliounen yuan

我们的产品在亚洲享有很高的赞誉。
Unser Produkt hat einen guten Ruf in Asien.

谐音 无恩责 坡度克特 哈特爱嫩 古特恩 护夫 因 阿贼恩

wenze podukete hate ainen guten hufu yin azeien

这是一家国有企业吗？
Ist es ein Staatsbetrieb?

谐音 一思特 爱思 爱恩 使大次 博特喝一布

yisite aisi aien shidaci botehibu

这是一家私企。
Es ist ein Privatunternehmen.

谐音 爱思 一思特 爱恩 普喝一袜特 无恩特内门

aisi yisite aien puhiwate wenteneimen

2013 年的销售额是多少?

Wie hoch der Umsatz im Jahr 2013?

谐音　伪　好喝　一思特　得耳　无母杂次　因母　压　次外　套怎特　德嗨次因

wei haohe yisite deier wumuzaci yinmu ya ciwai taozente dehaiciyin

这是我们的技术部门。

Hier ist unsere technische Abteilung.

谐音　喝一耳　一思特　无恩责喝　泰西腻舍　阿普泰龙

hier yisite wenzehe taixinishe abutailong

贵公司在中国的最大贸易伙伴是哪家公司?

Welche Unternehmen ist Ihrer größter Handelspartner in China?

谐音　外舍　无恩特内门　一思特　一喝　革喝约思特　汗德思　怕特呢　因　西那

Waishe wente neimen yisite yihe geheyuesite han de si pa te ne yin xina

参观工厂

你想参观我们的工厂吗?

Möchtest du unsere Fabrik besuchen?

谐音　摸约西泰思特　度　无恩责喝　发布喝一克　博组恨

moyuexi taisite du wenzehe fabuhike bozuhen

开车要多长时间呢?

Wie lange dauert es, mit dem Auto zu fahren?

谐音　伪　浪饿　到饿特　爱思，米特　带母　傲头　醋　发恨

wei lang e daoete aisi, mite daimu aotou cu fahen

欢迎来到我们工厂。

Herzlich willkommen in unserer Fabrik.

嗨饿次里西 伪饿康门 因 无恩责喝 发布喝一克

haieci lixi weie kangmen yin wenzehe fabuhike

让我来带您参观一下吧，这边请。

Lassen Sie mich Ihnen unsere Fabrik zeigen.
Hier entlang, bitte.

拉森 资义 米西 一西 一嫩 无恩责喝 发布喝一克 猜跟。喝一耳 按特浪，比特

lasen ziyi mixi yixi yinen wenzehe fabuhike caigen. Hier antelang, bite.

你们工厂面积有多大？

Wie groß ist ihre Fabrik?

伪 革厚思 一思特 一喝 发布喝一克

wei gehousi yisite yihe fabuhike

您想参观一下我们的生产车间吗？

Möchten Sie unsere Fertigungsstätten besuchen?

摸约西特恩 资义 无恩责喝 佛爱饿替滚思 使呆特恩 博组恨

moyuexiten ziyi wenzehe faie tigunsi shidaiten bozuhen

工厂有多少员工？

Wie viele Mitarbeiter gibt es in der Fabrik?

伪 飞乐 米特阿摆特 给布特 爱思 因 得耳 发布喝一克

wei feile miteabaite geibute aisi yin deier fabuhike

我们实行三班轮换制。

Wir haben drei Arbeitsschichten.

伪耳 哈笨 得嗨 阿摆次 使一西特恩

weier haben dehai abaici shixiten

您觉得我们工厂怎么样？

Wie finden Sie unsere Fabrik?

伪 佛因 德恩 资义 无恩责喝 发布喝一克

wei finden ziyi wenzehe fabuhike

宴请宾客

我很高兴东西能合您的口味。

Ich bin froh, dass das Essen Ihren Geschmack getroffen hat.

谐音 一西 鬃 佛号，大思 大思 爱森 一恨 革使骂克 革特厚奋 哈特

yixi bin fohao, dasi dasi aisen yihen geshimake getehoufen hate

---

你对什么东西过敏吗?

Bist du gegen irgendwas allergisch?

谐音 比思特 度 给跟 一耳跟特袜思 阿乐革一使

bisite du geigen yiergente wasi alegishi

为了您的身体健康和我们的合作干杯。

Prost auf Ihre Gesundheit und unsere Zusammenarbeit.

谐音 普厚思特 傲夫 一喝 革资温特嗨特 无恩特 无恩责喝 醋杂门阿摆特

puhousite aofu yihe gezundehaite wente wenzehe cuzamen abaite

---

请随意品尝。

Bedienen Sie sich selbst.

谐音 博德因嫩 资义 贼西 在布思特

bodinnen ziyi zeixi zaibusite

我们设宴为您接风。

Wir bereiten ein Festessen, um Sie willkommen zu heißen

谐音 伪耳 博嗨特恩 爱恩 佛爱思特 爱森，无母 资义 伪饿康门 醋嗨森

weier bohaiten aien faisite aisen, wumu ziyi weiekangmen zu haihsen

---

我们由衷感谢能与您合作。

Wir bedanken uns herzlich für die Zusammenarbeit.

谐音 伪耳 博当肯 无恩思 嗨饿次里西 佛约 弟 醋杂门阿拜特

weier bodangken wensi haieci lixi foyue di cuzamen abaite

送走宾客

您该登机了。

Sie sollten einchecken.

谐音 资义 揍特恩 爱恩拆肯

ziyi zouten aienchaiken

我们希望您能再次来我们公司参观。

Wir freuen uns auf ihren nächsten Besuch.

谐音 伪耳 佛号恩 温思 傲夫 一恨 耐西思特恩 博组喝

weier fohaoen wensi aofu yihen naixisiten bozuhe

请代我向她问好。

Bitte grüße sie von mir.

谐音 博特 革喝淤色 资义 佛恩 米耳

bite gehvse ziyi foen mier.

我们的司机会去接您，然后陪您去机场。

Unser Fahrer wird Sie abholen und zum Flughafen bringen.

谐音 无恩责 发喝 伪饿特 资义 阿布厚勒恩 无恩特 醋母 服路 克哈奋 布喝因嗯

wenze fahe weiete ziyi abuhoulen wente cumu fuluke hafen bu hin en

---

感谢你们的款待。

Danke für Ihre Bewirtung.

谐音 当克 佛淤耳 一喝 博伪饿痛

Dangke fv yihe boweietong

我们最好先弄清楚要求。

Wir möchten im Voraus Ihre Anforderungen kennenlernen.

谐音 伪耳 摸约西特恩 因母 佛号思 一喝 安佛德轰恩 看嫩雷嫩

weier moyuexiten yinmu fohaosi yihe anfodehong en kannenleinen

怎么摆放我们的产品？

Wie stellen wir unsere Produkte aus?

谐音 伪 使呆勒恩 伪耳 无恩责喝 坡度克特 傲思

wei shidailen weier wenzehe podukete aosi

你这里需要多少工作人员？

Wie viele Mitarbeiter brauchen Sie hier?

谐音 伪 飞乐 米特 阿摆特布号恨 资义 喝一耳

wei feile miteabaite buhaohen ziyi hier

你想在这儿用哪种颜色和装饰呢？

Welche Farbe und Dekoration magst du gerne?

谐音 外舍 发博 无恩特 呆克哈穷 骂克思特 度 革诶呢

waishe fabo wente daikehaqiong makesite du gaine

筹备会展的第一步是要选择一个合适的地址。

Der erste Schritt der Vorbereitung für eine Ausstellung ist die Auswahl des Standortes.

谐音 得耳 诶耳思特 使喝一特 得耳 佛博嗨痛 佛淤耳 爱呢 傲 思使呆龙 一思特 弟 傲思袜 呆思 使但特傲特思

deier eiersite shihite deier fobohaitong fv aine aosishidailong yisite di aosiwa daisi shidante aotesi

工人们什么时候搭建展台？

Wann erstellen die Arbeiter den Stand?

谐音 碗 <u>埃耳</u>使呆<u>勒恩</u> 弟 阿摆特 但 使但特

wan eiershidailen di abaite den shidante

我们需要定制宣传册。

Wir müssen eine Broschüre schreiben.

谐音 伪耳 摸淤森 爱恩 博<u>使淤</u>喝 使嗨笨

weier mvsen aien boshiyuhe shiahiben

在哪儿办会展最好呢？

Wo ist der beste Standort für unsere Ausstellung?

谐音 窝 一思特 得耳 摆思特 使但特傲特 <u>佛淤</u>耳 无恩责喝 <u>傲</u>思
使呆龙

wo yisite deier baisite shidanteaote fv wenzehe aosi shidailong

---

展会期间我们需要两张桌子和四把椅子。

Wir brauchen zwei Tische und vier Stühle während
der Ausstellung.

谐音 伪耳 布号恨 次外 替舍 <u>无恩特</u> 飞饿 使德<u>淤</u>勒 外恨特
呆耳 傲思使呆龙

weier buhaohen ciwai tishe wente feie shidvle waihente daier aosi
shidailong

展台搭建得怎么样了？

Wie ist der Bau des Messestandes?

谐音 伪 一思特 得耳 报 呆思 <u>买色</u> <u>使但德</u>思

wei yisite deier bao daisi maise shidandesi

这应该有个场地图标示各个公司的摊位所在。

Ein Grundriss ist nötig, um den Stand jedes Unternehmens
zu zeigen.

谐音 爱恩 革昏特喝<u>一思</u> 一思特 <u>呢约替西</u>，无母 但 使但特
耶德思 无恩特内门思 醋 猜跟

aien gehuntehisi yisite neyuetixi, wumu dan shidante yedesi wente
neimensi cu caigen

展览品的运输有问题吗?

Gibt es die Probleme beim Transport der Exponate?

谐音 给布特 爱思 弟 普号布勒母 摆母 特汗思泡特 得耳 爱克思剖那特

geibute aisi di puhaobuleimu baimu tehansipaote deier aikesipounate

通知所有客户。

Sag allen Kunden bitte Bescheid.

谐音 杂克 阿勒恩 克温德恩 比特 博晒特

zake alen kunden bite boshaite

询价报价

请提供产品报价。

Bitte geben Sie uns ein Angebot für das Produkt.

谐音 比特 给笨 资义 无恩思 爱思 安革博鸥特 佛约 打思 坡度克特

bite geiben ziyi wensi aien angeboute foyue dasi podukete

他们对您的报价感兴趣。

Sie sind an Ihrem Angebot interessiert.

谐音 资义 资因特 安 一喝母 安革博鸥特 因特嗨思一饿特

ziyi zinte an yihemu angehoute yintehaisiete

微软发布消息称,报价约为 350 亿欧元。

Microsoft hat mitgeteilt, das Angebot liegt bei rund 35 Milliarden Euro.

谐音 米克弱搜服特 哈特 米特革泰饿特,大思 安革博鸥特 里克特 摆 昏特 佛淤服 无恩特 德嗨思诶西 米里阿德恩 鸥一厚

mikeruo soufute hate mite getai ete, dasi angeboute likete bai hunte fvnfu wente dehaisixi miliaden ouyihou

你们提供的是离岸价还是到岸价？

Bieten Sie F.O.B. oder CIF an?

谐音 比特恩 资义 挨夫 鸥 杯 鸥德 次诶 一 挨夫 安

biten ziyi eifu ou bei oude cei yi eifu an

敬请惠寄报价单和样品。

Senden Sie uns bitte Ihre Preisliste und Probe, bitte.

谐音 暂德恩 资义 无恩思 比特 一喝 普嗨思里思特 无恩特 普厚博，比特

zanden ziyi wensi bite yihe puhaisi lisite wente puhoubo, bite.

我们的报价一个月有效。

Unser Angebot gilt einen Monat lang.

谐音 无恩责 安革博鸥特 革一饿特 爱嫩 某那特 浪

wenze angeboute gi e te ainen mounate lang

请按欧元报价。

Bitte erstellen Sie das Angebote in Euro.

谐音 比特 爱耳使呆乐恩 资一 打思 安哥博特 因 欧由厚

bite aiershidailen ziyi dasi angebote yin ouyouhou

请向我方报以下产品的最低报价。

Wir möchten Ihr niedrigstes Angebot der folgenden
Produkte erfahren.

谐音 伪耳 摸约西特恩 一喝 腻德喝一革思特思 安革博鸥特 得尔 佛跟德恩 普厚度克特 挨耳发恨

weier moyuexiten yihe nidehige sitesi angeboute deier fogenden
puhoudukete eierfahen

敬请告知最低价格。

Bitte informieren Sie uns über den niedrigsten Preis.

谐音 比特 因佛米恨 资义 无恩思 淤博 但 腻德喝一革思特恩 普嗨思

bite yinfomihen ziyi wenzi yubo dan nidehige siten puhaisi

感谢您的询盘。

Vielen Dank für Ihre Anfrage.

谐音 飞勒恩 当克 佛淤耳 一喝 安佛哈革

feilen dangke fv yihe anfohage

我方报价三天有效。

Unser Angebot gilt drei Tage lang.

谐音 无恩责 安革博鸥特 革一饿特 德嗨 他革 浪

wenze angeboute gi e te dehai dage lang

我们会为您提供最大程度的折扣。

Wir werden Ihnen die besten Angebote bieten.

谐音 伪耳 外德恩 一嫩 弟 摆思特恩 安革博鸥特 比特恩

weier waiden yinen di baisiten angeboute biten

我能知道您的详细询盘吗?

Darf ich ihre konkrete Anfrage erfahren?

谐音 大服 一西 一喝 康克嗨特 按佛哈哥 爱而发很

dafu yixi yihe kangkehaite anfohage aierfahen

请详告价格、质量、可供数量。

Bitte informieren Sie uns über den Preis, die Qualität
und die Menge.

谐音 比特 因佛米恨 资义 无恩思 淤博 但 普嗨思，弟 克袜里
泰特 无恩特 弟 满饿

bite yinfomihen ziyi wensi yubo dan puhaisi, di kewalitaite wente
di man e

我对你们的产品很感兴趣。

Ich interessiere mich für Ihre Produkte.

谐音 一西 因特嗨思一喝 米西 佛淤耳 一喝 普度克特

yixi yinte haisihe mixi fv yihe pudukete

三 商定价格

这价格太高了。
Der Preis ist zu hoch.

谐音 得耳 普嗨思 一思特 醋 号喝
deier puhaisi yisite cu haohe

我们给您所有商品 3% 的折扣。
Wir geben Ihnen drei Prozent Rabatt auf alle Waren.

谐音 伪耳 给笨 一嫩 得嗨 普厚次安特 哈吧特 傲夫 阿勒 袜恨
weier haben yinen dehai puhoucante habate aofu ale wahen

考虑到产品的质量，价格是合理的。
In Anbetracht der Qualität der Produkte ist der Preis günstig.

谐音 因 安博特哈喝特 得耳 克袜里泰特 得耳 坡度克特 一思特 呆耳 普嗨思革淤恩思替西
yin anbotehahete deier kewalitaite deier podukete yisite deier puhaisi gvnsitixi

我们对你们的报价很满意。
Wir sind zufrieden mit Ihrem Gebot .

谐音 伪耳 资因特 醋佛喝一 德恩 米特 一喝母 革博鸥特
weier zinte cufohiden mite yihemu geboute

我们有一个折中的办法。
Wir haben einen Kompromissvorschlag.

谐音 伪耳 哈笨 爱嫩 康母普厚米思 佛使拉克
weier haben ainen kangmu puhoumisi foshilake

我们就这么定了。
Wir haben uns entschieden.

谐音 伪耳 哈笨 无恩思 按特使一 德恩
weier haben wensi anteshiden

您能再降点儿价格吗?

Können Sie den Preis noch ein bisschen senken?

谐音 克约嫩 资义 但 普嗨思 闹喝 爱恩比思婶 资恩 克恩

keyuenen ziyi dan puhaisi naohe aienbisishen zenken

关于这个我们要商量下。

Wir sollten darüber diskutieren.

谐音 伪耳 揍特恩 大喝淤博 弟思苦替恨

weier zouten dahvbo disikutihen

发盘还盘

我方希望贵方能认真考虑我方的还盘。

Wir hoffen, dass Sie über unser Gegenangebot nachdenken können.

谐音 伪耳 厚奋,大思 资义 淤博 无恩责 给跟 按革博鸥特 那喝德按 克恩 克约嫩

weier houfen, dasi ziyi yubo wenze geigen abgeboute nahedanken keyuenen

你方的报价并不比其他报价有优势。

Ihr Angebot weist gegenüber anderen Angeboten keine Vorteile auf.

谐音 一喝 按哥薄特 外思特 给跟与薄 按的很 按个薄特恩 开呢 佛太了 熬服

yihe angebote waisite geigenyubo andehen angeboten kaine fotaile aofu

你方的价格超出了我们的预算。

Ihr Preis überschreitet unser Budget.

谐音 一饿 普嗨思 淤博使嗨泰特 无恩责喝思 博淤 知一

yi e puhaisi yubo shihaitaite wenzehesi bvzhiyi

你方报价与我们的期望不符。

Ihr Preis entspricht nicht ganz unseren Erwartungen.

谐音 一饿 普嗨思 按特 使普喝一西特 腻西特 敢次 无恩责恨 诶耳袜痛恩

yi e puhaisi ante shipuhixite nixite ganci wenzehen eier watong en

你买得越多，价格越便宜，这是个惯例。

Je mehr du kaufst, desto billiger ist der Preis. Das ist eine Konvention.

谐音 耶 每饿 度 靠夫思特，呆思透 比里革 一思特 得耳 普嗨思。大思 一思特 爱呢 康碗穷

ye meie du kaofusite, daisitou bilige yisite deier puhaisi. Dasi yisite aine kangwanqiong

我们的价格与你方还盘之间的差距太大。

Der Unterschied zwischen unserem Preis und Ihrem Gegenangebot ist zu groß.

谐音 得耳 无恩特使一特 次威婶 无恩责喝母 普嗨思 无恩特 一喝母 给跟 按革博鸥特 一思特 醋 革厚思

deier wenteshite ciwaishen wenzehemu puhaisi wente yihemu geigen angeboute yisite cu gehousi

我很想知道你们的报价。

Ich möchte gerne ihr Angebot wissen.

谐音 一西 摸约西特 该呢 一喝 安革博鸥特 威森

yixi moyuexite gaine yihe angeboute weisen

谈判事宜

我们愿意与您立即签订协议。

Wir wollen sofort mit Ihnen eine Vereinbarung abschließen

谐音 伪耳 窝乐恩 揍佛特 米特 一嫩 爱呢 费耳 爱恩吧轰 阿布使里森

weier wolen zoufote mite yinen gaine feier aienbahong abushilisen

我们应该在谈判前列出最理想和最不理想的结果。

Wir sollten vor der Verhandlung die besten und schlechten Ergebnisse auflisten.

谐音 伪耳 揍乐恩 佛 得耳 费耳汗德龙 弟 摆思特 无恩特 使来西泰思特 诶耳给布腻色 傲夫 里思特恩

weier zoulen fo deier feier handelong di baisite wente shilaixi taisite eier geibunise aofu lisiten

你准备好商务谈判了吗？

Hast du dich für die Geschäftsverhandlungen vorbereitet?

谐音 哈思特 度 弟西 佛淤耳 弟 革晒夫次 费耳汗德龙恩 佛博嗨泰特

hasite du dixi fv di geshaifuci feier handelong en fobohaitaite

除了你们公司，我们还有别的选择。

Außer ihrer Firma haben wir noch eine andere Wahl.

谐音 傲色 一喝 费饿马 哈笨 伪耳 闹喝 爱呢 安德喝 袜饿

aose yihe feiema haben weie naohe aine andehe wae

首先我们要搜集相关情报。

Vor allem sollen wir die relevanten Informationen sammeln.

谐音 佛 阿乐母 揍乐恩 伪耳 弟 黑乐碗特恩 因佛马穷嫩 杂门

fo alemu zoulen weier di helewanten yinfo maqiongnen zamen

这是我们最大的让步。

Das ist unser größter Kompromiss.

谐音 大思 一思特 无恩责 革喝约思特 康母普厚米思

dasi yisite wenze geheyuesite kangmu puhoumisi

营 销 合 作

市场调查

调研结果表明，我们的定价应该比我们的主要竞争者略低一些。

Die Marktforschung zeigt, dass der unser festgesetzter Preis ein bisschen niedriger als der Hauptbewerber sein soll.

谐音 弟 马克特佛使翁 猜克特，大思 呆尔 无恩责 佛爱思 特 革在次特 普嗨思 爱恩 比思姅 腻德喝一革 阿思 得耳 号 铺特 博外博 在恩 揍

di makete foshiweng caokete, dasi daier wenze faisite gezaicite puhaisi aien bisishen nidehige asi deier haopute bowaibo zaien zou

我们决定在开始阶段做一次市场调查。

Wir haben uns entschieden, eine Marktforschung am Anfang zu machen.

谐音 伪耳 哈笨 无恩思 按特使一 德恩，爱呢 马克特佛使翁 阿母 安放 醋 妈恨

weier haben wenzi anteshiden, aine makete foshiweng amu anfang cu mahen

通过市场调研，我们得出几个结论。

Durch die Marktforschung haben wir einige Schluss folgerungen gezogen.

谐音 度饿西 弟 马克特佛使翁 哈笨 伪耳 爱腻革 使路思 佛 饿革轰 恩革凑跟

duexi di makete foshiweng haben weier ainige shilusi fogehongen gezougen

我们要对其他同类产品进行调查吗？

Sollen wir die anderen ähnliche Produkte erforschen?

谐音 揍勒恩 伪耳 弟 安德很 诶恩里舍 坡度克特 诶耳佛饿婶

zoulen weier di andehen eienlishe podukete eierfoshen

我们可以先进行小规模的尝试来试探一下市场的潜力。

Wir können einen kleinen Versuch machen, um das Marktpotenzial zu testen.

谐音 伪耳 克约嫩 爱嫩 克来嫩 费耳组喝 妈恨，无母 大思 妈克特 剖特恩 次一阿 醋 他思特恩

weier keyuenen ainen kelainen fierzuhe mahen, wumu dasi makete potencia cu tasiten

销售代理

互相信任在建立代理关系中非常重要。

Das gegenseitige Vertrauen ist sehr wichtig bei dem Aufbau gegenseitiges Beziehungen.

谐音 大思 给跟在替革 费耳特号恩 一思特 贼耳 威西替西 摆 带母 熬服抱 给跟在提哥思 薄次一用

dasi geigenzaitige feiertehaoen yisite zeier weixitixi bai daimu aofubao geigenzaitigesi bociyiyong

我推荐你做中国的代理。
Ich empfehle dir einen Agent in China.
谐音 一西 按母飞勒 弟耳 爱嫩 阿跟特 因 西那
yixi anmufeile dier ainen agente yin xina

我或许就是最佳人选。
Ich bin wahrscheinlich die beste Wahl.
谐音 一西 髻 袜饿晒恩里西 弟 摆思特 袜饿
yixi bin waeshaien lixi di baisite wae

你当代理的销售目标是多少？
Was ist dein Absatzziel als Vertreter?
谐音 袜思 一思特 呆恩 阿布杂次 次一饿 阿思 费耳特嗨特
wasi yisite daien abuzaci cie asi feiertehaite

你们有什么优势呢？
Welche Vorteile habt ihr?
谐音 外舍 佛泰勒 哈布特 一耳
waishe fotaile habute yier

我们有丰富的资源。
Wir sind reich an Ressourcen.
谐音 伪耳 资因特 嗨西 安 黑嫂森
weier zinte aixi an heisaosen

我们只需要独家代理。
Wir brauchen nur einen einzigen Agent.
谐音 伪耳 布号恨 怒耳 爱嫩 爱恩次一跟 阿跟特
weier buhaohen nuer ainen aiencigen agente

我们有稳定的客户群。
Wir haben eine stabile Kundenbasis.
谐音 伪耳 哈笨 爱呢 使大比勒 昆德恩 吧思一思
weier haben aine shidabile kunden ba siyi si

销售佣金

它包括佣金吗?

Enthält es eine Provision?

谐音 埃耳 嗨饿特 爱思 爱呢 坡威其用

eier haiete aisi aine poweiqiyong

根据我们公司的规定，我们不会提供任何的佣金。

Nach den Regeln unserer Firma bieten wir keine Provision an.

谐音 那喝 得恩 黑跟 无恩责喝 飞饿马 比特恩 伪耳 开呢 坡威其用 安

nahe deien heigen wenzehe feiema bitten weier kaine poweiqiyong an

如果营业额上升的话，你会得到更多的佣金。

Wenn der Umsatz steigt, bekommst du mehr Provision.

谐音 温 得耳 无母杂次 使呆克特，博康母思特 度 每饿 坡威其用

wen deier wuzaci shidaikete, bokangmusite du meie poweiqiyong

你们一般给代理人的佣金是多少?

Was ist deine übliche Provision für ihre vertreter?

谐音 袜思 一思特 呆呢 淤布里舍 坡威其用 佛淤耳 一喝 费耳特黑特

wasi yisite daine yubolaishe poweiqiyong fv yihe feierteheite

你能再加点儿吗?

Kannst du mehr geben?

谐音 看思特 度 每饿 给笨

kansite du meie geiben

您更倾向于哪种，佣金还是折扣？

Welche Art bevorzugen Sie, die Provision oder den Rabatt?

谐音 外舍 阿特 博佛醋跟 <u>资义</u>，弟 坡威其用 鸥德 <u>得恩</u> 哈 吧特

waishe ate bofocugen ziyi, di poweiqiyong oude deien habate

想要鼓励代理人，提供佣金最有效了。

Die Provision funktioniert am besten, um Agents zu ermutigen.

谐音 弟 坡威其用 凤克穷 <u>腻饿特</u> 阿母 摆思<u>特恩</u>，无母 阿跟 特思 醋 <u>诶耳</u>木替跟

di poweiqiyong fengkeqiong ni e te amu baisiten, wumu agantesi cu eier mutigen

投标招标

我们想发招标通知。

Wir wollen die Ausschreibung schicken.

谐音 伪耳 窝<u>勒恩</u> 弟 傲思使嗨蹦 使一肯

weier wolen di aosishihaibeng shiyiken

什么时候开始招标？

Wann beginnt die Ausschreibung?

谐音 碗 博<u>革</u>因特 弟 傲思<u>使</u>嗨蹦

wan boginte di aosishihaibeng

我们会在两周后公布招标结果。

Wir wollen das Ergebnis der Ausschreibung in zwei Wochen veröffentlichen.

谐音 伪耳 窝勒恩 大思 <u>诶耳</u>给布腻思 得耳 傲思使嗨蹦 因 次 外 窝喝 <u>费耳</u>约奋特里婶

weier wolen dasi eiergeibunisi deier aosishihaibeng yin ciwai wohe feier yuefente lishen

这次是秘密招标还是公开招标？

Ist es eine geheim oder öffentliche Ausschreibung?

谐音 一思特 爱思 爱呢 革嗨木 鸥德 约奋特里舍 傲思使嗨蹦

yisite aisi aine gehaimu oude yuefentelishe aosishihaibeng

你们对投标有什么要求？

Was sind ihre Anforderungen der Ausschreibung?

谐音 袜思 资因特 一喝 安佛德轰恩 得耳 傲思使嗨蹦

wasi zinte yihe an fo de hong en deier aosishihaibeng

你会邀请投标者来监督招标吗？

Wollen Sie die Bieter einladen, um die Ausschreibung zu überwachen?

谐音 窝勒恩 资义 弟 比特 爱恩拉德恩，无母 弟 傲思使嗨蹦 醋淤博袜恨

wolen ziyi di bite aien laden. Wumu di aosishihaibeng cu yubowahen

---

很多公司都对这次的招标感兴趣。

Viele Unternehmen interessieren sich für diese Ausschreibung.

谐音 飞乐 无恩特内门 因特嗨思诶恨 贼西 佛淤耳 弟责 傲思使嗨蹦

feile wenteneimen yintehai sieihen zeixi fv dize aosishihaibeng

---

这样不公平。

Es ist nicht fair.

谐音 爱思 一西特 腻西特 佛爱饿

aisi yisite nixite faie

要交押金吗？

Braucht es eine Kaution?

谐音 布号喝特 爱思 爱呢 考穷

buhaohete aisi aine kaoqiong

如果你们公司符合要求的话，我们会考虑你们的。

Wir wollen über ihre Firma nachdenken, wenn ihre Firma unseren Anforderungen entspricht.

谐音 伪耳 窝乐恩 淤博 一喝 飞饿马 那喝德恩 克恩，温 一喝 飞饿马 无恩责恨 安佛德轰恩 恩特 使普喝一西特

weier wolen yubo yihe feiema nahedenken, wen yihe feiema wenzehen an fo de hong en ente shipuhixite

三 市场拍卖

你竞拍了什么?

Was hast du versteigert?

谐音 袜思 哈思特 度 费耳使呆革饿特

wasi hasite du feier shidaigete

我宣布你为本次拍卖品的得主。

Ich erkläre, dass du diese Auktion gewonnen hast.

谐音 一西 诶耳克来喝，大思 度 弟责 傲克穷 哥无欧嫩 哈思特

yixi eierkelaihe, dasi du dize aokeqiong gewonen hasite

我们奉行"价高者得"的做法。

Wir halten uns an das Prinzip der höchste Preis obsiegt.

谐音 为而 哈特恩 温思 按 打死 普喝应次一普 带而 喝约思特 普嗨思 熬不资一客特

weier haten wensi an dasi puheyingciyipi daier heyuesite puhaisi aobuziyikete

最低竞投价是多少?

Wie hoch ist der niedrigste Angebotspreis?

谐音 伪 好喝 一思特 得耳 腻德喝一革思特 安革博鸥次 普嗨思

wei haohe yisite deier nidehigesite angebouci puhaisi

会有多少人参与到这次拍卖？

Wie viele Menschen wollen an der Auktion teilnehmen?

谐音 伪 飞乐 闷婶 我勒恩 安 得耳 傲克穷 泰耳内门

wei feile menshen wolen deier aokeqiong taierneimen

有些竞拍者会故意推动价格。

Einige Bieter treiben die Preise absichtlich.

谐音 爱腻革 比特 特嗨笨 弟 普嗨色 阿布贼西特里西

ainige bite tehaiben di puhaisi abuzeixite lixi

三 技术转让

我们来谈谈技术转让的细节吧。

Lassen Sie uns über die Details des Techniktransfers diskutieren.

谐音 拉森 资义 无恩思 淤博 弟 弟泰思 得思 泰西闹老哥一特 憨思佛 弟思苦替恨

lasen ziyi wensi yubo di ditaisi deisi taixi naolaogeyitehansifo disikutihen

---

我想购买贵公司的专有技术。

Ich möchte die Haupttechnologie ihrer Firma kaufen.

谐音 一西 摸约西特 弟 好布特 泰西呢鸥漏革一 一喝 飞饿马 考奋

yixi moyuexite di haoobute taixi noulougi yihe feiema kaofen

您技术转让要价多少？

Wie viel kostet der Technologietransfer?

谐音 伪 飞饿 扣思泰特 呆耳 泰西闹老哥一特憨思佛

wei feie kousitaite deier taixinaolaogeyitehansifo

您想以何种形式转让技术呢?

In welcher Form möchten Sie Ihre Technik überlassen?

谐音　因　外舍　佛母　摸约西特恩　资义　一喝　泰西腻克　淤博拉森

yin weishe fomu moyuexiten ziyi yihe taixinike yubolasen

技术转让费将以专利使用费的形式来支付。

Die Gebühr der Techniküberlassung wird in der Form der Gebühr des Patents bezahlt.

谐音　弟　革博淤饿　得耳　泰西腻克　淤博拉宋　伪饿特　因　得耳
佛饿母　得耳　革博淤饿　呆思　怕特恩特　博次阿饿特

di gebve deier taixinike yubolasong weiete yin deier fomu deier gebve daisi patente becaete

合资经营

我觉得合资公司对我们双方都有利。

Ich glaube, es ist für uns beide von Vorteil, ein Joint Venture zu werden.

谐音　一西　革捞博，爱思　一思特　佛淤耳　无恩思　摆得　佛恩　佛
泰饿，爱恩　捉一特　碗戳　醋　外德恩

yixi gelaobo, aisi yisite fv wensi baide foen fotaie, aien zhuoyite wanchuo cu waiden

---

有多少种合资企业形式?

Wie viele Arten eines Joint-Ventures gibt es?

谐音　伪　飞乐　阿特恩　爱呢思　捉一特　碗戳思　给布特爱思

wei feile aten ainesi zhuoyite wanchuosi geibute aisi

有股权式合资企业和契约式合资企业这两种合资企业形式。

Es gibt zwei Arten von Joint Ventures: aktionärsrechtliche Joint-Ventures und vertragliche Joint-Ventures.

谐音　爱思　给布特　次外　阿特恩　佛恩　捉一特　碗戳：阿克穷耐
思嗨西特里舍思捉一特　碗戳思　无恩特　费耳特哈克里　舍思
捉一特　碗戳思

aisi geibute ciwai aten fon zhuoyite wanchuo: akeqiongnaisi haixite lishesi zhuoyite wanchuosi wente feier tehake lishesi zhuoyite wanchuosi

你方的合资条件是什么?

Was sind ihre Anforderungen an Joint Ventures?

谐音 哇思 资因特 一喝 按佛得哄嗯 按 捉一特 宛戳思

wasi ziyinte yihe anfodehongen an zhuoyite wanchuosi

合资企业有期限吗?

Gibt es eine Frist für das Joint-Venture?

谐音 给布特 爱思 爱呢 服喝一思特 佛淤耳 大思 捉一特 碗戳

geibute aisi aine fuhisite fv dasi zhuoyite wanchuo

找个好的合伙人是很重要的。

Es ist wichtig, einen netten Partner zu finden.

谐音 爱思 一思特 威西替西, 爱恩 耐特恩 怕特呢 醋 佛因 德恩

Aisi yisite weixitixi, aien naiten patene cu finden

贸易方式

补偿贸易是信贷的一种方式。

Kompensationshandel ist ein Weg der Kreditvergabe.

谐音 康母喷咋穷 思汗德 一思特 爱恩 未克 得恩 可黑弟特费而噶啵

kangmu pen zaqiong yisite aien weike deien keheiditefeiergabo

---

您选择全额补偿还是部分补偿?

Wählen sie eine volle Entschädigung oder einen Teil der Entschädigung?

谐音 外勒恩 资义 爱呢 佛勒 安特晒弟拱 鸥德 爱嫩 太饿 得耳 安特晒弟拱

wailen ziyi aine fole anteshaidigong oude ainen taie deier

anteshaidigong

您接受回购方式还是互购方式?

Akzeptieren Sie die Rücknahme oder gegenseitigen Kauf?

谐音 阿克莱普替恨 <u>资义</u> 弟 喝淤克那么 鸥德 给跟在替跟 考服

akecaipu tihen ziyi di hvkename oude geigen zaitigen kaofu

您认为易货贸易如何?

Wie finden Sie Tauschhandel?

谐音 伪 佛因 德恩 <u>资义</u> 套使汗德

wei finden ziyi taoshihande

我们愿意以寄售的方式接受本交易。

Wir wollen das Geschäft in der Form der Konsignation annehmen.

谐音 <u>伪耳</u> 窝勒恩 大思 哥晒服特 因 得耳 佛母 得耳 康贼克那穷 安内闷

weier wolen dasi geshaifute yin deier fomu deier kangzeike naqiong anneimen

您对加工业务有兴趣吗?

Interessieren Sie sich für die Verarbeitung?

谐音 因特嗨贼恨 <u>资义</u> 贼西 佛淤耳 弟 费耳阿摆痛

yintehaizeihen ziyi zeixi fv di feier abaitong

你们的加工费是多少?

Wie hoch ist ihre Bearbeitungsgebühr?

谐音 伪 好喝 一思特 一喝 博阿摆痛思 哥博淤耳

wei haohe yisite yihe boabaitongsi gebver

您要加工什么?

Was wollen Sie verarbeiten?

谐音 袜思 窝勒恩 <u>资义</u> 费耳阿摆特恩

wasi wolen ziyi feier abaiten

订单确认

您下订单了吗?

Haben Sie schon geordert?

谐音 哈笨 资义 受恩 哥傲德特

haben zi shouen geaodete

我来确认一下您的订单。

Ich werde gerne Ihren Auftrag bestätigen.

谐音 一西 外德 该呢 一恨 傲服特哈克 博使呆替跟

yixi waide gaine yihen aofutehake boshidaitigen

您什么时候能确认订单?

Wann können Sie Ihren Auftrag bestätigen?

谐音 碗 克约嫩 资义 一恨 傲服特哈克 博使呆替跟

wan keyuenen zi yihen aofutehake boshidaitigen

您可以通过传真确认订单。

Sie können den Auftrag per Fax bestätigen.

谐音 资义 克约嫩 但 傲服特哈克 坡 发克思 博使呆替跟

zi keyuenen dan aofutehake po fakesi boshidaitigen

我们期待贵方尽快确认订单。

Wir freuen uns darauf, falls Sie Ihren Auftrag so schnell wie möglich bestätigen.

谐音 伪耳 佛号一恩 无恩思 大号服，发思 资义 一恨 傲服特 哈克 揍 使耐饿 伪 摸约克里西 博使呆替跟

weier fohaoyien wensi dahaofu, fasi ziyi yihen aofutehake zou shinaie wei moyueke lixi boshidaitigen

---

您想订购多少呢?

Wie viel möchten Sie bestellen?

谐音 伪 飞饿 摸约西特恩 资义 博使呆勒恩

wei feie moyuexiten ziyi boshidailen

 **付款条件**

能否告知贵方付款条件？

Können Sie mir sagen, was Ihre Voraussetzungen für die Zahlung sind?

谐音 克约嫩 资义 米耳 咋跟，袜思 一喝 佛傲思<u>在从恩</u> 佛淤耳 弟 擦笼 <u>资因</u>特

keyuenen zi mier zagen, wasi yihe foaosi zaicong en fv di calong zinte

我想同你讨论一下付款条件。

Ich möchte mit dir über die Voraussetzungen für die Zahlung diskutieren.

谐音 一西 摸约西特 米特 弟耳 淤博 弟 佛傲思<u>在从恩</u> 佛淤耳 弟 擦笼 弟思苦替恨

yixi moyuexite mite dier yubo di foaosi zaicong en fv di calong disikutihen

不知您能否接受付款交单的方式。

Ich frage mal, ob Sie die Art der Zahlung gegen Rechnung akzeptieren können.

谐音 一西 佛哈哥 马，鸥补 资义 弟 <u>阿饿</u>特 得耳 擦笼 给跟 嗨喝一 农 阿克莱普替恨 克约嫩

yixi fohage ma, oubu zi di aete dier calong geigen haihinong akecaputihen keyuenen

我们希望第一次订的货能先付款。

Wir hoffen, dass die erstmaligen georderten Waren im Voraus bezahlt werden können.

谐音 伪耳 厚奋，大思 弟 诶耳思特马里跟 哥傲德饿特恩 袜恨 因母 佛号思 博擦饿特 外<u>德恩</u> 克约嫩

weier houfen, dasi di eiersite maligen geaodeten wahen yinmu fohaosi becaete waiden keyuenen

对不起，我们不能接受承兑交单的支付方式。

Leider können wir Dokumente gegen Übernahme nicht akzeptieren.

谐音 来德 克约嫩 伪耳 到苦闷特 给跟 淤博那么 腻西特 阿克菜 普替恨

laide keyuenen weier daokumente geigen yuboname nixite akecaiputihen

---

9

我方希望汇票付款。

Wir hoffen, dass wir mit einem Wechsel bezahlen können.

谐音 伪耳 厚奋，大思 伪耳 米特 爱呢母 外克色 博擦勒恩 克约嫩

weier houfen, dasi weier mite ainemu waikese bocalen keyuenen

---

贵方在收到单据后应立刻支付货款。

Wenn Sie die Quittung bekommen, sollen Sie sofort bezahlen.

谐音 碗 资义 弟 克威痛 博康闷，揍勒恩 资义 揍佛特 博擦勒恩

wan zi di keweitong bokangmen, zoulen ziyi zoufote bocalen

我们不接受延期偿还。

Wir akzeptieren das Moratorium nicht.

谐音 伪耳 阿克菜普替恨 大思 某哈头喝一 无母 腻西特

weier akecaiputihen dasi houhatouhiwumu nixite

货款至少必须在交货期之前的 5 天电汇到德意志银行。

Der Kaufbetrag muss mindestens fünf Tage vor der Lieferung auf das Konto des Deutschen Bank überwiesen werden.

谐音 带而 靠服啵特哈克 木思 民得思特恩思 服英服 她个 佛 饿 带而 里佛哄 熬服 大思 康头 带思到一吃恩 办克 与 薄为资嗯 外德恩

daier kaofubotehake musi mindesitensi fuyingfu tage foe daier folihong aofu dasi kangtou daisi daoyichien banke yuboweizien waideen

我方要求贵方支付 5000 欧元作为定金。

Wir fordern, dass Sie 5000 Euro als Anzahlung leisten.

谐音 伪耳 佛饿 德恩，大思 资义 佛淤恩服 套怎特 鸥一厚 阿思 安擦笼 来思特恩

waier foden, dasi zi fvnfu taozente ouyihou asi ancalong laisiten

---

贵方应以美元支付。

Bitte zahlen Sie mit US-Dollar.

谐音 比特 擦乐恩 资义 米特 优爱思 刀乐

bite calen ziyi mite youaisi daole

📋 货运期限

我的货物已经到了吗？

Sind meine Waren schon angekommen?

谐音 资因特 买呢 袜恨 受恩 安革康门

zinte maine wahen shouen angekangmen

能把交货期延长两个礼拜吗？

Können Sie die Lieferzeit um zwei Wochen verlängern?

谐音 克约嫩 资义 弟 里佛莱特 无母 次外 窝恨 费耳 乐安 革恩

keyuenen zi di lifocaite wumu ciwai wohen feier lang en

交货期限是什么时候？

Wann ist die Lieferzeit?

谐音 碗 一思特 弟 里佛莱特

wan yisite di lifocaite

货运时间不能晚于 5 月 10 号。

Die Lieferzeit ist nicht später als der 10. Mai.

谐音 弟 里佛莱特 一思特 腻西特 使摆特 阿思 呆耳 次因 特恩 买诶

di lifocaite yisite nixite shibaite asi daier cinten maiei

你方何时能装运货物？

Wann können Sie die Waren laden und abtransportieren?

谐音 碗 克约嫩 资义 弟 袜恨 拉德恩 无恩特 阿布 特汗思泡 替恨

wan keyuenen ziyi di wahen laden wente abu tehansipao tiren

我方承诺的最早交货时间是在五月初。

Die früheste versprochene Lieferzeit ist Anfang Mai.

谐音 弟 佛喝淤饿思特 费耳使普厚恨呢 里佛菜特 一思特 安放 买诶

di fohvesite feier shipuhouhenne lifocaite yisite anfang maiei

我们把交货期定下来吧。

Lassen Sie uns die Lieferzeit festlegen.

谐音 拉森 资衣 无恩思 弟 里佛菜特 佛爱思特累跟

lasen ziyi di lifocaite faisite leigen

包装运输

包装免费。

Die Verpackung ist kostenlos.

谐音 弟 费耳怕空 一思特 扣思特恩漏思

di feierpakong yisite kousiten lousi

请在箱子上标明"易碎，小心轻放"。

Bitte markieren Sie den Karton mit "Zerbrechlich, leicht legen".

谐音 比特 马饿 克一恨 资义 但 卡饿痛 米特 猜耳布嗨西里 西，来西特 累跟

bite makihen zi dan katong mite caier buhaixi lixi, laixite leigen

9 商务贸易

343

你们对包装的要求是什么？

Was sind ihre Forderungen bezüglich der Verpackung?

谐音 袜思 资因特 一喝 佛德轰恩 博次淤哥利西 得耳 费耳怕空

wasi zinte yihe fodehong en bociyuegelixi deier feierpakong

我们是来检验我们的包装的。

Wir kommen, um unsere Verpackung zu verprüfen.

谐音 伪耳 康门，无母 无恩责喝 费耳怕空 醋 费耳普喝淤奋

weier kangmen, wumu wenehe feierpakong cu feier puhvfen

我们想用木箱来包装它。

Wir möchten es mit Holzkisten verpacken.

谐音 伪耳 摸约西特恩 爱思 米特 厚次 克一思特恩 费耳怕克恩

weier moyuexiten aisi mite houci kisiten feierpaken

我们提供以下几种包装方式。

Wir bieten die folgende Verpackungsart an.

谐音 伪耳 比特恩 弟 佛跟德 费耳怕空思 阿特 安

weier bitten di fogende feierpakongsi ate an

请在箱子上标明数量和型号。

Bitte markieren Sie den Karton mit der Menge und dem Typ.

谐音 比特 马饿 克一恨 资义 但 卡饿痛 米特 得耳 慢饿 无恩 特 呆母 特淤普

bite makihen zi dan katong mite deier man e wente daimu tvpu

您选择哪种运输方式？

Welche Transportart wählen Sie?

谐音 外舍 特汗思泡特 阿饿特 外乐恩 资义

waishe tehanzipaote aete wailen zi

这批货走船运。

Diese Waren werden mit dem Schiff transportiert.

谐音 弟责 袜恨 外德恩 米特 得母 使一服 特汗思泡替饿特

dize wahen waiden mite deimu shiyifu tehan sipaotiete

空运要花多少钱？

Wie viel kostet die Lieferung per Flugzeug?

谐音 伪 飞饿 扣思太特 弟 里佛哄 坡 佛路克 草一克

wei feie kousitaite di lifonghong po foluke caoyike

一周内必须把货物运到。

Die Produkte müssen in einer Woche geliefert werden.

谐音 弟 坡度克特 摸淤森 因 爱呢 窝喝 革里佛饿特 外德恩

di podukete mvsen yin aine wohe gelifote waiden

我方希望贵方能同意分批交货。

Wir hoffen, dass Sie einer Teillieferung zustimmen.

谐音 伪耳 厚奋，大思 资义 爱呢 太饿里佛轰 醋使德一门

weier houfen, dasi ziyi aine taie lifohong cushidimen

货物已于上周运走。

Die Waren wurden in der letzten Woche geliefert.

谐音 弟 袜恨 无德恩 因 呆耳 来次特恩 窝喝 革里佛饿特

di wahen wuden yin daier laiciten wohe gelifote

货物将于下月中旬备妥。

Die Waren werden in der Mitte des nächsten Monats bereit sein.

谐音 弟 袜恨 外德恩 因 得耳 米特 呆思 耐思特恩 某那次 博嗨特 在恩

di wahen waiden yin deier mite daisi naixisiten mounaci bohaite zaien

交货条件

贵方的交货条件是什么？

Was sind Ihre Bedingungen für die Lieferung?

谐音 挖思 资一特 一喝 博丁供恩 佛约 弟 李佛宏

wasi ziyite yihe bodinggongen foyue di lifohong

我们一旦收到你们的信用证，就马上装船。

Wir wollen die Waren auf ein Schiff verladen, sobald wir Ihren Kreditbrief bekommen.

谐音 伪耳 窝勒恩 弟 袜恨 傲服 爱恩 使一服 费耳拉德恩，搂吧饿特 伪耳 一恨 克黑弟特 布喝一服 博康门

waier wolen di wahen aofu aien shifu feierladen, zoubaete weier yihen keheidite buhifu bokangmen

这些货物的供货期不迟于 5 月。

Die Lieferzeit der Waren ist nicht später als Mai.

谐音 弟 里佛菜特 得耳 袜恨 一思特 腻西特 使摆特 阿思 买诶

di lifocaite deier wahen yisite nixite shibaite asi mai

交货将于两周后进行。

Die Lieferung beginnt in zwei Wochen.

谐音 弟 里佛轰 博革因特 因 次外 窝恨

di lifohong boginte yin ciwai wohen

你的港口在哪儿？

Wo ist ein Seehafen in deiner Nähe?

谐音 窝 一思特 爱恩 贼哈分 因 带呢 耐饿

wo yisite aien zeihafen yin daine naie

你们何时能交货？

Wann könnt ihr die Waren ausliefern?

谐音 碗 克约恩特 一耳 弟 袜恨 傲思里佛恩

wan keyue ente yier di wahen aosilifoen

该费用由买家承担。

Die Kosten werden vom Käufer getragen.

谐音 弟 扣思特恩 外德恩 佛母 考一佛 革特哈跟

di kousiten waiden fomu kaoyifo getehagen

贵方如能在二十四小时内寄出订单，本公司就以船上交货价条件交货。

Wenn Sie den Bestellschein innerhalb von 24 Stunden versenden, liefern wir die Waren mit der Fob-Bedingung aus.

谐音 温 资义 但 博使呆饿晒 因呢哈普 佛恩 飞饿 无恩特 次汪 次一西 使蹲德恩 费耳暂德恩，里佛恩 伪耳 弟 袜恨 米特 得耳 佛普一博订拱 傲思

wen zi dan boshidaieshai yinnehapu fon feie wente ciwangcixi shidunden feierzanden, lifoen weier di wahen mite deier fopu-bodinggong aosi

海关通关

你能告诉我通关的手续吗？

Können Sie mir die Zollformalitäten mitteilen?

谐音 克约嫩 资义 密耳 弟 凑 佛马里太特恩 米特 泰勒恩
keyuenen zi mier di cou fomalitaiten mite tailen

所有东西都要申报吗？

Muss ich alle Waren deklarieren?

谐音 母思 一西 阿勒 袜恨 弟克拉喝一恨
musi yixi ale wahen dikelahihen

你得填写申报单。

Du musst eine Zolldeklaration ausfüllen.

谐音 度 母思特 爱呢 凑 弟克拉哈穷 傲思佛淤 勒恩
du musite aine cou dikelahaqiong aosifvlen

您要回答一些问题。

Sie müssen einige Fragen beantworten.

谐音 资义 摸约森 爱腻革 佛哈跟 博安特窝特恩
ziyi moyuesen ainige fohagen boantewoten

保险事宜

您能给我一份保险费率表吗?

Können Sie mir einen Versicherungstarif geben?

谐音 克约嫩 资义 密耳 爱嫩 费耳贼舍轰思 踏喝一夫 给笨

keyuenen zi mier ainen feier zeishehongsi tahifu geiben

保险有效期是多久?

Wie lange gilt die Versicherung?

谐音 伪 浪饿 革一饿特 弟 费耳贼舍轰

wei lang e giete di feier zeishehong

保险费率是多少?

Wie hoch ist der Versicherungstarif?

谐音 伪 好喝 一思特 得耳 费耳贼舍轰思 踏喝一夫

wei haohe yisite deier feier zeishehongsi tahifu

你们投什么险?

Welchen Typ der Versicherung möchtet ihr?

谐音 外神 特淤普 得耳 费耳贼舍轰 摸约西泰特 一耳

waishen tvpu deier feier zeishehong moyuexitaite yier

保费已包含在到岸价里了。

Der Versicherungsbeitrag ist bereits im CIF enthalten.

谐音 得耳 费耳贼舍轰思 摆特哈克 一思特 博嗨次 因母 次一 一 诶夫 按特哈饿特恩

deier feierzeishehongsi baitehake yisite bohaici yinmu ci yi eifu antehaeten

险别必须适合你的货物。

Der Versicherungstyp muss geeignet für Ihre Waren sein.

谐音 得耳 费耳贼舍轰思 特淤普 母思 革爱革耐特 佛淤耳 一喝 袜恨 在恩

deier feier zeishehongsi tvpu musi geaigenete fv yihe wahen zaien

有三种基本险别。

Es gibt drei grundlegende Versicherungstypen.

谐音 爱思 给布特 得嗨 革昏特累跟德 费耳贼舍轰思 特淤喷

aisi geibute dehai gehunte leigende feierzeishehongsi tvpen

保险费用随投保范围的大小而变化。

Der Versicherungsbeitrag verändert sich mit dem Bereich der Versicherung.

谐音 得耳 费耳贼舍轰思 摆特哈克 费耳按德特 贼西 米特 呆母 博嗨西 得耳 费耳贼舍轰

deier feierzeishehongsi baitehake feierandete zeixi mite daimu bohaixi deier feierzeishehong

索赔事宜

我们希望你们能全面赔偿我们的损失。

Wir hoffen, dass ihr uns für den Verlust vollständig entschädigen könnt.

谐音 伪耳 厚奋，大思 一耳 无恩思 佛淤耳 但 费耳路思特 佛使但弟西 按特晒弟跟 克约 恩特

weier houfen, dasi yier wensi fv dan feierlusite fo shidandixi anteshaidigen keyue ente

我想跟你谈谈赔偿条款的问题。

Ich möchte mit dir über die Entschädigungsklausel diskutieren.

谐音 一西 摸约西特 米特 弟耳 淤博 弟 按特晒弟拱思 克捞责 弟思苦替恨

yixi moyuexite mite dier yubo di anteshaidigongsi kelaoze disikutihen

这项索赔属保险公司责任范围。

Diese Reklamation ist innerhalb der Haftung der Versicherung.

谐音 弟责 黑克拉马穷 一思特 因呢哈普 得耳 哈夫痛 得耳 费耳贼舍轰

dize heikelamaqiong yisite yinnehapu deier hafutong deier feier zeishehong

明天我会去拜访您，然后商定索赔一事。

Morgen will ich Sie besuchen, um die Reklamation zu besprechen.

谐音 猫跟 伪饿 一西 资义 博组恨，无母 弟 黑克拉马穷 醋 薄使铺嗨神

maogen weie yixi ziyi bosuhen, wumu di heikelamaqiong cu boshipuhaishen

我想你方应该赔偿我们的损失才算合理。

Ich denke, es ist berechtigt, dass ihr uns für den Verlust entschädigt.

谐音 一西 德恩克，爱思 一思特 博嗨西替克特，大思 一耳 无 恩思 佛淤耳 但 费耳路思特 按特晒弟克特

yixi denke, aisi yisite bohaixi tikete, dasi yier wensi fv dan feier lusite anteshaidikete

任何运输途中产生的损失，我们都不予赔偿。

Wir entschädigen nicht den Verlust, der während des Transports entstanden ist.

谐音 伪耳 按特晒弟跟 腻西特 但 费耳路思特，呆耳 外恨特 呆思 特汗思泡次 按特使但德恩 一思特

weier anteshaidigen nixite den feier lusite, daier waihente daisi tehaosipaoci anteshidanden yisite

看来，我们只好放弃索赔了。

Es sieht aus, dass wir die Reklamation aufgeben müssen.

谐音 爱思 贼一特 傲思，大思 伪耳 弟 黑克拉马穷 傲夫给笨 摸淤森

aisi zite aosi, dasi weier di heikelamaqiong aofugeiben mvsen

一些木箱破裂，货物严重受损。

Einige Holzkisten sind kaputtgegangen und die Waren wurden schrecklich beschädigt.

谐音 爱腻革 厚次 克一思特恩 资一特 卡普特哥刚恩 无恩特 弟 袜恨 窝德恩 使嗨克里西 博晒弟克特

ainige houke kisiten ziyite kaputegegongen wente di wahen woden shihaikelixi boshidikete

基于报告，我们提出了索赔。

Basierend auf dem Vertrag haben wir Reklamation erhoben.

谐音 吧贼恨特 傲夫 呆母 费耳特哈克 哈笨 伪耳 黑克拉马穷 诶耳厚笨

bazeihente aofu daimu feier tehake haben weier heikelamaqiong eierhouben

你应按 3% 赔偿我们，另加检查费。

Du sollst uns um 3% entschädigen, plus die Inspektiongebühren.

谐音 度 揍思特 无恩思 无母 德嗨 普厚参特 按特晒弟跟，普路思 弟 因使摆克穷革博淤恩恨

du zousite wensi wumu dehai puhoucante anteshaidigen, pulusi di yinshibaikeqiong gebvhen

请早日将索赔款汇给我们!

Bitte überweisen Sie die Entschädigung so früh wie möglich!

谐音 比特 淤博外森 资义 弟 按特晒弟供 揍 佛喝淤 伪 摸约克里西

bite yubowaisen zi di anteshaidigong zou fohv wei moyuekelixi

---

📋 **外贸仲裁**

进行仲裁时我们必须提供哪些文件?

Welche Dokumente müssen wir während eines Schiedsverfahrens bereitstellen?

谐音 外舍 到苦门特 摸淤森 伪耳 外恨特 爱呢斯 是一思费而发很思 薄嗨次使带乐恩

waishe daokumente mvsen weier waihente ainesi shiyisifeierfahensi bohaicishidailen

我们必须通过仲裁解决分歧吗?

Müssen wir die Streitigkeiten durch ein Schiedsverfahren beilegen?

谐音 摸淤森 伪耳 弟 使特嗨替西开特恩 度饿西 爱恩 使一思
费耳发恨 摆累跟

mvsen weier di shitehai tixikaiten duexi aien shisi feierfahen baileigen

最好的结果是通过双方协商圆满解决。

Es ist das beste Ergebnis, dass das Problem durch eine beideseitige Vereinbarung gelöst wird.

谐音 爱思 一思特 大思 摆思特 诶耳给布腻思,打思 大思 普
厚布累母 度饿西 爱呢 摆德赛踢跟 费耳 爱恩吧轰 革勒
约思特 伪饿特

aisi yisite dasi baisite eiergeibunisi, dasi dasi puhoubuleimu duexi

aine baidesaitigen feier aienbahong gelvesite weiete

仲裁通常是在别无选择的情况下的最后手段。

Das Schiedserfahren ist allgemein das letzte Mittel, wenn es keine Alternative gibt.

谐音 打思 使一思费耳发恨 一思特 阿革买恩 打思 来次特 米特
饿,温 爱思 开呢 阿特那替舞 给布特

dasi shiyisi feierfahen yisite agemaien dasi laicite mite e, wen aisi

kaine ate natiwu geibute

我们希望仲裁在中国进行。

Wir hoffen, dass das Schiedsverfahren in China durchgeführt wird.

谐音 伪耳 厚奋,大思 大思 使一思费耳发恨 因 西那 度饿西
革 佛淤饿特 伪饿特

weler houfen, dasl dasl shlylsi feierfahen yin xina duexi ge fv e te weiete

我们来谈谈仲裁问题。

Lassen Sie uns über das Schiedserfahren diskutieren.

谐音 拉森 资义 无恩思 淤博 打思 使一思费耳发恨 弟思苦替恨

lasen ziyi wensi yubo dasi shiyisi feierfahen disikutihen

如果另一方不按仲裁的决定和判决执行，我该怎么办？

Was soll ich tun, wenn sich die Gegenpartei nicht nach der Entscheidung des Schiedsverfahrens richten?

谐音 袜思 揍 一西 吞，温 贼西 弟 给跟怕泰 腻西特 那喝 得 耳 按特晒动 呆思 使一思费耳发恨思 黑喝一 特恩

wasi zou yixi tun, wen zeixi di geigenpatai nixite nahe deier anteshaidong daisi shiyisi feierfahensi heihi ten

---

这个索赔将以仲裁方式解决。

Diese Reklamation wird durch ein Schiedserfahren gelöst.

谐音 弟责 黑克拉马穷 伪饿特 度饿西 爱恩 使一思费耳发恨 革勒约思特

dize heikelamaqiong weiete duexi aien shiyisi feierfahen gelvesite

---